낙화법과 수구즉득다라니

2024년 2월 13일은 우리 낙화법 보존회에게는 매우 기쁜 날이었습니다. 세종특별자치시에서 낙화법을 무형유산 '세종 불교 낙화법'으로 인정받은 날이었기 때문입니다. 낙화법이 절집에서 내려오는 의식으로만 있는 것이 아니라 누구나 보고 즐길 수 있는 불교 문화로 세상에 다시 나온 날이기도 합니다.

　낙화법은 민가에 전해오는 '낙화놀이'와는 아주 다릅니다. 저는 1975년에 서산 부석사에서 수행할 때, 평양노장 스님이 『오대진언집』과 책 속에 쓰여있는 낙화법을 일러주어서 알게 되었습니다. 평양노장스님은 낙화를 준비하는 재료와 낙화봉지 만드는 법을 낙화의식과 함께 설명해 주시며, 재현해 주기를 은근히 당부하셨습니다. 무형문화유산 등재와 학술세미나는 노장스님의 당부에 부응하는 일이기도 합니다.

　오늘 학술세미나를 열 수 있는 것은 이전에 있었던 자료조사(『불교의례 낙화법의 기원과 형성 과정』)에서 시작되었습니다. 낙화법은 고려시대 연등회에서 시작되었다고 합니다. 신라에도 이미 수구즉득다라니가 지송(持誦)되었고, 고려에서는 연등회와 함께 무능승도량이라는 소재도량을 개설하였다고 합니다. 이것이 불교가 억압받던 조선시대에 들어와서 화약의 재료로 쓰이던 숯과 무능승도량의 수구즉득다라니가 결합하여 '낙화법'이 만들어졌습니다.
　숯의 불빛과 비로자나불의 광명이 결합한 것입니다. 소재도량이란 질병이나 재앙·천재지변을 일으키는 나쁜 것을 비로자나불의 광명에서 변화한 무능승주대명왕이 수구즉득다라니를 염송하여 제거하는 액난소멸 기원의식입니다.

　낙화법은 '세종시 불교 낙화법 보존회'를 중심으로 염송하는 의식이 유일하다고 합니다. 그래서 학술세미나를 열어서 수구즉득다라니가 지니고 있는 위신력과 낙화법에 대한 학술적 고찰의 필요성을 절감해서 각 분야의 전공자 선생님들을 모시게 되었습니다.

이런 마음을 담아서 낙화를 주제로 한 그림을 그려서 학술세미나의 이미지를 만들어 보았습니다. 그리고 발표하는 주제를 이에 맞도록 정하여 구성해보았습니다. 낙화법에 쓰는 용어의 뜻도 바르게 설명하고, 낙화법이 쓰여 있는 『오대진언집』이 어떠한 가치를 가지고 있나도 찾아볼 것입니다. 수구즉득다라니의 영험설화도 진언과 함께 공부할 수 있도록 보여드리겠습니다. 세종대왕이 만든 훈민정음의 글자로 된 다라니도 오늘날의 말로 바꾸어 보려고 합니다. 또 수구즉득다라니 안에 등장하는 신들이 어떻게 우리가 원하는 것을 이루어 주는지도 살펴볼 것입니다.

처음 시도하는 일이어서 많이 부족할 줄 알면서도 세미나를 허락해주신 여러 전공 선생님들께 재삼 감사드리며 부족한 점은 너그러이 혜량해주시기 바랍니다. 갑진년도 토끼꼬리 만큼 남았습니다. 마무리 잘하시고 을사년에는 더욱 건강하시고 세상을 향한 더 큰 걸음 내딛으시길 축원드립니다.

나무아미타불
나무아미타불
나무아미타불

2024년 12월 6일
세종시 불교 낙화법 보존회 이사장   환 성 스님

이러한 마음으로 불교의 낙화법을 계승하고 유지하는데, 적은 힘이라도 보태고자 하였습니다. 낙화법은 국내에서도 유일한 불교의례일 뿐 만 아니라 동아시아불교에서도 볼 수 없는 의례입니다. 그래서 '세

2024년 2월 13일은 우리 낙화법 보존회에게는 매우 기쁜 날이었습니다. 세종특별자치시에서 낙화법을 무형유산 '세종 불교 낙화법'으로 인정받은 날이었기 때문입니다. 낙화법이 절집에서 내려오는 의식으로만 있는 것이 아니라 누구나 보고 즐길 수 있는 불교 문화로 세상에 다시 나온 날이기도 합니다.

  낙화법은 민가에 전해오는 '낙화놀이'와는 아주 다릅니다. 저는 1975년에 서산 부석사에서 수행할 때, 평양노장 스님이『오대진언집』과 책 속에 쓰여있는 낙화법을 일러주어서 알게 되었습니다. 평양노장스님은 낙화를 준비하는 재료와 낙화봉지 만드는 법을 낙화의식과 함께 설명해 주시며, 재현해 주기를 은근히 당부하셨습니다. 무형문화유산 등재와 학술세미나는 노장스님의 당부에 부응하는 일이기도 합니다.

  오늘 학술세미나를 열 수 있는 것은 이전에 있었던 자료조사(『불교의례 낙화법의 기원과 형성 과정』)에서 시작되었습니다. 낙화법은 고려시대 연등회에서 시작되었다고 합니다. 신라에도 이미 수구즉득다라니가 지송(持誦)되었고, 고려에서는 연등회와 함께 무능승도량이라는 소재도량을 개설하였다고 합니다. 이것이 불교가 억압받던 조선시대에 들어와서 화약의 재료로 쓰이던 숯과 무능승도량의 수구즉득다라니가 결합하여 '낙화법'이 만들어졌습니다.
  숯의 불빛과 비로자나불의 광명이 결합한 것입니다. 소재도량이란 질병이나 재앙·천재지변을 일으키는 나쁜 것을 비로자나불의 광명에서 변화한 무능승주대명왕이 수구즉득다라니를 염송하여 제거하는 액난소멸 기원의식입니다.

  낙화법은 '세종시 불교 낙화법 보존회'를 중심으로 염송하는 의식이 유일하다고 합니다. 그래서 학술세미나를 열어서 수구즉득다라니가 지니고 있는 위신력과 낙화법에 대한 학술적 고찰의 필요성을 절감해서 각 분야의 전공자 선생님들을 모시게 되었습니다.

이런 마음을 담아서 낙화를 주제로 한 그림을 그려서 학술세미나의 이미지를 만들어 보았습니다. 그리고 발표하는 주제를 이에 맞도록 정하여 구성해보았습니다. 낙화법에 쓰는 용어의 뜻도 바르게 설명하고, 낙화법이 쓰여 있는 『오대진언집』이 어떠한 가치를 가지고 있나도 찾아볼 것입니다. 수구즉득다라니의 영험설화도 진언과 함께 공부할 수 있도록 보여드리겠습니다. 세종대왕이 만든 훈민정음의 글자로 된 다라니도 오늘날의 말로 바꾸어 보려고 합니다. 또 수구즉득다라니 안에 등장하는 신들이 어떻게 우리가 원하는 것을 이루어 주는지도 살펴볼 것입니다.

처음 시도하는 일이어서 많이 부족할 줄 알면서도 세미나를 허락해주신 여러 전공 선생님들께 재삼 감사드리며 부족한 점은 너그러이 혜량해주시기 바랍니다. 갑진년도 토끼꼬리 만큼 남았습니다. 마무리 잘하시고 을사년에는 더욱 건강하시고 세상을 향한 더 큰 걸음 내딛으시길 축원드립니다.

나무아미타불
나무아미타불
나무아미타불

2024년 12월 6일
세종시 불교 낙화법 보존회 이사장 환 성 스님

이러한 마음으로 불교의 낙화법을 계승하고 유지하는데, 적은 힘이라도 보태고자 하였습니다. 낙화법은 국내에서도 유일한 불교의례일 뿐 만 아니라 동아시아불교에서도 볼 수 없는 의례입니다. 그래서 '세

낙화법(落火法)과
수구즉득다라니(隨求卽得陀羅尼)

이선이·정왕근·강향숙·이준환·오대혁 공저

경인문화사

프롤로그

학술세미나를 마무리하며!

2024년 12월에 세종시 영평사 삼명선원에서는 뜻있는 학술세미나를 열었습니다. 2024년 2월 세종특별자치시에서 '낙화법'을 불교의 무형문화유산으로 지정한 '세종 불교 낙화법'을 널리 알리기 위한 노력이었습니다.

세미나의 취지와 의미는 발표 자료집의 환영사에 모두 담겨 있다고 생각합니다.

'학술세미나 환영사'

- 세종특별자치시 무형유산 '세종 불교 낙화법' 2024년 1차 학술세미나
- 환 영 사

반갑습니다.

아주 많이 부족한 자리에 흔쾌히 응해주신 발표자와 사회자 선생님들께 깊이 감사드리며 크게 환영합니다. 아울러 낙화법에 각별한 관심을 가지고 계시며 함께해 주시기 위하여 공사의 일을 다 뒤로하시고 참석해주신 최민호 세종시장님을 비롯한 여러분들은 더 고맙습니다.

종 불교 낙화법 보존회'에서는 낙화법의 올바른 전승과 보급을 위해 학술연구를 개최하였던 것입니다. 세미나를 통해서 발표하고 여러 의견을 받아들여, 잘못되고 미진한 내용을 수정하고 보완하여, 그 결과를 이제 보여드리고자 합니다.

가장 큰 성과는 '낙화법'을 설행할 때 염송하는 수구즉득다라니의 정본을 정한 것입니다. 영평사 소장본 『오대진언집』에서 15세기 훈민정음 표기법으로 되어있는 수구즉득다라니를 현대 한글 표기법으로 전환하였습니다. 15세기 『오대진언집』에서 수용한 당시 발음을 가능한 수용하고, 불교사상과 현대 발음표기에 어긋나지 않도록 하였습니다. 정본으로 한 2025년 5월 5일 표준안:『세종 불교 낙화법 염송의궤 절차』를 부처님전에 올립니다.

함께 낙화법에서 사용하는 여러 용어의 뜻을 설명하여 밝히고, 수구즉득다라니와 관련된 불교사상과 문화·설화, 그리고 다라니의 구성과 내용 등을 하나로 묶어 『낙화법과 수구즉득다라니』란 제목으로 묶었습니다. 낙화법에 참여하고자 하는 대중에게 수구즉득다라니의 뜻을 바르게 알려서 바르게 수행할 수 있도록 하기 위함이기도 합니다.

낙화법이 첫발을 내디딘 만큼, 한국불교의 고유성을 지니며 지속가능한 불교의례로 자리 잡아갈 수 있도록 많은 응원을 부탁드립니다.

불기 2569년(2025년) 을사해 부처님오신날을 맞이하며

| 차 례 |

프롤로그　4

제1장 불교의례 낙화법 용어의 통일안 연구 _ 이선이

1. 시작하는 말 …………………………………………………………15
2. 『오대진언집』 묵서에 쓰인 낙화법의 용어 설명 …………………33
   1) 예비의식과 가지(加持)의 의미 …………………………………33
   2) 공양물의 의미 ……………………………………………………37
3. 본의식의 용어 ………………………………………………………52
   1) 단(壇)건립에 쓰이는 용어 ………………………………………52
   2) 계청(啓請)과 게송문(偈頌文)에 쓰이는 용어 …………………54
   3) 수구즉득다라니문에 쓰이는 용어 ………………………………56
   4) 소진언(小眞言)의 뜻 ……………………………………………58
4. 소재의식의 용어 ……………………………………………………63
5. 맺는말: 낙화법에 쓰이는 용어 개념 ……………………………65
   〈참고문헌〉 ……………………………………………………………72

제2장 오대진언집 판본에 관한 연구 _ 정왕근

1. 서언 …………………………………………………………………77
2. 오대진언집의 간행과 유통 ………………………………………78
   1) 원통암본 …………………………………………………………81
   2) 왕실본 ……………………………………………………………82
   3) 왕실본과 원통암본의 비교 ………………………………………89

3. 영평사 소장 오대진언집 분석 ································· 92
　　1) 소장 경위 ··· 92
　　2) 판본 분석 ··· 94
　　3) 낙화법 묵서 ··· 96
4. 결언 ··· 98
〈참고문헌〉 ·· 101
〈부록〉 오대진언집 판본 현황 ································· 103

제3장 수구즉득다라니에 나타난 판테온(pantheon)과 신위(神位) 연구 _ 강향숙

1. 서론 ·· 111
2. 대수구다라니의 판테온 구성 ································ 112
　　1) 판테온의 주존(主尊): 무능승대명왕과 대수구명왕 ·········· 112
　　2) 대수구다라니의 판테온 구조 ······················· 119
3. 대수구다라니의 신격 체계와 특성 ······················· 121
　　1) 인도 전통 신들의 계층: 대신격들(Mahādevas) ·············· 122
　　2) 불교 수호신들: 사대천왕(Caturmahārāja) ····················· 122
　　3) 팔부중(Aṣṭasena) ··· 123
　　4) 여성 신격들 ··· 123
4. 다라니의 기능 및 만다라의 정화와 가피 체계 ······· 128
5. 결론 ·· 131
〈참고문헌〉 ·· 133

제4장 수구즉득다라니 한글 표기의 현대화 방안 _ 이준환

1. 머리말 ·· 137

2. 고전 범어의 음운 개관 ·· 141
3. 『오대진언』 내 수구즉득다라니의 한글 표기 분석 ············ 147
4. 수구즉득다라니 한글 표기의 현대화 방안의 방향 ············ 158
5. 맺음말 ·· 163
〈참고문헌〉 ·· 164
〈부록〉 수구즉득다라니 한글 표기의 현대화 결과물 ············ 166

제5장 『오대진언집』 '영험약초'의 서사 재편과 수구다라니 신앙 _ 오대혁

1. 머리말 ·· 212
2. 『오대진언집』의 구성과 저경(底經) ···························· 215
   1) 『오대진언집』의 편찬 의도 ···································· 215
   2) 『오대진언집』의 다섯 진언과 구성 ·························· 218
   3) 『오대진언집』의 저경 ·· 223
3. '영험약초'의 서사 재편 양상 ····································· 234
4. '영험약초'의 서사적 특징과 수구즉득다라니 ················ 252
5. 맺음말 ·· 265
〈참고문헌〉 ·· 269

제6장 2024년 제1차 낙화법 학술세미나의 경과 및 내용

1. 학술세미나의 목적 ··· 273
2. 낙화법의 전승 ··· 277
3. 학술세미나의 주제 그리고 그 결과 ···························· 278
   1) 용어에 대하여 ·· 279
   2) 판본에 대하여 ·· 285

		3) 판테온에 대하여 …………………………………287
		4) 한글표기에 대하여 …………………………………288
		5) 영험약초에 대하여 …………………………………292
	4. 낙화법의 브랜드화 …………………………………296

부록편 …………………………………297
	I. 학술세미나 관련 회의록 …………………………………297
		1. 개요 …………………………………297
		2. 실무회의 및 간담회 회의록 …………………………………297
	II. 보도자료 …………………………………308
		1. 보도자료 배포 …………………………………308
		2. 보도자료 내용 …………………………………308
	III. 학술세미나 기사 내용 …………………………………313
		1. 불교계 신문사 …………………………………313
		2. TV방송 …………………………………328
	IV. 책표지 및 포스터 작품 개요 …………………………………333
		1. 작가 프로필 …………………………………333
		2. 작품 의뢰 개요 …………………………………334
		3. 제작 일정 및 납품 …………………………………334
	V. 한국전통등연구원 …………………………………337
	VI. 세종 불교 낙화법 보존회 …………………………………338
	VII. 2025년 5월 5일(불기 2569년 을사해 음 4월 8일) …………339
		'세종 불교 낙화법' 표준안
		별책: 세종 불교 낙화법 염송의궤 절차 …………………………………341

제1장 불교의례 낙화법 용어의 통일안 연구

이선이 태경, 조계종 의제실무위원

1. 시작하는 말
2. 『오대진언집』 묵서에 쓰인 낙화법의 용어 설명
3. 본의식의 용어
4. 소재의식의 용어
5. 맺는말: 낙화법에 쓰이는 용어 개념
   〈참고문헌〉

요약문

　2024년 2월 14일 세종특별자치시에서는 영평사를 중심으로 사월초파일이나 큰 행사에서 설행하고 진행하고 있던 낙화법을 무형유산으로 인정하여 '세종 불교 낙화법'으로 지정하였다.
　낙화법은 연등회에 연원을 둔다. 연등회는 연등을 켜고 등불을 보는 관등(觀燈)에서 시작하고, 말미에는 관화(觀火)나 화산희(火山戱)를 두어 진행한다. 관등은 매우 격식을 갖추어 왕실을 위한 성격이 강하지만, 관화는 화산희와 같은 놀이의 성격으로 백성을 위한 것이 강하였다. 관등과 관화는 모두 불빛을 관상하는 것으로 동질의 것이다. 불빛이라는 동질의 개념은 시간이 지나며 『오대진업집(五大眞言集)』의 수구즉득다라니의 염송과 결합하며 점차 낙화법으로 재탄생하게 된다. 그리고 연등회의 화산(火山)에서 불[火]의 광명을 만들어 내는 재료가 숯으로 변했어도 수구즉득다라니의 본래의 뜻은 변하지 않았다.

낙화법은 동아시아에서 볼 수 없는 한국불교의 고유성을 가진 관상 의궤이다. 수구즉득다라니를 염송하고, 비로자나불의 광명과 같은 숯불의 공능으로 부처와 중생인 내가 합일되는 것이다. 수구즉득다라니는 수행자의 깨달음이라는 실천적 성격은 물론 현실적인 고통과 장애로부터 보호와 서원의 성취라는 실용적인 목적도 동시에 추구한다. 수행(修行)과 서원(誓願)의 성취를 동시에 추구하는 의례가 낙화법이라고 할 수 있다.

그러므로 낙화법은 수행법으로 이해해야 하며, 반드시 불교학과 불교사상인 용어로 설명해야 올바른 뜻이 전달된다. 민속학, 인류학, 국문학 등의 용어로 이해하면 충분하지 않고 오해가 발생한다. 본 논문에서 이런 점을 염두에 두고 낙화법의 용어를 불교사상을 담아 정의하였다. 낙화법의 공양물 준비, 예비의식, 본의식, 근본다라니의 염송, 소재의식 등에서 쓰이는 용어를 대상으로 개념을 설명하고 정하였다.

1. 시작하는 말

2024년 2월 14일 세종특별자치시에서는 영평사를 중심으로 사월초 파일이나 큰 행사에서 설행하고 진행하고 있던 낙화법을 무형유산으로 인정하여 '세종 불교 낙화법'으로 지정하였다. 낙화법(落火法)은 영평사에 소장하고 있는 『오대진언집』에 쓰여진 묵서(墨書)로 그 존재가 확인됨에 따라 놀이가 아니고 불교의례였다는 사실을 인정한 것이다.

『오대진언집』은 2계통이 있다. 하나는 실담(悉曇)·한문으로 구성된 1484년 원통암본 계열이다. 발문에서는 실담을 풀어놓은 경문이 없어 이를 걱정하는 이들을 위하여 명암(明菴)스님이 노기삼과 정평선 등의 시주자들을 모아 중간(重刊)하였다는 기록을 확인할 수 있다. 다른 하나는 실담·한글·한문으로 구성된 왕실본 계열이다. 정확하게 말하면, 실담·한글 정음·한문으로 구성하여 1485년 인수대비의 발원으로 간행한 왕실본이다.[1] 이 왕실본 계통 중에 한 계열의 판본을 세종시 영평사에서 보관하고 있다. 현재 영평사 주지인 환성스님은 1975년 서산 부석사에 계실 때 금강산 유점사에서 수행한 평양노장으로 불리는 노스님이 『오대진언집』과 낙화봉지를 만드는 법을 함께 전해 주었다고 한다. 이를 직접 확인하기 위해 2024년 9월 21일 환성스님을 인터뷰하였고, '정월달과 초파일에 하고, 숯가루를 곱게 갈아 준비하고, 종이(한지)를 준비하고, 그 위에 고운 쑥을 돌돌 말아서 놓고, 줄로 묶어서 매

---

[1] 이선이: 강향숙(2021), 『불교의례 낙화법의 기원과 형성과정』, 경인문화사, 2021, p.115, 정왕근은 『오대진업집』의 판본을 조사하여 「수기(手記) 낙화법과 『오대진언집』」으로 정리하여 밝히고 있다.

단다.'고 하는 낙화봉지 만드는 법도 확인하였다.

그리고 『오대진언집』의 묵서 내용은 다음과 같다.

〈표 1〉영평사 소장본 『오대진언집』의 묵서 낙화법 내용

묵서로 쓰인 낙화법	내용
	낙화법 탄·소금·향 소하는 법·정구업진언·오방진언 개경게·정법계진언·계수연화태장교 수구대명왕진언·육자진언·소재진언 云云

내용은 크게 낙화법에서 준비하는 재료, 재료를 청정하게 가지(加持)하여 소(燒)하는 법 즉 태우는 법으로 나눌 수 있다. 앞은 예비의식으로 볼 수 있으며, 태우는 법은 본의식이라 할 수 있다. 본의식에 보이는 '계수연화태장교 수구대명왕진언'은 『오대진언집』수구즉득다라니의 계청문과 다라니문의 내용이다. 수구즉득다라니가 실려 있는 『오대진언집』은 5가지 진언, 4종류의 영험약초(靈驗略抄), 발문(영평사 소장본 결락)으로 구성되어 있다. 영험약초는 소의경전의 내용에서 진언을 염송하면 있게 되는 영험을 간략히 초(抄)하고 있다. 5가지 진언 중에 앞에 2종류의 진언은 모두 '천수천안(千手千眼)'으로 불리는 관음신앙을 대표하고 있다. 이 부분은 이어지는 설명에서 자세하게 서

술할 내용이지만, 같은 천수관음계열의 진언임에는 틀림이 없다.
 오대진언과 영험약초의 관계를 다라니 중심으로 항목과 경전의 번역자를 표기하여 표로 만들면 아래와 같다.

〈표 2〉 영평사 소장본 『오대진언집』 구성 비교

오대진언		영함약초
제목	구성	
千手千眼觀自在菩薩廣大圓滿無碍大悲心大陀羅尼	-千手千眼觀自在菩薩廣大圓滿無碍大悲心大陀羅尼 계청(불공 역) -계청문 -10원 -6향 *42화천수	-
千手千眼觀自在菩薩廣大圓滿無碍大悲心神妙章句大陀羅尼	-11尊보살마하살 -千手千眼觀自在菩薩廣大圓滿無碍大悲心神妙章句大陀羅尼 曰(不空 역) *신묘장구대다라니 -千手千眼觀自在菩薩根本陀羅尼	대비심신묘장구대다라니
佛說金剛頂瑜伽最勝祕密成佛隨求即得神變加持成就陀羅尼	-佛說金剛頂瑜伽最勝祕密成佛隨求即得神變加持成就陀羅尼 계청 -계청문 -佛說一切如來普遍光明燄鬘清淨熾盛思惟如意寶印心無能勝摠持大隨求大明王大陀羅尼 曰(不空 역) *수구즉득다라니(앞 부분에 *귀경문 포함) -일체여래심진언 -일체여래신인진언 -일체여래관정진언 -일체여래관정인진언 -일체여래결계진언 -일체여래심중심진언 -일체여래수심진언	수구즉득다라니
大佛頂陀羅尼	-大佛頂陀羅尼 계청 -계청문	대불정다라니

오대진언		영함약초
제목	구성	
	-佛說大佛頂如來廣放光明聚現大白傘盖遍覆三千大千世界摩訶悉怛多鉢怛囉金剛無礙大道場最勝無比大威德都攝金輪佛頂王帝殤囉試一切大明王揔集不可說百千旋陁羅尼十方如來清淨海眼微妙秘密大佛頂陁羅尼 日(不空 역) *大佛頂陀羅尼	
佛頂尊勝陀羅尼	-佛頂尊勝陀羅尼 계청 -계청문 -佛頂尊勝陀羅尼 日(佛陀波利 역) *불정존승다라니 -존승대심주 -존승소심주 (**이후 여백에 낙화법이 묵서됨)	불정존승다라니
靈驗略抄	大悲心陀羅尼 隨求卽得陀羅尼 大佛頂陀羅尼 佛頂尊勝陀羅尼	
跋文 및 刊記	(결락)	

위 표를 보면 5종의 다라니는 계청과 다라니문을 짝으로 구성하고 있지만, 42화천수와 신묘장구대다라니는 같은 경전계열로 다른 성격을 지닌다. 처음 계청문에서는 대비심대다라니라고 하고 42화천수를 적고 있다. 42화천수는 신구의 삼밀이 갖추어져 있고, 나머지 4종류의 다라니는 수인(手印)을 포함하지 않고 있다. 이 특징이 42화천수와 신묘장구대다라니를 분리하여 생각할 수 있는 근거가 된다. 신묘장구대다라니의 11尊보살마하살은 뒤 계청문 형식과 의미가 부합하는 항목이다. 제목에 '오대진언'이라고 하였으므로 5종의 다라니는 (*)로 표시

한 42화천수, 신묘장구대다라니, 수구즉득다라니, 대불정다라니, 불정존승다라니가 된다. 합철되어 있는 『영험약초』도 수인이 없는 4종류의 경전에서 약초했다는 뜻으로 상정할 수 있다. 영평사 소장본 『오대진업집』은 발문과 간기는 결락이다. 다만 불정존승다라니가 끝나는 부분 여백에 낙화법이 묵서로 쓰여 있다.

신묘장구대다라니는 불공(不空, Amoghavajra 705-774)이 번역한 『千手千眼觀世音菩薩大悲心陀羅尼』에서 인용한 것이며, 본래 경전은 10원, 6향, 계청문, 廣大圓滿無礙大悲心陀羅尼神妙章句, 41화천수의 순서이다.[2] 10원과 6향은 가범달마(伽梵達摩)의 번역을 그대로 사용하고 있다. 『오대진언집』은 6향 다음 협주에 "經云發是願已 至心念我本師阿彌陀名號 而後誦此眞言"이라고 쓰여있다.[3] 이와 같은 표기는 경전에서 마지막에 있던 41화천수를 42화천수로 늘려 앞으로 옮기고, 廣大圓滿無礙大悲心陀羅尼神妙章句는 뒤로 놓는다는 뜻이 된다. 이때 불공 번역의 41화천수에 지통(智通) 번역의 觀世音菩薩總攝千臂眞言 1수를 더하여 42화천수가 되었다. 신묘장구대다라니를 뒤로 놓이게 하고, 앞에는 11존보살마하살을 놓고 마지막에 천수천안관자재보살근본다라니를 붙여서 하나의 진언 의궤로 독립시킨 것을 알 수 있다. 천수천안관자재보살근본다라니는 불공이 번역한 『金剛頂瑜伽千手千眼觀自在菩薩修行儀軌經』의 진언이다. 근본다라니를 염송함으로서 식재, 증익, 항복, 경애 등의 원(願)대로 뜻을 이루는 의미가 된다. '金剛頂瑜伽'의 경전에서 근본다라니를 인용한 결과, 현재 천수주(千手呪) 또는 신묘장

---

2 不空, 『千手千眼觀世音菩薩大悲心陀羅尼』, 대정장 20, p.115중.
3 영평사 소장본, 『五大眞言集』(이선이·강향숙(2021), 『불교의례 낙화법의 기원과 형성과정』, 경인문화사, 영인본 p.7우.)

구로 불리는 진언은 금강정유가의 관상법으로 재탄생하게 된 것이다.

결국 가범달마, 불공, 지통의 번역문들을 조합하여 성격이 다른 42화천수와 신묘장구대다라니로 분리한 것이다. 42화천수는 삼밀을 갖춘 의궤가 되고, 신묘장구대다라니는 11존보살마하살의 계청문 형식을 갖춘 계청이 완성되었다. 결국 대비심대다라니는 그림으로 나타낸 42화천수이고, 신묘장구대다라니는 천수진언 즉 대비주(大悲呪)를 가리키게 되었다. 이 구조 변화가 『영험약초』에서 신묘장구대다라니의 영험을 초하고, 나머지 3종류 다라니의 영험을 초하여 총 4종류로 구성할 수 있게 영향을 준 것이다. 덧붙이자면 그림으로 나타낸 42화천수는 밀교의례에서 작단(作壇)의 형태로 이해해도 크게 틀리지 않음을 의미한다는 것이다.

『오대진언집』은 총 5종의 다라니를 염송하는 것이지만, 항목에서 보여주듯이 다라니에 따라 앞과 뒤를 구성하는 방식은 매우 다르다. 특히 수구즉득다라니를 염송할 때에는 더 많은 진언을 갖추고있다. '佛說金剛頂瑜伽最勝祕密成佛隨求即得神變加持成就陀羅尼 啓請'에서 불공이 번역한 『금강정유가최승비밀성불수구즉득신변가지성취다라니의궤』와 관련이 있음을 알 수 있다. 하지만 이 경전에는 계청문의 게송과 일치하는 문장은 보이지 않는다. 물론 다른 수구경전계에서도 찾기 어렵다. 이 점은 게송과 계청문이 한국에서 주로 사용하였거나 만들어졌을 가능성을 높여준다. 중국·일본과 다른 한국불교의 진언 변용을 보여주는 예로도 해석할 수 있다. 이 다라니 염송 의궤의 특징은 여성의 임신과 출산으로 생기는 고통의 병난과 관련이 깊다.[4]

---

4 不空, 『金剛頂瑜伽最勝祕密成佛隨求即得神變加持成就陀羅尼儀軌』, 대정장 20, p.648

수구즉득다라니문에서 '佛說一切如來普遍光明燄鬘淸淨熾盛思惟如意寶印心無能勝摠持大隨求大明王大陀羅尼 曰'이라고 한 것은 불공이 번역한 『普遍光明淸淨熾盛如意寶印心無能勝大明王大隨求陀羅尼經』의 제목명과 많은 부분이 일치한다. 그러나 계청문에 쓰인 의궤 경전에서는 수구즉득다라니를 '佛說普遍焰滿淸淨熾盛思惟寶印心無能勝總持大隨求陀羅尼'라고 하고 있다. 이것은 의궤와 경을 교차한 활용으로 다라니문을 만든 증거이다. '一切如來·如意'는 새로이 넣고, '光明·淸淨·摠持'를 각각 선택하여 넣었으며, '大明王'와 '大隨求'의 위치를 바꾸고 있다. 그래서 다라니문은 佛說一切如來普遍光明/燄鬘淸淨熾盛/思惟如意寶印心/無能勝摠持大隨求大明王大陀羅尼 정도로 나누어 의미를 이해하면 좋을 듯하다.

이때 일체 여래의 변조 광명[一切如來普遍光明]은 비로자나불의 빛을 가리킨다. '燄鬘淸淨熾盛'에서 '燄鬘'은 '閻曼德迦威怒王'이며, 분노왕의 모습을 한 명왕(明王)이다. 온몸의 주변이 불꽃으로 환히 밝아 세계가 다할 때 타는 불빛인 겁소염(劫燒焰)과 같다고 『聖閻曼德迦威怒王立成大神驗念誦法』에서 묘사되고 있다.[5] 염송법을 보면, 일체 여래의 총체로서 대비로자나는 5불을 총괄하는 상위의 존격으로 전체불이며, 중생을 향해서는 5번뇌를 낙(樂, 즐거움)으로 바꾸는 금강수보살이 된다. 계청문의 게송에서 염만은 삼천대천세계에 응화하는 모습이며, 금강수보살은 등불을 받쳐들고 있는 모습으로 그려진다. 이 모습은 최근 경주국립박물관에서 '통일신라 수구다라니'로 소개한 자료에서 확

상. "若雖為一切女人婬犯 不受胎生苦."
5 不空,『聖閻曼德迦威怒王立成大神驗念誦法』, 대정장 21, p.73상. "遍身火焰洞然如劫燒焰."

인할 수 있다(2023).

〈표 3〉 통일신라 수구다라니 필사본

통일신라 수구다라니	등불을 든 금강수보살

　염송법에서 비로자나불에게 묻고 답하는 주인공은 금강수(金剛手)보살이며, 그래서 금강수보살은 무능승주대명왕의 전신이 된다. 명왕은 곧 무능승대명왕이며, 수구다라니를 설하는 주인공이라고 할 수 있다. 이러한 구성은 수구다라니의 영험(靈驗)에도 반영되었다. 염송법의 의궤에서 멸악취보살(滅惡趣菩薩)이 비로자나불에게 수구즉득다라니의 설법을 구하는 이야기와 다른 경전의 이야기인 오선나성(烏禪那城) 범시왕(梵施王)에 보이는 다라니 공능을 묶어 하나의 이야기로 구성한 것이다.
　이 근본 수구즉득다라니 처음은 부처님께서 무능승대수구대명왕에게 말하는 이유를 설정하고, 삼보에게 귀의하는 귀경계이다. 경전의 염송법에서는 무능승왕명왕에게 공양하는 공양물에 소금과 향이 포함되어 있다.[6] 소금[鹽] 또는 해염(海鹽)이며, 향은 안실향으로 여러 공양물 중에 하나이다. 이렇게 경전, 의궤, 염송법이 결합하여 완성된 하나의 독립된 의궤로 수구즉득다라니염송법이 있게 된다.

이 결과 『오대진언집』 수구즉득다라니는 금강정유가(金剛頂瑜伽)의 신통력으로 가지(加持)한 무능승주대명왕과 수구즉득다라니로 유가를 설하고 호마법을 행하는 염송의궤로 구성된 것이 된다. 그리고 더해진 의미들이 계청문과 다라니문의 게송에 반영하게 된 것이다. 본존은 비로자나불이며 금강수보살이 청법하고, 교령륜신으로 변현하는 무능승주대명왕은 수구즉득다라니를 중생에게 설한다.

본존진언 뒤를 잇는 7개의 진언을 소진언이라고 한다. 소진언은 근본다라니를 지념(持念)하지 못하는 남녀 어린아이를 위한 것이라고 경문에서 설명하고 있다. 불공은 이 소진언을 직역하지 않고 의역을 하고 있어 이해하기 쉽다. 직역과 대조하면 다른 듯이 보이지만, 의미에 큰 변화는 없다고 하겠다.

이와 같은 수구즉득다라니 신앙은 신라시대부터 있었다. 최근 국립경주박물관에서는 『통일신라 수구다라니』(2023)라는 학술조사연구자료집을 발간하였다. 그리고 2024년에는 '통일신라 다라니'라는 주제로 학술세미나를 개최하였다. 발표문 중에 「범자 수구다라니 구조 및 내용 분석」이 있으나,[7] 대체로 한자로 인출한 다라니의 외형을 비교하는 데 치우쳐있다. 발표문에는 한국불교에서 수구즉득다라니 신앙이 어

---

6 不空, 『聖閣曼德迦威怒王立成大神驗念誦法』, 대정장 21, p.78하. "三辛鹽芥子 螺粖 酸思子 海鹽陀咄根."
7 국립경주박물관(2024), 학술심포지움 『통일신라 다라니』(2024년 6월 21일), 국립경주박물관, p.46.

떤 의미로 쓰여졌는지 어떻게 전개되었나에 대해서는 전혀 언급하고 있지 않아 아쉬움이 있다. 금동함에 들어있던 수구즉득다라니는 국내에서 발견된 가장 이른 시기에 제작되었으며, 범자와 한자를 합치하였으며, 정형화된 실담문자가 아닌 필사본이라는 특징이 있다고 한다.[8] 『삼국유사』 대산오만진신조(臺山五萬眞身條)에도 보천태자가 수구다라니를 송(頌)한 기록이 있어 참조할 만하다.[9] 작자의 이견은 있으나 의상스님의 투사례(投師禮)에서도 수구다라니가 언급되고 있다.[10]

처음으로 낙화법의 의례 구성을 연구한 강향숙의 「낙화법의 수구다라니 신앙과 의례 구성」에서는 한국의 수구즉득다라니를 개관하고 있어 도움이 많이 된다. 대강은 다음과 같다. 수구즉득다라니를 베껴 쓴 후, 이 주를 깃발의 꼭대기에 걸어두면 마치 큰 불덩어리가 깃발에 있는 것처럼 보이게 된다. 수구즉득다라니주를 봉안한 곳에서는 수구즉득다라니가 큰 광명과 불덩어리로 모습을 나타내는데, 이것은 불(佛)의 광명과 동질의 것으로 인식된다. 이때 '불을 본다'는 뜻에는 연등회에서 부처님의 불을 밝힌 등을 보는 연등(燃燈)과 관등(觀燈), 산 모양으로 쌓아 올린 나무에 불을 붙여 큰 불덩어리의 화산(火山)을 보는 관화(觀火) 등이 모두 포함된다. 불의 광명을 보는 것 만으로도 수구즉득다라니주의 불가사의한 힘은 장애와 공포를 없애고 구하는 바를 성취하게 한다. 소의경전에 의하면, 살아 있을 때 몸에 지니는 것

---

[8] 국립경주박물관(2023), 학술조사연구자료집 『통일신라 수구다라니』, 경주국립박물관, p.72.
[9] 一然, 『三國遺事』, 한국불교전서 6권, p.335중, "寶川常汲…誦隨求陀羅尼…."
[10] 조명기(1985), 『효성선생 80송수 高麗佛籍集佚』: 『念佛作法』, 동국대학교출판부, p.521(고려 자료 영인본).

만으로도 고통에서 벗어나 33천에 태어나며, 죽은 후에 시체가 안치된 탑묘에 봉안된 수구즉득다라니주의 불가사의한 힘으로 지은 죄와 병을 없애고 33천에 태어나게 한다. 낙화법에서 낙화봉지의 불빛 광명을 보는 것도 이와 다르지 않다. 그리고 계청문에 나타나는 '焰鬘應化三千界'는 불공이 번역한 『성염만덕가위노왕입성대신험염송법』에서 숯과 소금을 의식의 재료로 사용하는 호마법임을 밝히고, 사용하는 향은 '염만(焰鬘)'과 관련하여 안실향[안식향]으로 추정하였다.[11] 이와 같이 호마법으로 이루어진 의궤와 염송법은 모두 밀교의례에서 중요한 개념인 진언 가지(加持)로 이루어져 있다. 의궤에서 가지하는 뜻을 반드시 알아야 하는 이유이다.

영평사 소장본 『오대진언집』에 묵서로 기록된 오대진언의 하나인 수구즉득다라니로 설행되는 낙화법은 이와 같은 경전의 의미, 다라니 변용의 전개 등이 충분히 이해되어야 불교의례인 것임을 알 수 있다. 수구즉득다라니 신앙의 한국 전개, 소의경전에서 보여주는 수구즉득다라니주의 의궤와 염송법, 그리고 영평사 소장본 『오대진언집』에 묵서된 낙화법의 내용을 종합하면, 낙화법에서는 단계마다 반드시 지켜야 할 것이 있다. 크게 예비의식, 본(本)의식, 근본다라니의 염송, 소재(消災)의식으로 나누어 설명할 수 있다.

첫째, 공양물을 준비하는 것이며, 이를 예비의식이라고 한다. 예비의식은 불·보살·명왕을 소청하기 전에 공양물을 올려 맞이할 준

---

11 이선이: 강향숙(2021), 『불교의례 낙화법의 기원과 형성과정』, 경인문화사, p.93. 강향숙은 「낙화와 수구다라니 신앙」에서 수구즉득다라니 소의경전을 분석하여 '염만'과 관련된 숯, 소금, 향의 쓰임을 낙화법와의 관계를 밝히고 있다.

비를 한다. 낙화법에 제시된 12자의 실담자를 염송하며 가지(加持)하여야, 재료를 낙화봉지에 넣어 태울 준비를 마치게 된다.

둘째, 수구즉득다라니를 의궤에 따라 염송하는 것으로, 본의식이라고 한다. 본의식은 정구업진언부터 일체여래수심진언까지의 염송이다. 이때 반드시 관상 염불을 통한 수행이어야 한다. 낙화봉지를 태운다.

셋째, 소재의식이다. 육자진언과 소재길상다라니의 염송으로 재난이 일어나는 모든 요소를 제거해야 한다.

위와 같은 내용들은 낙화법의 기원과 형성과정을 연구하며 제시된 내용들이다.

하지만 현재 '세종 불교 낙화법 보존회'가 '낙화법의식 절차'에 의해 설행하는 염송법도 보완이 필요하다고 생각된다. 사실 염송법을 '낙화법의식 절차'로 표현한 것도 낙화법이 수행하는 뜻을 가진 의궤의 성격인 측면에서 보면 '의식'이란 용어의 사용도 부적절하다고 하겠다. 낙화법에서 낙화(落火)를 잘 만들어 풍성하게 보여주는 것은 매우 중요하다. 수구즉득다라니를 바르게 염송하여, 불(佛)과 동일한 불빛을 관화(觀火)하며 삼밀문(三密門)을 닦고 염불삼매(念佛三昧)를 증득하는 것도 중요하다. 관화로 불과 중생이 하나되며, 궁극적인 목표는 정토(淨土)에 태어나는 것이기 때문이다. 그렇다면, 낙화법의 본질을 파악하여, 지속 가능한 문화유산으로 정착하기 위한 보완 작업은 반드시 있어야 할 과정인 것이다.

이러한 낙화법의 본질에 대한 인식 부족으로 인하여 여러 가지 문제가 발생하고 있다. 문제 발생의 원인은 대부분 '낙화법'의 이해와 설명이 부족한 것에서 출발한다.

제일 먼저 낙화봉지에 대해서 살펴보자.

현재 불교에서 쓰이는 수행으로서의 낙화법과 민가에서 놀이로 하는 낙화놀이에 쓰이는 용어의 혼용으로 발생한 것이 많다. '법'과 '놀이'를 구분할 수 없다면, 낙화법은 존재가 무의미해진다. 그저 주문을 외우며 복을 비는 기복적인 불교에 머물러 있게 된다는 뜻이다. 낙화법은 염송의궤를 가지고 있으므로 염송하는 의궤의 뜻을 따르고 의궤로 이해될 때 존재의 가치가 있는 것이다.

수행의 의미를 담고 있는 낙화법이 방송 매체로 소개되고, 또 문화유산을 보존하고 관리하는 주무기관이나 낙화법을 활용하려는 곳 등에서 쓰여질 때, 낙화법의 용어 사용이 매우 부적절하며 의미에 부합하지 않는다. 낙화를 만들어 내기 위해 숯가루를 담는 도구의 명칭에 대한 인식이다.

몇몇 예를 들어보자. 현재 국가유산청 국가유산포털의 '세종특별자치시 무형유산 세종 불교 낙화법'의 설명과 세종시문화관광 홈페이지의 낙화축제 설명을 확인해보자.

(국가유산청 국가유산포털, 2025년 1월 29일 확인)
세종 불교 낙화법은 사찰에서 낙화봉을 제작하고 의식에 맞추어 낙화를 태우며 재앙소멸과 복을 기원하던 불교의례로 의례는 예비의식, 본의식, 소재(消災)의식, 축원과 회향(回向) 의식 순으로 진행을 한다. 절차에 따라 종이, 숯, 소금, 향을 준비하고 축원 발원 후 낙화봉을 제작하고, 낙화 점화와 함께 수구즉득다라니 등을 염송하며 재난·재앙 예방 기원과 함께 의식에 참여한 모든 이들의 축원과 회향을 기원하며 의례를 마친다.

불교낙화법보존회는 '세종 불교 낙화법'의 전승에 필요한 전승기량, 전승기반, 전승의지, 전승활동 등이 탁월하여 '세종 불교 낙화법'의 보유단체로 인정 되었다.

(세종시문화관광재단 홈페이지, 2025년 1월 29일 확인)

국가유산포털에는 사진과 설명을 올리게 되었으나, 사진은 등록되어 있지 않고 위 인용문과 같은 설명만이 올라 있었다. 학술세미나 개최 이후인 2025년 1월 중에 사진 1장을 올려놓은 것은 확인하였다. 하지만 밑줄친 부분에서 알 수 있듯이 '세종 불교 낙화법'에 대한 설명에서 기원은 설명하지 않고 낙화를 만들어 내는 용기를 민가에서 사용하는 '낙화봉'이란 명칭을 그대로 쓰고 있는 것을 확인할 수 있다.

또 세종시문화재단에서도 세종관광의 일종인 축제문화로 '낙화축제'(2024년 5월 11일(토) 19:30 ~/1일간(예정))를 홍보하며, '세종낙화축제는 우리 시 무형문화재인 '세종 불교 낙화법('24.2.13. 지정)'을 매

28 낙화법과 수구즉득다라니

개로 특별한 볼거리를 제공합니다. 타닥타닥 타는 불꽃이 낙화봉 끄트머리에서 꽃잎처럼 흩날려 밤의 숲을 수놓는 모습을 감상하실 수 있습니다.'라고 하여 낙화봉지를 '낙화봉'으로 소개한다.

모두 역시 '낙화'가 불교전통 의례인 연등회에 기원이 있다는 역사적인 맥락없이 볼거리를 감상하는 관광축제놀이로 소개하고 있을 뿐이다. 이러한 문제점 때문에 낙화법을 조사하고 연구한 『불교의례 낙화법의 기원과 형성』(2021, 경인문화사)에서는 낙화법을 의궤로 인식하여 '낙화봉지'로 표기하고 있다. 의궤에서는 도구로 쓰이는 기구를 불구(佛具)로 인식하는 경향이 있으므로 '봉'이라는 표기보다는 '봉지'로 쓰는 것이 바람직하기 때문이다.

숯가루를 담는 낙화의 용기(用器)에 대하여 도구에 대한 명칭 인식을 참고할 곳이 또 있다. 대한민국 특허청의 등록특허에는 낙화 제조방법으로 5종이 등록되어 있다.[12] 이들은 낙화를 만들어 내는 도구의 명칭을 모두 낙화봉(낙화 봉)으로 표기하고 있다. 낙화 재료인 숯에 대하여 2곳 만이 느티나무·뽕나무로 밝히고, 나머지는 단순히 숯으로 표기하고 있다. 그리고 숯을 담는 용기로는 '조은들낙화보존 협동조합'에서만 광목천이나 소창천을 사용하고, 나머지는 모두 한지를 사용한다.(2024년 10월 29일 확인)

---

12 2009년 5월 21일 등록된 '느티나무(일명 규목(槻木)) 껍질 숯을 이용한 낙화(落火)봉 및 이의 제조방법'(출원인: 마산시 진동면 정충규·오차세·제행도). 2009년 8월 6일 등록된 '줄불놀이용 낙화봉과 그 제조 방법'(특허권자: 전라북도 무주군), 2012년 11월 21일 등록된 '낙화놀이용 낙화봉 재조방법'(특허권자: 경상남도 함안군)', 2021년 11월 5일 등록된 '낙화 놀이용 낙화 봉 제조방법 및 낙화 놀이용 낙화 봉'(특허권자: 박재용), 2023년 9월 25일 등록된 '낙화 놀이용 낙화 봉 및 그 제조 방법'(특허권자: 조은들낙화보존 협동조합) 등 모두 5종이다.

방송과 신문의 가사에 대하여 살펴보자. 최근 불교계 기사의 하나로 '전통 불꽃놀이, 낙화의 진수를 만나요'(2024년 10월 22일)에서도 용어의 혼재 양상은 그대로 발견된다.

'…낙화 놀이는 물 위에서 즐기는 전통 불꽃 놀이를 뜻하며 조선시대 이전부터 사찰에서 행해지던 민속 놀이로 줄을 타고 떨어지는 불꽃들이 마치 꽃과 같다고 해서 붙여진 이름입니다.
강화 장엄사는 조선시대 불교서적으로 세종시 영평사의 소장본 '오대진언집'을 기반으로 낙화법이 세종시 무형문화재로 지정되면서 장엄사에서도 한국불교 전통 문화를 계승 발전시키기 위해 낙화법을 봉행하기로 했다고 밝혔습니다.…
낙화는 낙화봉에 불을 붙여 불꽃이 환상적으로 떨어지는 모양과 소리를 듣고 감상하며, 복덕을 바로 얻을 수 있다는 수구즉득다라니를 염송하면서 속세의 탐욕과 증오기운을 정화하여 일상에서 평온하고 행복한 삶을 영위한다는데 의미가 있다고 장엄사는 전했습니다.'[13]

낙화법을 이해하는 것에 문제가 있어 보인다. 사찰 안에 있던 민속놀이가 낙화놀이라는 것이다. 그리고 낙화봉에 불을 붙이고 환상적으로 감상하며 수구즉득다라니를 염송한다는 것이라고 이해하고 있다. 엄밀하게 말하면 이 표현과 설명은 잘못되었다고 할 수 있다.

수구즉득다라니 신앙은 신라시대부터 있었으며, 이 염송법이 고려를 지나 조선에 이르러서 숯의 불빛(불덩어리)과 결합하여 낙화법을

---

13 출처: 불교방송(BBS) 2024년 10월 22일 기사, "전통 불꽃놀이, 낙화의 진수를 만나요". 강화 장엄사 26일 낙화축제(https://news.bbsi.co.kr/news/articleView.html?idxno=4004473).

탄생시킨 것이다. 특히 고려에서는 연등회와 관련된 관화의 낙화회에 연원을 두고 있다. 낙화법은 영평사 소장본 『오대진언집』에 묵서된 의궤 절차에 따라 숯과 함께 공양물을 낙화봉지에 넣어 높이 매달고, 낙화봉지에 불을 붙이고, 수구즉득다라니를 염송하며, 불(佛)의 모습인 낙화를 관화(觀火) 또는 관상(觀想)하는 수행법으로 사용되었기 때문이다. 불교적 수행 생활을 '재난·재앙 예방 기원'이라고 한 것은 종교적인 무지를 나타내는 표현이다. 이와 같은 이해는 조속한 시일 내에 수정되었으면 한다. 염불관상은 불(佛)과 중생이 하나가 된다는 뜻이다. 낙화법이 사찰과 관련되어 다라니를 염송하는 절차일 때는 놀이와 전혀 다른 개념으로 이해되고 설명되기 때문이다.

다음은 수구즉득다라니를 염송하는데, 염송해야 할 현대 수구즉득다라니문이 낙화법에서 제시한 『오대진언집』의 다라니표기법과 얼마나 일치하고 있는가이다. 이 문제는 전문적인 검증이 필요하다. 우선 실담으로 되어 있는 표기와 한글 그리고 한문의 표기법을 현재 표기법으로 얼마나 수용할 수 있는가를 비교해야 한다. 여기에서 염두에 두어야 할 내용은 한글 정음 표기에는 실담을 한문으로 표기할 때 중국 한문의 읽기의 발음이 혼용되었다는 사실이다. 이 내용은 본 학술세미나에서 발표하는 이준환의 「수구즉득다라니 한글 표기의 현대화 방안」에서 어느 정도 방향이 제시되었다고 생각한다.

15세기 훈민정음으로 기록된 실담자(悉曇字)의 수구즉득다라니주를 염송할 때 현대어로 어떻게 발음하여 읽을 것인가에 대한 문제이다. 불교가 한국에 전래된 후부터 범어(梵語)라고도 불린 이 실담자의 진언 기록은 한자를 통해서 이해되었다. 게다가 한글 창제 이후 정음으로 기록된 진언은 우리 고유의 언어 습관을 담고 있어 현대언어로 읽어내는 것은 매우 가치있는 일이라고 생각된다.

현재 '세종 불교 낙화법 보존회'가 제시한 '낙화법의식 절차'(2024년 현재 사용)인 수구즉득다라니와 『오대진언집』 수구즉득다라니가 어느 정도 부합하는가이다. 영평사 소장본 『오대진언집』의 5가지 진언은 1485년 인수대비가 발원한 왕실본 계통으로 15세기 훈민정음으로 표기되어 있다. 수구즉득다라니의 원형 또한 15세기 정음(正音) 표기이므로 현대어 한글표기가 적절한가를 검증해야 한다는 것이다. 낙화법은 『오대진언집』의 수구즉득다라니주를 염송하는 의궤이며, 이 의궤는 『금강정유가최승비밀성불수구즉득신변가지성취다라니의궤』의 의궤와 『성염만덕가위노왕입성대신험염송법』의 염송법으로 이루어져 있다. 낙화법은 이 의궤와 염송법에 어긋나면 안 되며, 용어의 개념 설명도 이에 부합해야 한다고 생각한다. 우선 현재 '세종 불교 낙화법 보존회'에서 제시한 염송집에는 부처님께서 다라니를 설한다는 실담 계청의 문장이 누락되어 있어, 수구즉득다라니를 설하는 의미의 호응을 드러내지 못하고 있다.

세종특별자치시에서 낙화법을 무형문화유산으로 인정한 만큼 위와 같은 용어와 다라니 표기의 문제점을 보완하여 낙화법의 본래 모습을 갖추는 것이 가장 선결되어야 할 점이다. 이것이 낙화법의 정체성을 찾는 가장 빠른 지름길인 것이다. 세종 낙화법은 불교 연등회에 기원을 두고 있으며, 연등과 같이 불덩어리를 대상으로 한다는 공통점이 있다. 고려의 연등회는 연등회의 불빛으로 시작하여 낙화법의 연원이 되는 관화의 불빛으로 연등회의 말미를 장식한다. 그렇기 때문에 낙화법의 불빛 또는 불덩어리가 여러 종류의 낙화놀이와 어떻게 같고 다른지를 알아야 할 당위성이 있는 것이다.

본 학술세미나에서는 이러한 문제점을 인식하고 선결되어야 할 주제의 방향을 다음과 같이 정하였던 것이다.

첫째는 불교의 낙화법에서 사용하는 용어가 민가의 낙화놀이와 무엇이 다른지를 보여주는 것이다.
둘째는 무능승주대명왕이 설하는 수구즉득다라니 판본의 역사성을 찾는 것이다.
셋째는 구즉득다라니 만다라와 그 속에 있는 신위(神位)의 역할을 설명하는 것이다.
넷째는 염송해야 할 15세기의 한글 표기가 어떻게 현대화된 표기로 옮길 수 있는지 표준안을 찾는 것이다.
다섯째는 그래서 수구즉득다라니 신앙의 영험 설화가 어떻게 펼쳐지는가를 보여주는 것이다.

위 주제가 낙화법을 이해하기 위해 반드시 선행되어야 할 연구이며, 낙화법의 정체성 내지는 고유성을 담보할 수 있는 방향인 것이다.

2. 『오대진언집』 묵서에 쓰인 낙화법의 용어 설명

1) 예비의식과 가지(加持)의 의미

『오대진언집』의 묵서 내용(표 1 참조)은 예비의식의 공양물인 탄·소금·향을 준비하여 가지(加持)해야 한다고 되어 있다. 그리고 본의식에서는 정구업진언·오방진언·개경계·정법계진언·계수연화태장교·수구대명왕진언을 염송하며, 소재의식에서는 육자진언·소재진언을 염송한다. 개념어 설명은 처음으로 낙화법의 자료를 조사하고 그 기원을 밝힌 『불교의례 낙화법의 기원과 형성과정』(2021)의 내용을 기초로 작성하였다.

(1) 예비의식의 의미

예비의식은 의궤의 절차를 준비하는 단계로 불·보살·명왕을 소청하기 전에 단을 만드는 성격이다. 이 단에 소청하여 수구즉득다라니를 염송한다. 이때 단의 공양물로 숯·소금·향을 사용하며, 묶서되어 있는 12자 실담진언을 염송한다. 특히 숯·향·소금은 낙화법에서 반드시 준비해야 할 3대 공양물이다. 숯과 소금은 불에 넣었을 때 튀는 소리가 나고 향에서 나는 향기로 인해 악귀를 물리치게 된다. 반드시 가지(加持)와 관상(觀想)이란 의궤를 통해서 이루어져야 그 공능이 있게 된다.

12자의 실담은 4자와 8자로 나뉜다. 앞 4실담자는 가지(加持)한 재료를 태우고, 악귀를 항복시켜 마장을 사라지게 하여, 의식의 장소를 정화하는 의미이다. 뒤 8실담자 중 마지막 훔(hūṃ)은 매우 중요한 의미를 가진다. 훔(hūṃ)은 분노존의 아촉불과 금강부(金剛部)의 종자(種子)진언으로 이 종자진언이 변화하여 무능승주대명왕으로 나타나게 된다. 안과 바깥의 장애를 부수며 마군을 흩어지게 하는 효과를 가진다.

(2) 가지(加持)의 의미

가지(加持)는 adhiṣṭhāna로 서로서로 더하여 들어간다는 뜻이다. 본래는 섭지(攝持)의 의미로 끌어당겨서 유지하여 우뚝 서 있으며 장소를 차지하고 있는 것을 말하였으나, 후에 변하여 힘을 더하여 보호한다는 가호(加護)의 뜻이 되었다. 번역하면 가져서 유지하는 것을 짓거나[作] 염(念, 생각)을 보호하는 것[護]을 말하게 되었다. 그래서 불보살이 불가사의한 힘으로 중생을 보호하는 것을 신변(神變) 가지(加持)라고 하게 되었다.

밀교에서는 대일여래가 대비(大悲)와 대지(大智)로서 중생을 따르는 것[隨順]이나 또는 보호라는 것을 가(加)라고 하고, 중생이 대자비를 받아 지니는 것을 지(持)라고 한다. 이 뜻과 함께 유가(瑜伽, yoga)의 뜻은 서로 같다. 대일여래와 중생이 서로 상응하여 하나로 합하는 것이다. 여래의 삼밀과 중생의 삼업이 서로 상응하는 것이다. 끌어당겨[攝] 다름[他]에 들어가서, 마음[感]이 여래의 자비를 알게 하여 가지가지 묘과를 성취하고 성불을 기대하는 것이다. 이것을 삼밀가지(三密加持)라고 한다.

삼밀가지는 자행가지(自行加持)와 아사리가지(阿闍梨加持)가 있으며, 현신하는 몸이 보리를 증득할 수 있다. 자행가지는 행자의 손은 밀인(密印)을 결(結)하고, 입으로는 진언을 염(念)하고, 마음으로는 삼매의 수법에 주(住)하는 것이다. 아사리가지는 관정(灌頂)하는 스승이 만다라아사리에 올라서 갈마를 구족하게 하고, 보현삼매로서 금강살타를 이끌어서 자기의 몸으로 들어오게 하는 수법이다.

(3) 진언(眞言)의 의미

진언(眞言)은 mantra이다. 소리나는 대로 曼怛羅·曼荼羅라고 쓰며, 陀羅尼·咒·明·神咒·密言·密語·密號 등의 뜻으로 쓴다. 언어가 진실하여 헛되고 거짓이 없다는 의미이다. 밀교에서는 삼밀 중에 말은 비밀스럽다는 뜻을 가진다. 불·보살·제천 등은 본 서원의 덕(德)에 해당하는 말이다.

진언은 다음 3가지 뜻이 더해진다. 진언은 vidyā의 뜻인 명(明, 밝음)을 말하며, 학문과 지식의 의미를 가진다. 또 진언은 dhāraṇī 즉 총지(總持)의 뜻으로 음사하여 다라니(陀羅尼)라 불린다. 입으로 설하면 진언다라니가 되고, 몸에서 표현되면 명(明)이 된다. 진언은 길면 다라니라 하고, 몇몇 개로 이루어지면 진언이라고 한다. 때로는 1~2자로 이루어지면 종자(種子)진언으로 불리기도 한다.

(4) 실담(悉曇)의 의미

실담(悉曇)은 siddham으로 성취(成就), 성취길상(成就吉祥)으로 번역한다. 일종의 범자의 자음과 모음의 체계로서 범어에서 쓰이는 서체로 기록한 것을 가리킨다. 인도에서는 7세기 이전에 실담문자의 표기가 성행하였으나, 중국에서는 siddhirastu 즉 실담장(悉曇章)으로 불리며 자모의 철자법을 나타낸 18장을 총칭하게 되었다. 자모의 개수는 기록한 사람에 따라 약간의 차이가 있기도 한다. 한국에서는 진언집류 제일 앞에 놓여 있는 '眞言集總論' 또는 '總論'이 실담장에 해당한다. 실담 즉 산스크리트어인 데바나가리를 읽어 한글로 표기할 때 어떻게 정확하게 표기할 수 있는지를 문법적으로 설명하는 내용이다. 문법학·음성학에 해당하는 설명이라고 하겠다. 한국불교에서는 실담자의 소리를 정확하게 우리의 글로 기록한 대표적인 문헌이 『오대진언집』이다. 1485년 인수대비의 발문이 있는 『오대진언집』은 한글 창제 직후에 기록된 발음으로 한글 역사에서도 중요한 의의를 가진다.

2) 공양물의 의미

(1) 숯

숯은 6,000년 전부터 사용했다고 하니, 인간이 불을 발견하고 나서부터 계속 사용했을 것이다. 여기에 야금기술의 발달은 숯의 기능과 작용을 더욱 중요하게 여겼다. 예로부터 한국과 중국은 음력 섣달그믐 밤 또는 정월 16일에는 폭죽(爆竹)이나 숯가루에 불을 붙여 나는 소리로 귀신을 쫓는 풍습이 있었다. 심지가 타들어 감에 따라 숯가루는 불똥이 탁탁 튀면서 떨어진다. 여기에 상징성을 부여한 것이다.

신라는 큰 종을 제작하거나 금은(金銀) 제품을 만들 때 특수한 나무로 구운 숯을 사용하였다고 한다. 신라부터 전승되던 연등회는 고려에 들어와서 화약이나 폭발물을 사용하여 화희(火戱)나 화산희(火山戱)라는 관화(觀火)의 성격이 있는 놀이가 성행한다. 놀이라고는 하지만, 연등과 관등에 불교사상을 담아낸 것이다. 이 놀이는 화약이나 기타 폭발물을 포통(砲筒)에 넣고, 속에 넣은 심지 그 끄트머리를 종이로 겹겹이 싼 다음, 심지에 불을 붙여 터뜨리는 방식이다. 화약의 주재료는 염초(74-78%)·숯(15-25%)·유황(10-33%) 등이다. 화약은 삼국시대부터 조선에 이르기까지 군수물자로 취급되었다. 그러나 조선에 들어서서 염초의 생산과 유황의 수입이 여의치 않게 되자 숯만이 남게 된 것이다.

조선에서는 숯을 필요로 하는 기관이 목탄과 땔감을 마련하기 위해서 선공감(繕工監)·사재감(司宰監)을 두어 운영하였다. 능원묘(陵園墓)에서 향탄산(香炭山)이라는 숲을 정하여 공급받았다. 홍릉(洪陵)의 향탄산은 양산 통도사의 사찰림이었으며, 양주 헌릉(獻陵)의 향탄산은 수원 광교산(光敎山)이었다. 그 외 무역탄(貿易炭)·가구탄(家口炭)이 있고, 화율탄(火栗炭), 가구세(家口稅) 등의 제도가 있었다. 조선에서 숯은 선공감이나 향산산 제도를 통해서 한지와 함께 사찰을 수탈하는 하나의 물품이 되었다. 좋은 숯과 한지가 사찰에서 생산되었던 것에서 자연스러운 활용 방식의 전환을 이끌 수 있는 요인이 되기에 충분했을 것이다.

숯의 재료는 버드나무·사시나무·벚나무·오동나무·물푸레나무 등이 사용되었다. 숯은 연료로 사용될 뿐 아니라 방취·방독·절연·원예 등에도 유용하게 활용되었다.

불을 이용한 신앙은 인도에도 있었다. 인도에서는 고대부터 아그니(阿耆尼, Agni)를 불의 신으로 불리며 신봉하였다. 불은 매일매일 켜지기 때문에 하늘과 땅을 연결하고 인간과 다른 신을 연결한다고 믿었다. 초기 베다 문헌에도 나타나는 이 신은 불에 비유하며 생명을 주는 에너지를 상징하게 된다. 베다에 나오는 불의 신이었던 아그니는 힌두교의 판테온으로 들어온다. 인드라와 함께 숭배되며, 아그니의 중요성은 변하지 않았다. 신에게 제사를 지낼 때 반드시 제물을 불에 태워야 그 제물이 아그니를 거쳐서 신에게 간다고 생각했다. 인도에서 3-4세기 밀교가 흥기하며 점차 광명과 비로자나불로 등치된다. 이 불(佛)의 광명과 불[火]의 광명은 호마(護摩, homa)의식을 통해서 소재(消災)의 힘을 발휘하게 된다. 불빛은 비로자나불의 광명으로 상징된다.

중기밀교를 지나며, 초기 다라니 독송을 강조하던 것에서 점차 관상법으로 발전하게 된다. 분노존과 결합하여 교령륜신(敎令輪身)인 명왕(明王)으로 변현(變現)하여 중생을 구제한다. 명왕은 대일여래(大日如來, 비로자나불)의 명을 받들어 부처의 가르침을 따르지 않는 중생에게 무시무시한 분노존(忿怒尊)의 모습으로 조복시키고 교화시키는 상징적인 부처로 존재한다. 이때 온몸과 머리에 불이 타는 듯한 덩어리 모양을 염만(焰鬘)이라고 한 것이다. 이 염만의 빛은 숯의 빛, 타는 소리와 함께 다라니를 염송하면, 악귀를 항복시켜 마장을 사라지게 하고, 의식의 장소를 정화하고, 의식을 방해하는 귀신과 악귀를 제거하여 결계를 행하는 역할을 한다. 본래 힌두교 여신 신앙에 근거를 두고 있던 이 신들이 호법신(護法神)으로 발전한 것이다.

밀교의례가 성행하였던 고려불교에서 연등회의 관등(觀燈)은 태종에게 제사하여 왕실의 안녕을 기원하는 효의 행사이고, 관화(觀火)는 백성의 안녕을 기원하는 행사로 매우 중요한 의식이었다. 조선시대에는 연등회가 왕실의 주관에서 사찰로 옮겨짐에 됨에 따라 자연스럽게 숯의 광명과 소리를 이용한 낙화법이 탄생하게 된 것이다. 비로자나불의 광명과 숯의 불빛의 동질화는 한국불교의 새로운 해석이라고 할 수 있다. 숯이 비로자나불 광명의 의미로 이해되었다.

(2) 소금

소금의 역사는 문명의 역사와 같다고 할 수 있다. 인간이 생명을 유지하는 아주 중요한 요소이기 때문이다. 영어 'salary'도 라틴어인 소금인 Sal에서 비롯되었으며, 로마 군인들은 보수를 소금으로 받기도 했다. 한국에서는 고구려시대 소금을 해안지방에서 운반해 왔다는 기록이 있다.『삼국사기』열전편에는 253년 일본의 사신이 오자 왜왕을 소금을 만드는 노비로 삼겠다고 놀리는 이야기가 있고, 신라본기 진평왕편에는 554년 신라 왕성 안에 소금 창고인 염고(鹽庫)가 있었다도 기록이 있다. 또 굴산사를 창건한 범일국사 이야기에는 여러 총림을 돌아다니며 염관(鹽官)에게 밥을 얻어먹었다는 이야기도 있다.『선화봉사고려도경』창름(倉廩)편에 보면 해염창(海鹽倉)을 두어 바다에서

나는 소금을 보관하는 창고를 두고 있었음을 알 수 있다. 고려시대에는 왕실에서 전매제를 운영하였다. 조선시대에는 염소(鹽所)나 염창(鹽倉)을 두었으며, 소금을 생산하는 어민들에게는 세금을 징수하고 자유로운 유통과 처분의 권한을 부여하는 사염제과 국가에서 직접 소금을 굽는 관염제를 병행하였다.

한국에서 소금은 나쁜 것을 쫓는데 뿌리는 관습이 있다. 힌두교도는 상중(喪中)에 소금을 먹어서는 안된다고 한다. 인도에서는 젊은이들이 결혼하면 3일 동안 소금을 먹을 수 없다. 특히 소금이 불에 들어가서 나는 탁탁 튀는 소리는 악귀를 쫓는다고 생각했다. 숯이나 대나무에서 나는 소리, 폭죽소리는 모두 동질의 소리로 여겼다.

『다라니집경』 불부(佛部)에는 불정의 하나로 금륜불정상법(金輪佛頂像法)이 있다. 여기에 단을 만들고 나타나는 세존의 모습 중에 육계상에서 빛나는 광염과 몸에서 나는 화염에 대해 묻고 답하는 내용이 있다. 심주(心呪)로 금륜다라니를 설하고, 수인을 설하는데, 그 중 하나가 '有白光明佛頂印'이다. 이 인(印)은 나라 안에 비가 그치지 않고 계속 내릴 때 사용한다. 비가 그치지 않으면, 백광명인을 맺고, 대심주를 외우고, 부처님을 봉청하여 화좌(華座) 위에 앉게 한다. 곧바로 구라향[안식향]과 훈육향을 태워서 부처님께 공양한다. 발원을 하고, 백개자와 소금을 섞어 가지(加持)하고, 휘저어 화로에 넣으며 주(呪)를 계속 염송한다. 부처님의 정수리에서 비추는 광명은 향과 소금이 하나가 되어 원을 성취하게 된다. 향의 향기와 불에 타는 소금의 소리로 방해하는 자를 쫓는다.

화염으로 둘러 싸인 염만을 설명하는 『성염만덕가위노왕입성대신험염송법』에서도 안실향과 소금을 사용한다. 금강수비밀주가 의궤를 설한다. 먼저 분노상을 그리고, 단을 만들고 장엄을 하고 염만덕가위노왕을 지송하면, 재난이 없어지고 몸과 목숨[身命]을 수호할 수 있게 된다. 이때 공양물은 세 가지 매운 것[三辛], 소금[鹽], 개자(芥子), 해염(海鹽) 등이다. 이들은 공양물이라기 보다 약(藥)으로 표현하고 있다. 나라 안이나 성안의 모든 재난인 병, 기근, 원수, 자연재해, 모든 악취 등이 물러나게 되고, 원수가 물러나 죽게 된다. 식초와 약주도 약에 포함한다. 소금은 약의 개념으로 사용한 것이다.

(3) 향(香)과 오향(五香)

향(香)은 gandha라고 한다. 비근(鼻根)에서 냄새를 맡을 수 있는 종류이며, 비식(鼻識)이 분별하는 대상 중에 하나이다. 분별하는 종류는 호(好)·오(惡)·평등(平等) 3종류이다. 향(香)이 마음[心]과 합해서 쾌(快)·불쾌(不快)·비쾌비불쾌(非快非不快)를 일으키는 것을 예상하는 것이다. 때로는 호향(好香)·오향(惡香)·평등향(平等香)·불평등향(不平等香) 4종류 또는 10종류로 나누기도 하지만, 3종류로 이해하면 크게 틀리지 않는다. 원료에 따라서 5가지 향을 중요하게 여긴다. 불교의 밀교의궤에서는 단(壇)을 만들 때 전단향, 침수향, 정자향, 울금향, 용뇌향을 5향이라고 하여 반드시 쓰이는 향이다.

대부분 밀교의례에서는 사용하는 방법에 따라 기능과 역할이 달라진다. 사용하는 방법에 따라 도향(塗香)과 소향(燒香)으로 크게 나누어지고, 향의 종류도 정해져 있으며, 향의 모양도 부르는 명칭도 다르다. 바르는 향인 도향은 사용될 때 향수(香水), 향유(香油), 향약(香藥) 등의 이름으로 불린다. 태우는 향인 소향은 둥근 원형의 환향(丸香)이 호마의 화로에 공양물로 던지고, 지혜와 불꽃이 번뇌 및 탐진치로 동질이 되어 탄다. 그래서 도향과 소향은 사용하는 향의 종류에 따라 수법의 종류가 식재(息災)·증익(增益)·항복(降伏) 등으로 원하는 바와 함께 달라진다. 이와 함께 공양하는 존상(尊像)이 처한 곳인 부(部)도 사용하는 향이 다르다. 불부(佛部)는 침향을 사용하고, 금강부는 정향을 사용하고, 연화부는 백단향을 사용하고, 보부는 용뇌향을 사용하고, 갈마부는 훈육향을 사용한다.

예를 들어 『금광명최승왕경』 대변재천녀품에서 대변재천녀는 이 경을 말하는 법사와 듣는 이들에게 주약(呪藥)으로 몸을 목욕시켜서 [洗浴法] 다라니 총지로 변재를 얻게 하겠다고 하는 이야기가 있다. 목욕일에 주문을 외우며 약을 끓인 뜨거운 물에 몸을 씻으면, 별[星]로 인해 일어나는 재변과 질병의 고통, 싸움, 전쟁, 귀신, 빙자, 도깨비 저주, 횡사 등을 멸할 수 있다고 한다. 이때 향약(香藥)은 32가지 맛[味]을 갖추어야 한다. 이 맛의 32가지 향(실제 경전에서는 31가지)은 다음과 같다. 좋은 창포, 웅황, 목숙향(苜蓿香 : 거여목), 시리사(尸利沙), 합환(合歡, 자귀나무), 감송향(苷松香, 凉州에서 남), 사미초(奢彌草), 구기(苟杞, 구기자), 곽향(藿香), 숭고초(嵩高草), 침향, 계피, 정향(丁香), 풍향(楓香), 백교향(白膠香), 안식향(安息香), 아라사(阿蘿娑), 전향(煎香), 영릉향(零陵香, 多揭羅라고 함), 애납향(艾納香), 전단향(栴檀香), 석웅황(石雄黃), 청목향(靑木香), 울금향(鬱金香), 부자(附子), 개자(芥子), 축사(縮師), 밀(蜜), 울금근(鬱金根, 黃薑을 말함), 나라타(那羅陀), 초룡화(草龍華)이다. 각각의 약을 같은 양으로 한 곳에서 방아로 찧어 가루를 내고, 체로 쳐서, 주를 108번 외운다. 귀성일(鬼星日 : 鬼字日)에 안식향을 피우고 단을 만들어 순서에 따라 결계하고 목욕을 한다. 귀성은 28개의 별자리 중에 남방 주작의 눈에 해당하는 별자리의 날이다. 이렇게 몸에 바르는 향을 약향(藥香)이라고도 한다. 이 향들의 많은 종류는 중의학이나 한의학에서는 대부분 약재로 쓰이고 있다.

이와 같은 향의 기본적인 인식은 반드시 적용되지는 않는다. 경전의 번역과 전승에 따라서 약간의 변화가 있으며, 한국불교의 의례 또는 의궤를 형성하는 과정에서 한국불교의 고유성이 투영되어 변화하기도 한다. 낙화법에서 향과 숯의 결합도 이와 같은 변화의 하나라고 할 수 있다. 그리고 향은 약으로 쓰이고 식재·항복의 의미로 쓰인다.

○ 전단향(栴檀香) candana는 단향(檀香)을 말하며, 백단향(白檀香)·적단향(赤檀香) 2종류가 있다. 보통은 백색, 적색, 자색의 3종류가 있고, 백단은 열병을 치료하고 적단은 풍종(風腫) 즉 산후에 일어나는 부종 같은 경우를 치료한다고 한다. 전단 중에 최고 향기가 나는 것을 우두전단(牛頭栴檀, gośīrṣa-candana)이라고 한다. 나무에서 향기가 나며 회황

전단향: 『佛敎植物辭典』 (和久博隆, 1982, p.69)

색(灰黃色), 적동색(赤銅色)이어서 조각을 하기도 하고, 뿌리는 갈아서 가루로 만들어 분향(焚香)으로 공양하며, 향유(香油)로 만들기도 한다.

○ 침수향(沈水香) tagara는 침향(沈香)을 말한다. 범어 tagara는 다가라(多伽羅)로 소리나는 대로 쓰며, 가라(伽羅)로 축약하여 쓰이기도 한다. 그런데 축약된 가라는 나무의 이름으로도 쓰인다. 인도

와 남해양에서 자라며 나무뿌리를 이용하여 향을 만든다. 한국 한의학에서 발표한 「Aquilaria속 식물 분포도에 근거한 沈香의 학명」이란 논문에서는 한역 경전에서는 인도의 aguru를 침향으로 번역한 것이며, 소리나는 대로 적어 아가루(阿伽樓), 惡揭嚕, 阿伽嚧, 阿迦爐, 阿迦嚧 등으로도 수록하였다고 한다. 또 베트남에서 침향나무를 의미하는 밀향수(蜜香樹)로 수록된 곳도 있고 현재까지도 사용하고 있어, 경전에서는 인도산과 베트남산을 동일시하고 있다는 것이다. 이견은 있지만 두 종류는 유사하다고 생각되며, 뿌리를 이용한 근향(根香)이란 점은 같다.

침수향(沈水香): 『佛敎植物辭典』 (和久博隆, 1982, p.73)

관세음보살은 세간의 여러 가지 병이나 두려움, 무서움 등을 물리치며, 죄를 멸하는 진언을 설한다. 그중에 침수향과 관련해서 생긴 우리나라 단오의 세시풍습을 알아보자. 『다라니잡집』의 관세음설주오종색창포복득문지불망다라니(觀世音說呪五種色昌蒲服得聞持不忘陀羅尼)이다. 관세음보살은 다섯 종류의 창포를 가지(加持)하여 약으로 먹으면 무엇이든지 듣고 잊지 않는 기억[聞持]을 얻을 수 있다는 다라니를 설한다. 제일 먼저 단을 만들고, 관세음보살을 그려 단에 안치한다. 그리고 침수향을 사르고, 하얀 창포 뿌리, 검은 창포 뿌리, 붉은 창포 뿌리, 푸른 창포뿌리, 노란 창포 뿌리를 마련해 놓고, 해당 진언을 108번 독송하고 그것을 먹으면, 한 번 들어서 지닌 것은 잊어버리지 않는다고 한다.

고려시대에는 침수향과 함께 창포주(菖蒲酒)를 만들어 먹고, 머리를 감아서 귀신이 범접하지 못하게 하였다. 또 창포를 삶아서 약으로 복용하기도 하였다.

○ 정자향(丁子香)은 정향(丁香)으로도 불린다. 원산지는 인도네시아이며, 말린 꽃봉오리가 마치 못과 닮았다고 해서 붙여진 이름이다. 정향은 영어 clove이며, 인도에서는 이른 시기부터 묘약으로 알려졌다. 불로장생과 백발을 막는다고 알려져 왔다. 불교에서는 밀교수법에서 화로에 던져질 때 환으로 만들어져 소향으로 쓰이고, 목욕하는 도향으로 쓰인다. 목욕에 대표적으로 쓰이는 향이 정향과 창포이다.

○ 울금향(鬱金香)은 jāguḍa이다. 붉은 꽃[紅花]의 꽃즙으로 여러 번 눌러서 만든다. 학명은 Tulipa gesneriana이며, 남방지역 초원에서 자란다. 샤프란의 일종으로 생각되며, Crocus라고 부르는 향신료로 가공할 수 있는 꽃의 일종이다.

○ 용뇌향(龍腦香)은 장뇌(樟腦)의 일종으로 karpūra이다. 남방 해양 지역인 인도와 보르네오에서 자라는 상록 교목으로 열매는 식용으로 사용한다. 갈포라(羯布羅)나무에서 나오는 진을 말려서 향을 만든다.

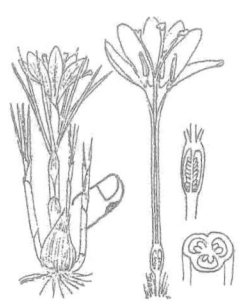
울금향: 『佛敎植物辭典』
(和久博隆, 1982, p.22)

용뇌향: 『佛敎植物辭典』
(和久博隆, 1982, p.105)

(4) 안실향(安悉香)

안식향(安息香)이라고도 하며 guggula이다. 안식향수(安息香樹)의 껍질에서 즙을 짜서 만든 덩어리나 껍질을 분말로 만든 향이다. 안식향이라고 하면 향을 만드는 나무인 재료를 가리킨다. 이 나무는 인도네시아, 말레이지아, 수마트라에서 자라며, 12-30미터 정도 크고, 70-100여 년 정도 산다. 대부분의 향(香)과 같이 안식향도 나쁜 기운을 물리치고 모든 삿된 기운을 편안하게 진정시키는 효과가 있는 것으로 알려져 있다.

인도지역은 열대에 속하기 때문에 기후가 매우 뜨거워서 몸이 더러워지고 냄새가 나기 쉽다. 냄새를 제거하기 위해서, 이 지역에서 많이 자라는 향목(香木)으로 향의 재료로 사용한다. 가루를 몸에 바르는 것을 도향(塗香)이라고 하고, 향료를 태우면 소향(燒香)이라고 한다. 의복이나 방안에 향이 나도록 하는 것은 소향 또는 훈향(薰香)이다. 날씨가 추울 때는 소향으로 하고, 더울 때는 몸의 온도 조절을 위해 도향으로 한다. 밀교가 발전하며 불교의례 속에 들어오면서, 앙청(仰請)하는 의

안실향: 『佛敎植物辭典』
(和久博隆, 1982, p.11)

례에서는 소향이 호마법의 공양으로 자리하게 된다.

계청(啓請)에 염만응화삼천계(焰鬘應化三千界)라는 내용에서 염만과 관련된 의식에서는 안실향 즉 안식향을 사용했을 것으로 추정한다. 『성염만덕가위노왕입성대신험염송법』에서 다음과 같이 설명한다. 온몸에 불꽃이 이는 분노존의 모습을 한 성염만덕가위노왕을 모신 단(壇)을 만들고, 호마 화로에 공양물로 던져지는 안식향은 원수를 멀리 달아나게 하고, 달아난 원수가 오래되면 병들어 죽게 되며, 진언을 수지하고 염송하는 자는 자비심을 일으켜 재난이 멈추고 본래대로 되돌아가게 된다고 한다. 특히 『다라니집경』에서는 금륜불정(金輪佛頂)의 화상법(畵像法)에서 불(佛)을 봉청할 때 구라향(求羅香, 안실향)과 훈육향(薰陸香)을 공양물로 호마하고 있다. 화로에 공양물을 올릴 때, 안실향·훈육향·침수향(沈水香) 3종류는 항상 갖추어야 하는 것으로 알려져 있다.

(5) 한지(韓紙)-『한지백서』(2023) 참조

우리나라 고유의 독창적인 제조방법으로 만든 전통종이를 '한지(韓紙)'라고 부른지는 오래되지 않았으며, 어원조차 명확하지 않다. 자생력이 부족하여 정부의 정책적 지원이 필요한 우리 고유문화를 생활화·산업화·세계화하여 세계적인 문화명품으로 육성하기 위한 사업(2007~2011)의 일환에서 시작되었다고 한다. 한국 고유문화의 상징성을 띠는 6대 분야인 한글·한식·한복·한옥·한지·한국음악을 브랜드화하고 체계적으로 육성하기 위해 선정되고 부터 통일된 이름을 사용하게 되었다. 과거에는 일상생활에서 흔하게 접하는 종이였기 때문에, 만드는 사람이나 파는 사람이나 자기 마음대로 이름 지어 닥지·순지 등으로 불렀다. 문헌에 의하면 백추지·견지 등으로도 불렀다.

종이라는 말은 저피(楮皮)에서 나온 말로 저피가 조비>조해>종이로 변하였다. 종이는 예로부터 시대·재료·용도·색채·산지·크기 및 두께·종이의 질 등에 따라 매우 다양한 이름으로 부른 것을 알 수 있다. 닥나무라는 재료의 특성으로 인해 닥종이·닥지·저지·참종이 등으로 부르기도 하였고, 용도에 따라 장판지·창호지·배접지 등으로 불렀다. 종이 한 장을 만드는 데 100번의 손이 간다고 해서 백지(百紙)라고도 하며, 뛰어난 품질로 인해서 계림지(鷄林志)·삼한지(三韓紙)·고려지(高麗紙)·조선지(朝鮮紙)로도 일컬어졌다. 조선시대는 상화지(霜花紙), 백면지(白棉紙)가 유명하였다.

1884년경 일본을 통해서 기계로 만든 양지(洋紙, 서양 종이)가 도입된 이후, 우리나라에서 재배한 닥나무 껍질을 주원료로 하며 손으로 직접 떠서 만든 종이를 수초지(手抄紙)라고 불렀다. 그리고 한지를 양지, 중국의 선지(宣紙), 일본의 화지(和紙) 등과 구별하여 불렀다. 고종 21년(1881)에는 수신사(修信使)로 일본에 간 김옥균(金玉均)이 양지의 제조시설을 도입하여 한성에 설치하고부터 전통적인 종이를 '한지'로 부르기 시작하였다고도 한다.

현재 '전통한지'의 정의는 조선총독부에 의해 변형·왜곡되기 이전(1911년 이전)의 제조기술로 만든 한지로, 한국 고유의 백닥을 사용, 천연잿물에 의한 닥 삶기, 나무를 이용한 두드림(고해, 叩解), 흐르는 물에 일광(日光) 표백, 촉새발(억새풀 등) 사용, 외발뜨기 방식 준수, 섬유 분산제(황촉규 및 느릅나무 뿌리)를 사용, 건조시 햇볕 아래 말리기 등의 공정을 거친 것으로 정하고 있다. 그리고 닥종이로 불리는 만큼 재료로는 닥을 사용하고, 우리나라에서 외발(흘림)뜨기 방식을 활용하여 '손'으로 뜬 종이를 '전통한지'라고 한다. 반면에 닥섬유를 원료로 외발(흘림뜨기), 쌍발(가둠뜨기), 반자동(가둠뜨기)을 사용하여 손으로 뜬 종이를 '한지'라고 하여 구분하기도 한다.

전통한지를 보존하기 위해, 지정된 현재 국가무형문화재 한지장은 홍춘수(2010년 지정), 2021년에 지정된 김삼식·신현세·안치용이 있다. 그 외 색지장 등 한지와 관련된 시도지정의 장인이 8명이 있고, 전주에서는 4명의 한지장과 6곳의 한지 생산업체를 지정하여 보존하려고 노력하고 있다.

한국공예·디자인문화진흥원에서는 『2022년 전통문화산업 실태조사-한지산업 실태조사 보고서』(2023)을 발간하였다. 한지제조업체는 약 26개 업체이며, 원주·문경·괴산·안동·전주 등이 주요 생산지이지만, 대부분 전북 전주시에 몰려 있다. 이 보고서의 특징은 수초(手抄) 한지의 생산량이 늘고 있으며 기계 한지의 생산량이 줄어드는 현상을 보인다. 그리고 문화체육관광부와 한국공예·디자인문화진흥원은 한지의 세계화를 위해 『한지백서』(2023)를 출간하여 전수조사하는 성과를 이루고 있다.

한지의 주원료는 닥나무의 인피섬유이다. 그러나 한지의 재료로 역사적으로는 닥나무뿐 아니라 삼지닥나무, 산닥나무, 마, 뽕나무, 볏짚 등 다양한 원료를 사용해왔다. 한지를 만드는 재료와 특징은 다음과 같다.

○ 닥나무와 그 특징

닥나무에는 참닥나무, 산닥나무, 삼지닥나무가 있는데 닥종이의 '닥'은 참닥나무를 가리킨다. 닥나무 줄기의 껍질은 질기므로 꼬아서 노끈으로 쓰거나 팽이를 치는 팽이채를 만들었다. 닥나무는 동네 어귀의 밭둑이나 개울가, 산자락의 돌무더기 주변에서 주로 자란다. 삼지닥나무는 낙엽활엽관목으로 원산지는 중국이며, 우리나라에서는 제주도, 전라남도, 경상남도 지역에서 재배한다. 섬유질은 화폐, 증권, 지도, 사전, 등사 원지 등 고급 용지의 원료로 쓰이며, 일본 '화지'는 삼지닥나무를 주원료로 이용하고 있다.

[특징]

닥나무의 인피섬유는 한지의 재료 중에 가장 중요하다.

닥나무 속(屬)에는 닥나무와 꾸지나무가 있다.

닥나무는 우리나라 전역에 분포하며 마엽종·요저종·진저종으로 구분한다.

닥나무는 섬유질이 매우 길고 질겨 좋은 종이제조를 가능하게 한다. 재료를 채취할 수 있는 가능한 시기는 수액의 유동이 멈추는 11월-2월이다.

○ 황촉규(黃蜀葵)와 그 특징

황촉규(黃蜀葵)는 Abelmoschus manihot이며, 당촉규화, 촉귀로도 불린다. 뿌리를 말려서 점액을 추출하여 사용한다. 황촉규는 말린 후에, 돌절구, 석판, 목판 위에서 거칠게 빻은 다음 통에 넣고 물을 부어 빨래하듯 고무래로 치댄다. 이때 나오는 점액을 쓴다.

[특징]

황촉규는 닥풀이라고도 하는 천연접착제이다.

종이를 뜰 때 닥섬유가 엉키지 않고 균질하게 분산시키는 역할을 한다.

닥풀의 주성분인 당류로 인해 섬유가 서로 잘 붙게 되어 질긴 종이를 뜰 수 있다.

종이를 뜬 다음 쌓아 놓은 습지를 압착해도 서로 붙지 않아 한 장 한 장 잘 떨어지게 된다.

종이의 강도를 높이고 윤기가 많이 나는 종이제작이 가능하다.

pH 7.0의 중성지를 만들어 산화되지 않도록 하는 역할을 한다.

○ 잿물과 그 특징

잿물은 나무를 태운 재에 물을 부어 침전시킨 후 걸러서 얻어지는 물이다. 양잿물이라고도 한다.

[특징]

잿물은 닥을 삶을 때 불순물을 제거하며, 닥을 부드럽게 해주는 역할을 한다.

알칼리성 용액인 잿물을 사용해 닥섬유를 삶으면 점차 pH가 떨어져 중성을 띠는 한지 제작이 가능하게 된다.

잿물을 사용해 불순물을 제거하면, 섬유가 손상되지 않아 질긴 종이 제작이 가능하다.

닥섬유 고유의 광택을 유지하게 하며 폐수 처리가 용이하다.

○ 한지를 만드는 과정
① 닥 삶기(증해): 닥나무의 흑피와 청피를 제거한 후, 백피의 뒤엉 킴을 막기 위하여 적당한 길이(50cm 정도)로 잘라 맑은 물에 침수시키는 예비작업을 한다. 잘 숙성시키고 잘 불려서 잿물을 넣고 삶는다.
② 세척 (씻기, 수세)
③ 일광 표백
④ 세척 (씻기, 수세)
⑤ 티고르기: 제진(除塵) 작업
⑥ 고해(叩解): 방망이로 두드려서 해섬(解纖)하는 공정
⑦ 해리(解離): 물통에 넣고 잘 풀어주는 작업
⑧ 종이뜨기(抄紙): 닥풀즙액을 넣고 잘 풀어주고 뜬다. 종이뜨는 방식에는 흘림뜨기(외발뜨기)와 가둠뜨기(쌍발뜨기) 방식이 있음
⑨ 압착탈수(壓搾脫水)
⑩ 종이 건조(말리기): 일광건조(목판건조)와 온수열판건조 방식이 있음
⑪ 도침(搗砧, 광내기)
⑫ 선별 및 포장

3. 본의식의 용어

1) 단(壇)건립에 쓰이는 용어

게송문은 의례가 행해지는 장소를 준비한다는 뜻으로 이해하면 된

다. 수구즉득다라니를 염송하기 위해 필요한 것들이다. 우선은 염송을 위한 일정한 장소가 필요하며, 진언은 입으로 염송함으로 입을 정결하기 위한 법이 필요하다. 낙화법은 수구즉득다라니를 염송하는 의궤가 갖추어져 있기 때문에, 경전이라고 할 수 있다. 그래서 경전을 상징하는 개경계가 있다. 진언행자가 금강좌(金剛座)에서 수인을 결하고 대삼매인(大三昧印)에 들어가는 모습을 한다. 곧 청정법계삼매에 들어가 더러운 악의 오염을 청정하게 변하게 한다. 정법계진언으로 한다. 이것이 여래의 진실한 뜻을 아는 것이 된다. 『오대진언집』에 묵서되어 있는 낙화법의 의궤 순서는 다음과 같다.

① 정구업진언
수구즉득다라니를 입으로 염송하기 위한 준비이다.

② 오방진언
수구즉득다라니가 염송되는 장소를 정한다. 동서남북 사방의 경계를 정하고, 중방에 비로자나불을 소청(召請)할 수 있도록 한다. 이 정해진 범위에서 가지한 공양물을 호마의궤의 형식으로 소하게 된다.

③ 개경계
낙화법은 경전, 의궤, 염송법을 갖춘 즉 경전의 일종이다. 이러한 인식으로 경전을 설행한다는 상징성을 부여한다.

④ 정법계진언
낙화법을 이끌어가는 진언행자는 금강정좌(金剛正坐)를 하고 앉아

서 대삼매인의 수인(手印)을 하고, 진언은 옴(ॐ, oṃ) 람(रं, raṃ)을 염송한다. 진언이나 다라니에 자주 나타나는 옴(ॐ)(oṃ)은 일체의 유가심(瑜伽心)을 발해야 하는 진언으로 발보리심을 표현한 것이다. 람(रं, raṃ)은 지송하거나 생각하면 삼업을 청정하게 하고, 일체의 장애를 멸하고, 일체의 모든 일을 성취시켜준다.

2) 계청(啓請)과 게송문(偈頌文)에 쓰이는 용어

계청과 총 9게송의 게송문의 내용이다. 오방진언으로 소청할 수 있는 자리가 마련되었다. 이때 중방에 비로자나불을 모시게 된다. 그래서 계청에서 '佛說金剛頂瑜伽最勝祕密成佛隨求即得神變加持成就陀羅尼啓請'이라고 하는데, '金剛頂瑜伽'와 '神變加持'는 이를 상징적으로 보여준다.

금강정(金剛頂)은 여래의 본래 지덕(智德)에 비유하며, 불지(佛智)의 법문을 개현(開顯)하는 것을 말한다. 금강은 법회의 회좌(會座)에 앉아 경전을 나타내는 관(冠)이 금강정이란 이름으로 말해진다. 그래서 정(頂)은 최승의 존상(尊上)의 뜻이 된다. 유가는 yoga이며 신구의 삼밀(三密)로 하나 되는 것을 말한다.

신변가지(神變加持)는 vikriṇitādhiṣṭa이며, 신력(神力)의 가지하는 것과 불(佛)의 호념하는 것을 지어서 불·보살이 중생을 교화하는 것을 말한다. 가지(加持)는 adhiṣṭhāna로, 상호가 서로 서로 더하여 들어가서 하나가 되는 것이다. 요가와 의미는 서로 같다.

게송문(偈頌文)에서 중요한 단어는 다음과 같다.
○태장교(胎藏敎): 자비의 마음으로 일체 지심(智心)을 일으키는 가

르침이다. 『대일경』의 밀교사상을 근간으로 한다는 뜻이다.
○ 총지문(總持門): dhār로 진언이 가지는 공능을 가리킨다. 무량한 불법을 깊이 생각하여 지녀서 잃지 않는 지혜의 힘을 염(念)하는 것이다.
○ 염만(焰鬘): 본노존이 취하는 모습으로 머리와 몸이 모두 불꽃으로 둘러싸여 있는 것을 가리킨다. yamāntaka를 염만덕가(閻曼德迦)로 음사하고, 염만마존(閻曼摩尊)·육족존(六足尊)으로 번역한다. 5대명왕의 하나이며, 밀호(密號)는 대위덕금강(大威德金剛), 혹은 지명금강(持明金剛)이라 하는데, 이것 때문에 대위덕명왕이라고 말한다.
○ 무능승대명왕(無能勝大明王): 금강수보살로 인하여 설법하는 수구즉득다라니를 중생을 위하여 설하는 명왕의 이름이다. 명왕이 다라니를 설하는데 이 법보다 더 수승한 것은 없다는 의미로 무능승이라고 한다.
○ 여의보인(如意寶印): 모든 보살의 삼매야형의 진다라니여의보주이다. 여의보주(如意寶珠)는 cintā-maṇi를 의역한 것이며, 소리나는 대로 진다라니(眞陀摩尼)라고 한다. 자기의 뜻과 원대로 할 수 있어서, 가지가지 진보의 보물을 변현하여 내는 것을 말한다. 보주는 항상 병과 고통을 제거하여 공덕을 가지런히 한다. 일반적으로 법과 공덕에 비유하며, 경전의 공덕이 나타내는 상징이다.
○ 금강수(金剛手): 금강수보살로 vajra-pāṇi 또는 vajra-dhara의 음역을 사용한다. 집금강(執金剛)보살, 비밀주(祕密主)보살, 금강수보살을 칭한다. 넓은 의미로는 금강저를 잡고 있는 보살이나 특별하게 밀적금강역사(密迹金剛力士)를 가리키기도 한다.

○실지(悉地): siddhi로 성취한다는 뜻이다. 특히 밀교에서는 진언을 송지(誦持)하여서 신구의 삼밀이 상응하여 세간과 출세간의 여러 가지 묘과(妙果)를 성취한다는 뜻으로 쓰인다. 실지가 유상과 무상이 되어서 세간에서 오래 사는 것을 얻거나 출세간의 과덕(果德)을 성취한다고 한다.

○심월륜(心月輪): 관상할 때, 달을 상징하는 가슴에서부터 시작하여 점차 변화한다고 하여 심월륜이라고 부른다. 이것은 보리심이 원만하고 청정함을 달의 둥근 것에 비유하는 것이다. 금강계 밀교에서는 중생의 육단심(肉團心, 心臟, hṛdaya,)에 비유한다.

○수구능자재(隨求能自在): 수구즉득다라니의 공능을 가리킨다. 특히 소진언을 가리킨다.

3) 수구즉득다라니문에 쓰이는 용어

대수구다라니(大隨求陀羅尼)는 Mahā-pratisāravidya-dhāraṇi이며 줄여서 수구다라니(隨求陀羅尼)라고 부른다. 모든 죄장을 사라지게 하고 없애버리며[消滅]. 악취를 깨부수어 버린다. 원하는 바에 따라 복덕을 바로 얻는 다라니이다. 경전에 따라 290구, 250구, 252구 등 다양하다. 대강 3단으로 나뉘어져 있다. 첫째는 모든 불보살과 삼보에게 귀의하는 내용이다. 둘째는 수구보살(또는 멸악취보살)이 모든 중생에게 있는 죄장, 공포, 질병 등을 발제(拔濟)하여서 몸과 마음의 안락을 얻고 구하는 것을 원만하게 하는 내용이다. 셋째는 다라니를 수지하는 자는 청룡 신들이 수호하고 모든 여래의 호념(護念)으로 영험을 얻는 내용이다.

수구즉득다라니문은 크게 앞 부분은 귀경게이며, 뒷 부분은 다라니의 내용에 해당한다. 수구즉득다라니의 판테온을 재구성해 보면 더 정확하게 설명할 수 있다. 신들은 본래의 역할에 따라 각각의 위치에 자리하고 본연의 역할을 수행한다. 판테온에 신들이 자리함으로서 단(壇)이 완성되는 것이다. 이것은 단작법(壇作法)에서 소청이라는 의궤를 통해서 이루어진다. 중기·후기밀교는 단작법에 많은 발전을 이루었다. 이 불교를 티베트불교라고 일반적으로 말해지지만, 이러한 요소가 한국불교에도 존재하고 있다. 한국불교가 후기밀교 즉 티베트불교라는 것이 아니라 신라와 고려불교를 통해서 이미 내재하고 있던 후기밀교의 요소들이 기존의 불교사상을 통해서 한국불교의 이해방식으로 해석되었다는 것이다. 조선불교를 잘 보여주는 의례나 의궤, 진업집류에는 이와 같은 특징을 쉽게 발견할 수 있다. 그 대표적인 증거가 『오대진언집』인 것이다.

『오대진언집』에 실려있는 5종류의 진언 중에 불공이 번역한 진언은 존승다라니를 제외한 4종류이다. 한국불교의 이해방식도 여기에 적용할 수 있다. 실담을 번역한 뜻이 아닌 불공이 밀교교학의 의미로 해석한 내용으로 이해한다는 것이다. 수구즉득다라니도 이와 같이 이해되어 실담의 본래 가지는 뜻보다는 불공의 번역 의미로 이해되고 있다. 그리고 조선불교에서는 불공의 이해가 다라니를 염송하며 관상하는 의궤로 발전하였던 것이다.

수구즉득다라니도 불공의 의역에 의하면, 귀경계는 '歸命毘盧遮那佛 身口意業遍虛空 演說如來三密門 金剛一乘甚深教'라고 설명하고, 근본진언의 시작은 '歸命本覺心法身 常住妙法心蓮臺 本來莊嚴三身德三十七尊住心城 普門塵數諸三昧 遠離因果因果法 然具無邊德海本圓滿還 我頂禮心諸佛'이라고 설명한다.[14] 비로자나불에게 귀명하고, 비로자나여

래는 37존으로 유출하는 것이다. 그리고 수구보살(멸악취보살)에게 귀명하며, 전체 다라니를 구성하고 있다. 멸악취보살은 이름 그대로 중생의 고를 멸하고자 비로자나불에게 법문을 청하는 것이다.

강향숙의 '수구즉득다라니에 나타난 판테온과 신위 연구'에서 보다 자세하게 설명되어 있다.

4) 소진언(小眞言)의 뜻

근본다라니가 끝나면 소진언을 염송하게 되어 있다. 소진언은 총 7개의 진언으로 구성되어 있다. 불공이 번역한 『금강정유가최승비밀성불수구즉득신변가지성취다라니의궤』 후반부에 '七小眞言'이라고 하는 7개의 진언이다.[15] 이 의궤의 진언명과 『오대진언집』의 7개 소진언을 대입하면, 심불심진언(心佛心眞言)은 일체여래심진언이며, 일체불심인진언(一切佛心印眞言)은 일체여래심인진언이며, 관정진언(灌頂眞言)은 일체여래관정진언이며, 관정인진언(灌頂印眞言)은 일체여래관정인진언이며, 결계진언(結界眞言)은 일체여래결계진언이며, 불심진언(佛心眞言)은 일체여래심중심(心中心)진언이며, 심중진언(心中眞言)은 일체여래수심진언(一切如來隨心眞言)에 해당한다. 그리고 지심(至心)과 지념(持念)하는 사람은 어떤 죄이든지 조금도 허락함이 없어서, 수구즉득성불자재(隨求卽得成佛自在)라고 이름한다. 복덕의 자재를 구하고 칠보의 자재를 구한다고 한다고 하는 것은 이 7가지 진언에서 비롯

---

14 不空, 『金剛頂瑜伽最勝祕密成佛隨求即得神變加持成就陀羅尼儀軌』, 대정장 20, p.645상.

15 不空, 『金剛頂瑜伽最勝祕密成佛隨求即得神變加持成就陀羅尼儀軌』, 대정장 20, p.647중.

되었다는 것이다.

불공은 해설한 이유를 다음과 같이 설명한다.
첫째 심불심진언은 비로자나여래의 지심(智心) 가운데 지심(智心)이기 때문이다.
둘째 일체불심인진언은 모든 부처님의 깊고 깊은 지심(智心)의 인(印)이기 때문이다.
셋째 관정진언은 관정으로 염(念)을 지[持念]하기 때문이다.
넷째 관정인진언은 번뇌를 씻어 보리를 인(印)하기 때문이다.
다섯째 결계진언은 죄의 장애를 제거하며 모든 마(魔)를 파하고 제거하기 때문이다.
여섯째 불심진언은 부처님의 진실한 마음의 지혜[心智]이기 때문이다.
일곱째 심중진언은 이 법보다 수승한 것은 없기 때문이다.

지념(持念)하는 사람도 이와 같다. 부처님과 같이 법왕의 최고가 되고 제일의 악취를 멸함이 된다. 이 진언이 일체중생을 구할 수 있다는 것은 추우면 불을 얻고, 옷이 없으면 옷을 얻고, 고아면 부모를 얻고, 강을 건너고자 하면 배를 얻고, 병이 있으면 의사를 얻고, 어두움이 있으면 등을 얻고, 가난하면 보물을 얻을 수 있다는 것이다. 함께 듣는 자도 이와 같다고 한다. 이 7개의 진언은 만약 여자아이들이 대진언을 가지지 못할 때, 힘에 따라서 수지(受持)하는 것이라는 설명도 있다.
이와 같이 불공은 진언을 번역하며, 실담자의 본래 뜻보다 밀교수행의 공능 입장에서 해설하는 특징을 보인다. 『불교의례 낙화법의 기원과 형성과정』(2021)에서 실담자를 직역하여 해석한 내용과는 달리 불공의 해설이라고 볼 수 있다. 본래의 의미를 [실담]이라고 표기하고, 불공의 해설은 [해설]로 표기해 함께 비교해 보았다. 불공이 진언명을 풀이한 내용과 [실담], [해설]을 함께 표시하면 다음과 같다.

① 일체여래심진언(一切如來心眞言): 心佛心眞言
심불심진언은 비로자나여래의 지심(智心) 가운데 지심(智心)이기 때문이다.

[실담] 옴. 일체여래들의 화신이여, 공포를 여읜 가장 뛰어난 자여, 존귀한 자여, 저 자신의 모든 죄업으로부터 안락함이 있게 하소서. 성자여, 성자여, 두 분의 성자여, 짤라여, 짤라니여, 공포를 여읜자여, 공포를 제거한 자여, 지혜여, 지혜여, 깨닫게 하라, 깨닫게 하라, 지성이여, 지성이여, 일체여래의 심장(마음)을 기쁘게 하는 자여, 스바하.

[해설] 옴. 비로자나세계의 9회 세계, 사지(四智)여래, 여래일체지, 지(智)일체지, 37존, 37존의 일체지, 현겁의 16존 일체지는 중생에게 지혜를 베풀고[施], 중생에게 좋은 약을 베풀고, 중생에게 진귀한 음식을 베풀고, 중생에게 안락을 베푸네.

② 일체여래심인진언(一切如來心印眞言): 一切佛心印眞言
일체불심인진언은 모든 부처님의 깊고 깊은 지심(智心)의 인(印)이기 때문이다.

[실담] 옴. 금강을 지닌 자여, 금강을 성취한 자여, 청정함이여, 일체여래인에 머무는 자여, 최상의 존재여, 스바하.

[해설] 옴. 삼세제불이여, 일체지인(一切智印)은 육바라밀을 성취하

고, 일체제법은 영험하여 현전하며, 성취하네.

③ 일체여래관정진언(一切如來灌頂眞言): 灌頂眞言
관정진언은 관정으로 염(念)을 지[持念]하기 때문이다.
[실담] 옴. 성자여, 성자여, 최상의 성자여, 일체여래들은 일체지관정과 대금강갑옷인으로 저를 관정해 주소서. 일체여래의 심장에 확고한 금강이여, 스바하.
[해설] 옴. 일체여래는 모두 회(會)에 모이고, 지수(智水)를 유출하여, 일체여래는 금색(金色, 부처님을 상징)의 깨달음에 귀의하여, 지수(智水)의 관정은 160신(身)의 번뇌와 소지장(所知障)을 씻으며, 생사의 모든 고통을 영원히 끊고, 여래는 법계의 몸에 두루함에 동등해지네.

④ 일체여래관정인진언(一切如來灌頂印眞言): 灌頂印眞言
관정인진언은 번뇌를 씻어 보리를 인(印)하기 때문이다.
[실담] 옴. 초상의 감로여, 최상이여, 최상이여, 최상 청정 여존이여, 훔 훔 팟 팟, 스바하.
[해설] 옴. 제불집회는 지혜의 물[智水]을 유출(流出)하여 정수리를 문지르고 염(念)을 보호하며, 성취하네. 보리를 설취하며, 정등각을 성취하며, 중생의 번뇌를 끊으며, 중생의 소지장을 끊으며, 자타가 열반을 성취하네.

⑤ 일체여래결계진언(一切如來結界眞言): 結界眞言
결계진언은 죄의 장애를 제거하며 모든 마(魔)를 피하고 제거하기

때문이다.

[실담] 옴. 아므리따비로끼니여, 태장을 모두 보호하는 자여, 끌어
당기는 자여. 훔 훔 팟 팟, 스바하.

[해설] 옴. 화염(火焰)을 이루고, 무쇠솥에 끓인 소금의 담[鐵鹽垣]
과 철로 된 그물망[鐵羅網]을 이룸이여, 귀신을 피하고 제거
하고, 모두 다 귀신을 살해하고, 일체의 귀신은 티끌[微塵]을
이루며 또한 생하지 못함이여, 성취함이여.

⑥ 일체여래심중심진언(一切如來心中心眞言): 佛心眞言
불심진언은 부처님의 진실한 마음의 지혜[心智]이기 때문이다.

[실담] 옴. 무구(無垢)여, 최상의 승리자여, 불사여, 훔 훔 훔 훔 팟
팟 팟 팟. 스바하.

[해설] 옴. 법계에 두루한 여래의 지(智)여. 삼계 중생은 모두 불성
이 있으니 성취한다.

⑦ 일체여래수심진언(一切如來隨心眞言): 心中眞言
심중진언은 이 법보다 수승한 것은 없기 때문이다.

[실담] 옴. 낳는 분이여, 낳는 분이여, 함께 낳는 분이여, 감각 청정
여존이여. 훔 훔 루 루 짤리여, 스바하.

[해설] 옴. 여래의 지심은 중생을 이익하게 하며, 심(心)·불(佛) 및
중생 이 3가지는 차별이 없다. 스바하.

불공은 종자진언의 종자를 설명하지 않고, 의미로 풀어서 해석한
것을 알 수 있다. 이와 같은 입장은 호마단에 올릴 때 공양물에서 나는

소리는 매우 중요한 역할을 하지만, 한국밀교의례가 유가유식의 의미만 전승하는 결과를 초래하였다. 후기밀교인 티베트밀교와는 다른 형식의 의궤가 만들어지는 원인을 제공한 것이다.

불공이 해설한 전체의 뜻은 비로자나불의 여래 관정을 통해서 유출하는 37존의 일체지가 육바라밀의 실천이 현전하여 중생의 번뇌와 소지장을 멸죄하여 현전하는 불과 중생이 하나가 된다고 설명하고 있다. 모든 여래가 여래의 마음에서 따라 나오기 때문에 이보다 수승한 것은 없다는 것이다. 이것이 무능승명왕이 설하는 수구즉득다라니라는 것이다.

4. 소재의식의 용어

『오대진언집』에 묵서된 소재의식은 육자진언, 소재길상다라니이다. 실제 낙화법 의궤에서는 회향과 축원을 다하고 있다.

○ 육자진언(六字眞言)
육자대명왕진언으로도 불린다. ⚛(oṃ) ⚛(ma) ⚛(ṇi) ⚛(pa) ⚛(dme) ⚛(hūṃ)의 6자이다. 이 진언을 염송하면 무량한 제불과 보살이 모이고, 천룡팔부가 모이고, 무량한 삼매법문을 갖추게 된다고 한다. 지송하는 자는 물론 7대 종족까지 해탈을 얻고 뱃속의 기생충도 보살위를 얻는다. 그리고 듣는 사람도 탐진치에 물들지 않는다고 한다.

○ 소재길상다라니(消災吉祥陀羅尼)

『불설치성광대위덕소재길상다라니경』과 『불설대위덕금륜불정치성광여래소제일체재난다라니경』에서 '大威德金輪佛頂熾盛光如來消除一切災難陀羅尼法'을 설하는 내용이다. 나라의 경계 안이나 들판, 남자와 여인들의 몸에 여러 천(天)의 별과 별자리가 머물게 될 때는, 진언을 베껴서 쓰고 마음과 뜻으로 받아 지녀서 독송하면, 항상 반드시 청정함을 지킬 수 있다고 한다. 이것은 '熾盛光'이나 '金輪佛頂熾盛光' 즉 부처님 정수리에서 빛나는 치성한 광명으로 모두 청정을 이루게 된다.

실담을 번역하면, 보변불(普遍佛)에 예경하고, 장애가 없는 가르침에 예경한다. 진언은 앞부분 귀경게와 진언 두 부분으로 구성되어 있다. 보변불에게 예경과 화염이 일어나 재앙으로부터 보호해달라는 것이다. 보변불은 『불설대위덕금륜불정치성광여래소제일체재난다라니경』에서 금강수보살법왕법문(金剛手菩薩法王法門)에 나타난다.

觀五曼拏羅 다섯 만다라를 관(觀)하여
周匝焰光明 불꽃의 광명을 둘러싸니
普遍佛影像 보변불이 형상[像]을 비추고
想大明成就 큰 밝음을 마음에 그려[想] 성취하네

다섯 만다라를 시설하고, 관상하는 과정을 설명하는 것이다. 만다라에서 염만의 빛으로 대명왕을 그려내어 성취하는 것이다. 이때 '大明'은 금강수보살의 변현을 의미한다. 금강수보살이 법 중에 법왕을 설하는 법문이다. 보변불의 비춘 모습인 영상(影像)은 광명이며 화염으로 모든 장애를 제거하게 된다.

5. 맺는말: 낙화법에 쓰이는 용어 개념

낙화법이 낙화놀이가 아닌 법으로 이해하여야 하는 밀교의궤인 것을 알았다. 그리고 낙화법에서 염송하는 수구즉득다라니에 대하여 준비해야 할 공양물, 단을 설치하는 뜻, 수구즉득다라니의 의미 등을 소의경전과 연등회의 변용 양상을 통하여 살펴보았다. 그 결과 낙화법을 설행하기 위해 필요한 용어들을 아래와 같이 정의할 수 있다.

예비의식은 공양물로 준비하는 재료를 가지의식을 통해서 청정하게 한다.
소금, 향, 숯은
첫번째 도향(塗香)으로 사용하며 악귀가 몸에 침입할 수 없도록 보호하는 약으로 인식한다.
둘째 숯의 불빛은 비로자나불의 광명이 모든 공포, 질병, 전쟁, 등 인간의 생활에 위험한 것들을 사라지게 하고 멸하고 없애버리는 동일한 기능을 대신한다.
셋째 소금과 숯의 타는 소리는 분노존이 소리를 내어 악과 질병을 퇴치하는 식재의 기능을 한다.

본의식에서 염송하는 근본진언과 소진언에서는 낙화법을 의궤에 따라 구하는 바를 모두 얻게 된다. 진행하는 아사리의 염송과 관상 그리고 참여하여 같이 듣고 염송하는 자는 비로자나불의 광명과 동일한 숯의 광명이 불보살의 힘으로 하나가 되어 모든 질병, 공포, 전쟁 등을 사라지게 된다. 이때 비로자나불은 금강수보살과 무능승주대명왕으로 변현하여 분노존의 형상으로 나타나며, 모든 바라는 바를 이루게 한다.
　낙화법은 수구즉득다라니를 염송하는 의궤이다. 단이 시설되는 곳을 결계하여, 청정한 곳에 단을 시설한다. 단에 공양할 공양물을 가지하고, 그리고 수구즉득다라니를 염송할 자격을 갖춘 아사리가 단에 들어가 수구즉득다라니를 의궤에 따라 염송한다.

　① 낙화법(落火法)
　낙화법은 의궤에 따라 공양물을 공양하고, 다라니를 염송하며 관법(觀法)으로 수행하는 법이다. 숯의 불빛을 매개로 하는 낙화는 비로자나불을 상징하는 광명이며, 염만으로 묘사된다. 이 불빛은 명왕으로 변현한 상징으로 수구즉득다라니를 염송하거나 불빛을 보는 이들을 모두 빛으로 정화시키고 가피의 과정에서 깨달음의 공덕으로 나타난다. 그러므로 낙화법에서 낙화봉지는 비로자나불의 광명을 드러내는 불구(佛具)와 같은 의미를 지닌다고 생각해도 좋다.

　② 낙화봉지
　낙화를 만들어 내는 기구인 숯을 담은 봉지이다. 낙화봉지는 불구(佛具)로 인식하는 것이 바람직하다. 봉지에 들어가는 숯·향·소금 등은 공양물이므로 질이 좋은 재료로 선택한다. 향은 가능한 수구즉득다라니의 소의경전에 의한 안식향으로 한다. 숯과 소금은 정제되고 일정한 크기의 고른 깨끗한 것을 사용한다. 악귀를 쫓는 소리가 잘 나도록 만들고, 좋은 불빛을 볼 수 있도록 정성을 다한다. 낙화봉지는 빛을 강하게 만들어 주도록 도와주는 천연 한지를 사용하고, 적당한 꼬임을 주어 타는 시간을 조절한다.

③ 관화(觀火)

관화는 관등(觀燈)과 동일한 선상에 있는 용어이다. 고려시대 연등회는 연등으로 시작하고 관화로 끝을 맺었다. 연등회의 시작은 태조의 진영을 배알하는 것이며, 배알이 끝나면 궁에 돌아와서 백성을 위한 관화(觀火)를 한다. 개경 봉은사에는 고려 태조의 진영은 봉안되어 있었다. 고려의 왕은 봉은사에 나가 진영을 배알하고, 돌아오는 길에는 연등을 켜서 길을 밝혔다. 이것을 연등이라고 한다. 왕이 궁에 돌아오면 연등과 화산대(火山臺)를 설치하고, 백성을 위해서 화산희(火山戱)와 함께 여러 가지 놀이[백희(百戱)]로 즐기며 백성의 안녕을 빌었다. 이때 화산의 불빛을 보는 것을 관화라고 한다.

연등을 밝히며 화산대로 불을 밝힌다. 빛과 같이 왕실이 번영하여 오래도록 이어지고, 화산의 불빛이 타오르듯이 백성의 풍요로움을 기원하는 것이다. 이때 가장 화려한 것이 관화의 일종인 폭죽이었다. 연등회는 이와 같이 관등과 관화로 왕실과 백성이 하나가 되는 것을 의미하였다. 관화는 백성을 위한다는 뜻이 있어 희(戱)라는 놀이의 기능이 있었다.

이러한 놀이는 국가의 큰 행사에서 연회의 성격으로 행해졌다. 조선시대에 들어서도 마찬가지였다. 관화의 놀이인 폭죽에서 화약 재료를 얻기 어렵게 되자 숯만을 이용하게 된다. 한국불교는 관화와 숯의 불빛 그리고 수구즉득다라니를 하나로 결합하여 낙화법으로 만들어 냈다. 관화의 의미를 온전히 보존하며 불빛을 수구즉득다라니의 불빛으로 살려낸 것이다. 동아시아불교에서 한국불교에서만 나타난 불교의례의 변용 양상이다. 관등이나 관화는 모두 관상법을 통해서 다라니의 기능을 작동시킨다.

④ 관상(觀想)

낙화법에서 관상은 그냥 멍하니 불빛을 보는 것이 아니다. 상(想)이란 번뇌를 부수기 위해 분노존의 모습을 한 무능승주대명왕이 수구즉득다라니를 설하는 모습을 유가유식으로 마음에 그려내는 것이다. 그리고 설한 다라니의 비로자나불 광명으로 중생의 번뇌를 부수고 불과 중생이 하나가 되도록 해야 한다. 다라니를 염송하는 자나 불빛을 보는 자는 모두 불빛으로 서로서로 상입상즉(相卽相入) 또는 입아아입(入我我入)으로 하나가 되어야 한다. 이것이 염불이라는 관상을 통해서 이루어지는 낙화법의 염불관상수행법이다.

⑤ 염만(焰鬘)

염만은 머리와 몸에 불빛으로 둘러싸여 있는 모습이다. 이러한 모습을 한 왕을 명왕이라고 한다. 5대명왕 또는 8대명왕 중에 하나인 염만덕가명왕(閻曼德迦明王)을 가리키며 yamāntaka를 상징한다. 이 존격은 염마를 항복시키고 중생의 번뇌를 풀어 제거한다. 수구대명왕이나 염만득명왕은 비로자나불 또는 금강수보살의 변현이다. 염만은 비로자나불의 광명을 가리킨다.

⑥ 수구즉득다라니의 구조

수구즉득다라니의 내용은 여신을 중심으로 수직적 수평적 구조를 가진 판테온(pantheon)의 구성이다. 우주 구조는 수직으로는 지하계부터 천계까지 수평으로는 사방을 아우르는 총체적인 세계관을 제시한다. 이 구조 속에는 불교적 세계관과 인도의 토착신앙이 융합된 형태를 보인다. 만다라가 관념적인 구조를 넘어, 적극적인 보호와 수호의 기능을 수행한다.

판테온은 연화부(蓮華部)를 상징하는 연꽃, 금강부(金剛部)를 상징하는 금강, 보부(寶部)를 상징하는 보주의 이미지가 결합된 상태로 나타난다. 중심 신격은 청정성(viśuddhe)과 분노(caṇḍi)의 양명성을 동시에 지니고 있으며, 빛(jvala)과 정화(śodhaya)의 상징이 반복적으로 강조된다. 이것은 깨달음의 광명과 업장의 정화라는 밀교적 수행의 핵심을 상징적으로 보여준다. 존격은 황갈색(piṅgali)을 기본 신체색으로 하며, 광명(prabhe)과 불꽃(jvālini) 같은 빛을 발산하는 특징을 지닌다. 깨달음의 광명을 상징하는 빛은 정화와 가피의 과정에서 사용하는 상징성이다.

수구즉득다라니를 구성하는 판테온은 그 체계가 실천적 성격을 가지고 있다. 수행자의 깨달음이라는 궁극적인 목표를 지향하면서도, 현실적인 고통과 장애로부터 보호하고, 악몽과 불길한 징조의 제거, 일상적인 서원의 성취라는 실용적인 목적도 동시에 추구한다.

⑦ 예비의식과 공양물의 의미

본 의식에 들어가기 전 단(壇)을 만드는 법이라고 할 수 있다. 진언·실담을 비롯하여 공양물인 숯·향·소금 등을 준비하여 가지(加持)한다. 반드시 가지를 통해서만 부처님께 올리는 공양물의 의미로 변화할 수 있고, 다라니 염송의 가피를 입을 수 있다.

⑧ 다라니 염송(念誦)의 공능

수구즉득다라니를 염송하면, 다라니에 등장하는 무능승(無能勝)과 대수구(大隨求) 명왕의 공능을 얻게 된다. 즉 밀교의궤를 통해서 명왕으로 체계화된 성격의 호법신이 가지는 특징을 증득하게 된다. 염송과 관상을 통해서 명왕은 악귀를 퇴치하고 장애를 제거하여 수행자 자신을 수호할 수 있게 되며, 여러 가지 재난과 재앙을 방지한다. 재난 방지는 물론 질병을 치료하고, 악귀를 퇴치하고, 장수를 증진하는 수호적 기능을 가지게 된다. 이때 명왕의 상징으로 변현하는 불빛은 관상의 대상이 된다.

⑨ 무능승(無能勝)과 대수구(大隨求)

무능승은 대수구대명왕의 다라니 앞에 붙어 쓰인다. 대수구다라니를 가리킨다. 무능승대명왕은 정복되지 않은 위대한 지혜의 왕(明王)을 의미한다. 인도의 힌두교인 바이슈나바교에서 아빠라지따는 신도들이 숭배하는 여신 두르가(Durgā)의 한 형태로 무적을 상징하는 여신이다, 전쟁과 승리의 신격 전통을 계승한다. 이 신은 밀교의 발전과 함께 명왕으로 체계화되면서 호법신(護法神) 성격이 강화되었으며, 다라니 신앙과 결합하게 된다. 고려시대에는 무능승도량(無能勝道場)을 여는 밀교가 행하여 졌으며, 조선시대까지 명왕신앙으로 계승되었다.

무능승대명왕은 분노존(忿怒尊)의 형상으로 청색 또는 흑색의 신체를 가졌으며, 화염으로 이루어진 광배인 화염광배(火焰光背)가 있다. 아빠라지따(무능승)은 힌두교 신을 발로 밟고 서서 조복시키고 있는 모습을 취한다. 가네샤로 불리는 코끼리를 조복해서 이 신이 지닌 권능을 빼앗고 훨씬 큰 능력을 지녔다는 것을 드러낸다. 의례에서 악귀를 퇴치하고 장애를 제거하여 수호하는 역할을 하며, 여러 가지 재난과 재앙을 방지한다.

대수구는 크게 보호한다는 뜻이다[大護]. 여신들의 수호적 성격을 계승한 힌두교적 배경에서 출현하였다. 밀교에서는 부호와 수호의 의미를 담고 있는 다라니가 점차 명왕으로 발전하였으며, 오수호 여신 중에 하나로 체계화되었다. 이 명왕은 재난 방지, 질병 치료, 악귀 퇴치, 장수를 증진하는 수호적 기능이 주된 특징이다.

낙화법은 연등회의 말미를 장식하는 관화나 화산희라는 놀이의 성격에 연원을 두고 있다. 화산(火山)에서 불[火]의 광명을 만드는 재료는 숯으로 변했어도 본래의 뜻은 변하지 않았다고 할 수 있다. 관화와 관등은 동질의 불빛을 관상하는 것이다. 그리고 수구즉득다라니를 염송하는 의궤는 낙화법으로 재탄생하였다. 이 의궤는 불교에서 수행을 뜻하는 관상의궤이므로 수행법으로 이해해야 한다. 수구즉득다라니를 염송하고, 비로자나불의 광명인 숯불의 공명으로 부처와 중생인 내가 광명을 매개로 하여 합일되는 것이다. 수구즉득다라니는 수행자의 깨달음이라는 실천적 성격은 물론 현실적인 고통과 장애로부터 보호와 서원의 성취라는 실용적인 목적도 동시에 추구한다. 수행과 서원의 성취를 동시에 추구하는 것이 낙화법이라고 할 수 있다.

참고문헌

1. 원전자료

伽梵達摩, 『千手千眼觀世音菩薩廣大圓滿無礙大悲心陀羅尼經』, 대정신수대장경 20.

不空, 『金剛頂瑜伽千手千眼觀自在菩薩修行儀軌經』, 대정신수대장경 20.

____, 『金剛頂瑜伽最勝祕密成佛隨求即得神變加持成就陀羅尼儀軌』, 대정신수대장경 20.

____, 『普遍光明淸淨熾盛如意寶印心無能勝大明王大隨求陀羅尼經』, 대정신수대장경 20.

____, 『佛說熾盛光大威德消災吉祥陀羅尼經』, 대정신수대장경 18.

____, 『聖閻曼德迦威怒王立成大神驗念誦法』, 대정신수대장경 21.

____, 『千手千眼觀世音菩薩大悲心陀羅尼』, 대정신수대장경 20.

실역, 『佛說大威德金輪佛頂熾盛光如來消除一切災難陀羅尼經』, 대정신수대장경 19.

실역, 『陀羅尼雜集』, 대정신수대장경 21.

阿地瞿多, 『陀羅尼集經』, 대정신수대장경 18.

영평사 소장본 『五大眞言集』.

義淨, 『金光明最勝王經』, 대정신수대장경 18.

一然, 『三國遺事』, 한국불교전서 6권.

2. 단행본 및 논문

국립경주박물관(2023), 학술조사연구자료집 『통일신라 수구다라니』, 경주국립박물관,

_____(2024), 학술심포지움 『통일신라 다라니』, 국립경주박물관.

김인락(2013), 「Aquilaria속 식물 분포도에 근거한 沈香의 학명」, 대한본초학회, 『大韓本草學會誌』 제28-5.

문화체육관광부:한국공예(2023), 『한지백서』, 디자인문화진흥원.
이선이·강향숙(2021), 『불교의례 낙화법의 기원과 형성과정』, 경인문화사.
조명기(1985), 『효성선생 80송수 高麗佛籍集佚』:『念佛作法』, 동국대학교출판부.
한국공예:디자인문화진흥원(2023), 『2022년 전통문화산업 실태조사-한지산업 실태조사 보고서』.
和久博隆(1982), 『佛敎植物辭典』, 東京: 國書刊行會.

https://news.bbsi.co.kr/news/(bbs 2024년 10월 22일 기사)
http://kportal.kipris.or.kr/kportal/search/(특허정보검색서비스 키프러스)

제2장 오대진언집 판본에 관한 연구*
- 영평사 소장본을 중심으로

정왕근 중앙대학교 문헌정보학과

1. 서언
2. 오대진언집의 간행과 유통
3. 영평사 소장 오대진언집 분석
4. 결언
〈참고문헌〉
〈부록〉 오대진언집 판본 현황

요약문

이 글은 영평사 소장 오대진언집의 판본에 관한 연구이다. 조선시대에는 약 11종의 오대진언집이 간행 유통되었는데, 이 중 영평사 소장본 오대진언집은 1485년 인수대비 발원 왕실본 계통의 판본에 속한다. 간행기록이 없어 정확한 간행정보는 알 수 없지만 여러 판식의 특징으

---

* 이 글은 2024년 12월 6일 세종시 영평사 삼명선원에서 열린 "세종특별자치시 무형유산 '세종 불교 낙화법' 2024년 1차 학술세미나"에서 발표한 글을 수정 보완한 것이다. 당일 현장에서 받은 질의를 통해 발표 자료의 미비점을 보완할 수 있었다. 질문을 해주신 분들께 지면을 빌어 다시 한번 감사의 말씀을 전한다.

로 미루어 대략 17세기 정도에 판각되었을 것으로 추정된다. 다만 인쇄에 사용된 종이의 질과 전반적인 인쇄상태를 감안했을 때 실제 판본의 인출은 훨씬 후대에 이뤄졌을 것으로 생각된다. 이 책은 영평사 주지 환성스님이 1975년에 서산 부석사에서 수행할 때 만난 일명 평양노장스님으로부터 받은 것을 현재 영평사에서 소장하고 있다. 영평사 소장 오대진언집에는 낙화법과 관련한 묵서가 있으며, 이를 통해 낙화법이 사찰에서 전해져오는 비전(祕傳)이 아니라 소의경전과 일정한 절차를 갖춘 의례(儀禮 또는 의궤(儀軌)임을 알려주는 문헌근거가 된다.

1. 서언

　영평사 소장 오대진언집에는 낙화법에 대한 내용이 수기로 묵서되어 있다. 낙화법에 대한 이 기록은 낙화법이 사찰에서 구두로 전해져오는 비전(祕傳)이 아니라 소의경전과 일정한 절차를 갖춘 불교의식임을 알려주는 중요한 근거가 된다. 이 글에서는 낙화법 묵서가 있는 영평사 소장 오대진언집에 대해 서지적 분석을 통해 판본의 의미를 밝혀보고자 한다. 이를 위해 먼저 조선시대에 간행된 오대진언집의 판본 현황에 대해 조사하여 유형별로 구분하고 각 판본의 특징에 대해서 살펴보았다. 조선시대에는 11종의 오대진언집이 간행된 것으로 조사되었는데, 이 중 영평사 소장본은 1485년 인수대비 발원 왕실본 계통의 판본에 해당된다. 다음으로 영평사 소장 오대진언집에 대한 다양한 조사와 분석을 하였다. 먼저 이 책의 소장 경위를 조사하기 위해 주지스님과의 인터뷰를 진행하였으며, 이를 통해 이 책이 1975년에 서산 부석사에서 수행할 때 평양노장 스님으로부터 받은 것임을 확인하였다. 또한 형태서지학적 분석을 통해 이 책의 간행시기를 추정하고 판식의 특징들을 파악하였다. 또한 책에 기재된 여러 묵서들을 통해 기존 소장자들에 대한 정보에 대해서 조사하였고, 마지막으로 다른 오대진언집 판본에는 없는 낙화법 묵서의 의미를 살펴보았다.

2. 오대진언집의 간행과 유통

오대진언집은 다섯 종류의 다라니를 합본한 책이다. 오대진언에 수록된 다라니는 ①사십이수진언(四十二手眞言) ②신묘장구대다라니(神妙章句大陀羅尼) ③수구즉득다라니(隨求卽得陀羅尼) ④대불정다라니(大佛頂陀羅尼) ⑤불정존승다라니(佛頂尊勝陀羅尼)이며, 권말에 영험약초(靈驗略抄)가 합간(合刊)되어 있다. 오대진언 가운데 ①~④은 당나라 승려 불공(不空, 705-774)이 한문으로 번역하였으며, ⑤'불정존승다라니'는 인도 승려 불타파리(佛陀波利, -676-)가 한역하였다. 오대진언의 개별 다라니들은 고려시대 이전부터 필사 혹은 간행되어 유통되었다. 필사본으로는 경주 남산에서 출토되어 현재 국립중앙박물관에 소장되어 있는 범한문(梵漢文) 수구즉득다라니가 통일신라(8-9세기) 시기에 작성되었을 것으로 추정되며[1], 목판본으로는 자운사 목조아미타불좌상 복장에서 발견된 수구즉득다라니(1184년)를 비롯하여[2] 고려시대에 간행되었을 것으로 추정되는 대불정다라니[3] 등 여러 불복장(佛腹藏) 등에서 발견된 개별 다라니들이 전해지고 있다.[4]

---

[1] 필사본 통일신라 수구다라니에 관해서는 2023년 국립경주박물관 학술조사연구자료집에 상세하게 다루고 있다. 국립경주박물관 편(2023), 『통일신라수구다라니』, 경주: 국립경주박물관.
[2] 고려시대 간행된 수구즉득다라니에 관한 연구는 김보민(2021), 「고려시대 隨求陀羅尼의 유형과 활용 양상」, 『미술사학연구』 제309호, 한국미술사학회. pp.18-24 참조.
[3] 보물 제1129호. 한국학중앙연구원 소장.
[4] 남권희(2005), 「한국 기록문화에 나타난 진언의 유통」, 『밀교학보』 제7집, 위덕대학교 밀교문화연구원. pp.106-110 참조; 남권희(2002), 『고려시대 기록문화 연구』, 청주: 청주고인쇄박물관. p.331 참조.

이처럼 개별 다라니들로 간행되던 것이 오대진언 체제를 갖추어 간행되기 시작한 것은 고려 말로 추정된다. 고려 충목왕 2년(1346년)에 조성된 서산 문수사 금동여래좌상 복장유물 중에서 사십수진언 다라니 낱장이 발견되었는데, 이 낱장 다라니에는 '五大'라는 판심제와 그 아래 '五'라는 장차가 판각되어 있다. 이를 통해 이 다라니는 오대진언집 중 다섯 번째 장이며, 대략 이 시기에는 개별 다라니에서 오대진언으로의 체제를 갖추었음을 추정해 볼 수 있다.[5] 고려 말에 체제를 갖춘 오대진언은 조선시대로 넘어오면서 활발하게 간행되기 시작한다. 책자형으로 현전하는 가장 이른 시기의 판본인 원통암본(1484년)의 권말 발문에 따르면 명암(明菴) 스님이 시주자들과 실담[범자]·한문 오대진언 합부를 '중간(重刊)'했다는 기록이 있는데, 이로 미루어 최소 1484년 이전에는 오대진언의 판본이 실재했음을 추정해볼 수 있다.[6] 현전하는 오대진언의 대다수는 1485년 인수대비의 발원으로 간행된 왕실본 계통의 판본이다. 이 판본은 앞서 간행된 원통암본에 한글을 추가로 더해 실담, 한글, 한문 등 3개 언어를 한 세트로 병렬하여 간행하였다. 한자 진언을 한글로 옮긴이가 누구인지는 역자(譯者) 표시가 없어 정확히 알 수 없지만, 인수대비 발원 왕실본의 발문을 작성한 당대 학승인 학조(學祖)일 것으로 추정된다.[7] 조선시대에 유통된 오대진언 판본은 이 판본을 모본으로 중간(重刊) 혹은 개간(開刊)한 판본들이 주를

---

5 수덕사 근역성보관(2004), 『至心歸命禮 : 韓國의 佛腹藏』, 예산: 수덕사 근역성보관. p.27 참조.
6 釋子明菴 與施主 魯其三 鄭平善等 **重刊**梵字漢文交書 五大眞言合部...(1484 圓通庵 刊行 五大眞言集 跋文)
7 김무봉(2011), 「영험약초언해 연구」, 『한국어문학연구』 제57집, 한국어문학연구학회. p.13 참조.

이루고 있다. 한편 오대진언의 개별 다라니를 한글 정음으로 간행한 판본들도 전해지고 있다. 이 중 간행시기가 알려진 가장 이른 판본은 1476년에 왕실에서 발원하여 간행한 판본으로 현재 일본 고마자와대학(駒澤大學) 도서관 에다(江田)문고에 소장되어 있는데, 내용은 오대진언 중 '사십이수진언'만 수록하고 있다.[8] 또한 성암고서박물관에는 15세기 말에 간행된 것으로 추정되는 한글본 수구즉득다라니와 불정존승다라니의 합본이 소장되어 있는데, 안병희의 연구에 따르면 이 다라니 합본은 1476년에 간행된 한글본 사십이수진언과 같은 판본으로 추정된다.[9] 이 판본은 이후 1569년 은진 쌍계사에서 중간되었다. 다만 이 한글본들은 오대진언과 달리 판심제가 '隨求'(수구즉득다라니), '尊勝'(불정존승다라니), '含手'(사십이수진언) 등 각 다라니의 약칭으로 되어 있으며 오대진언의 체제를 갖추었다기 보다는 개별 다라니 혹은 각 다라니의 합본 정도로 이해된다. 이상 조선시대에 간행된 오대진언을 유형별로 구분하면 다음과 같다.

〈표 1〉 조선시대 오대진언 유형 구분

연번	유형	주요판본	판심제	비고
1	실담-한문	1484 원통암본	五大	
2	실담-한글-한문	1485 왕실본(인수대비 발원본) 및 계통	五大	영험약초 언해본 합간

---

[8] 이 판본에 대한 자세한 연구는 하정수(2019), 「한글판 <千手千眼觀自在菩薩廣大圓滿無礙大悲心大陀羅尼>연구」, 『국어사연구』 제29호, 국어사학회. pp.95-123 참조

[9] 안병희(1987), 「한글판 오대진언에 대하여」, 『한글』 제195호, 한글학회. p.159.

1) 원통암본

조선시대에 간행된 오대진언 판본 중 첫 번째 유형에 해당하는 원통암본은 1484년에 간행되었으며, 한글이 없는 실담·한문본으로 구성되어 있다. 현전본은 경주 기림사 소조비로자나불 복장전적을 수습할 때 발견되었으며, 선종유심결(1500년 봉서사 간행), 함허당득통화상행장, 영가집십장찬송병서 등과 합철되어 있다. 기림사 소장본 판식의 특징을 살펴보면 변란은 사주단변(四周單邊), 반곽 크기는 세로와 가로가 각각 16.9cm, 11cm이며 어미가 없고 판심부분에 '五大'라는 판심제와 장차(張次)가 표기되어 있다.

〈표 2〉 원통암본 서지사항

간행년	개판처		판식				소장처	비고
	간행지	간행처	변란	반곽(cm)	어미	행자수		
1484	경상 공산	원통암 (開刊)	單邊	16.9×11	無魚尾	8行15字	기림사	보물 제959호

원통암본은 중간에 반 이상의 분량이 빠져있는 결락본(제21장~48장, 제59~79장)으로 수록되어 있는 내용은 사십이수진언, 신묘장구다라니(일부), 수구즉득다라니(일부), 영험약초 등이다. 권말에 발문이 있어 간행 이력을 알 수 있는데, 명암 스님이 노기삼(魯其三)·정평선(鄭平善) 등의 시주자들과 실담·한문 오대진언 합부를 중간했는데, 이는 실담을 해석하는 이가 백에 한두 명도 없으며, 경전 또한 매우 드물어 배우고 외우는 이들이 특히나 이를 어렵게 여겼기 때문이라고 한다. 갑진(1484)년 봄에 각공(刻工)을 모으고 판을 닦아 그 해 봄에 간행을 완료하였다.[10] 권말 시주질에는 간행에 참여한 인물들이 기록되어 있

는데, 각수는 정심(正心), 조림(祖林)이며 판본 간행에 주도적인 역할이라 할 수 있는 간선(幹善)은 명암스님이다. 이 판본은 1484년에 간행된 후 이를 저본으로 한 복각본은 현전하지 않는 것으로 보인다. 이는 다음 해에 바로 인수대비 발원으로 왕실주관으로 오대진언이 간행되었으며, 이 판본에는 실담을 음역(音譯)한 한글 정음이 병기되어 있어 조선시대에는 주로 이 판본이 유통되었기 때문으로 생각된다.

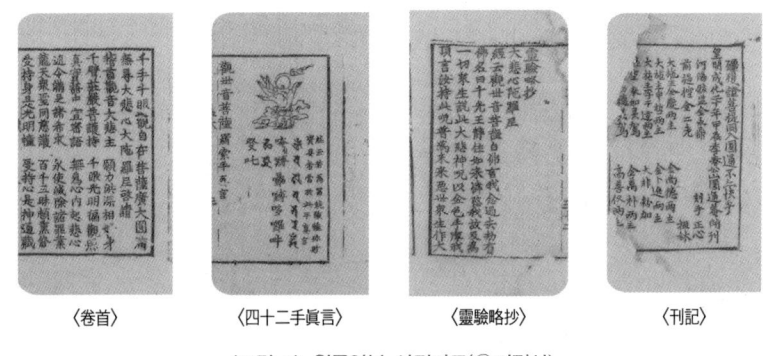

〈卷首〉　〈四十二手眞言〉　〈靈驗略抄〉　〈刊記〉

〈그림 1〉 원통암본 사진자료(ⓒ기림사)

2) 왕실본

오대진언 판본 중 두 번째 유형은 실담·한글·한문본으로 1485년 인수대비 발원으로 간행된 왕실본계 판본이다. 현전하는 오대진언 판

---

10 釋子明菴 與施主 魯其三 鄭平善等 重刊梵字漢文交書 五大眞言合部 請余跋其尾 予拙不敢爲辭 觀其經書 觀世音菩薩 爲諸衆生 三十二應各手眞言 度濟苦海之誓願 抑亦千手千眼照破迷冥之正路 然梵字解者百無一二 本經文希有 故凡學者誦者患之尤深 比丘明菴遠邁留心 掛囊立錫焂然刊板印施 無窮之意 甲辰(1484)之春 請工修板 不憚劬勞 上元始刊 暮春畢刊…

본 중 가장 많은 유형의 판본으로 조선시대에 가장 많이 유통된 판본이라고 해도 과언이 아니다. 원간본과 복각본을 포함하여 총 10종이 간행된 것으로 파악되는데 현전하는 왕실본 계통 판본을 정리하면 다음과 같다.

〈표 3〉 왕실본 계통 간행현황

| 연번 | 계통 | 간행년 | 개판처 | | 판식 | | | 소장처 | 비고 |
			간행지	간행처	변란	반곽(cm)	어미	행자수		
1	왕실본 (원간본)	1485	한양	왕실	雙邊	17.4×12.8	內向 黑魚尾	9行15字	상원사	仁粹大妃發願 學祖 跋文
2	왕실본 계통	1531	경상 진주	철굴 (開刊)	雙邊	17.1×11.9	內向 黑魚尾	9行15字	국립중앙 도서관	
3	왕실본 계통	1535	황해 황주	심원사	雙邊	17.4×12.2	內向 黑魚尾	9行15字	화봉문고	邊欄 外 記名
4	왕실본 계통	1538	전라 담양	용천사 (重刊)	雙邊	17×12	內向 黑魚尾	9行15字	송광사	邊欄 外 記名
5	왕실본 계통	1550	경상 풍기	철암 (開板)	雙邊	17.3×12.1	內向 黑魚尾	9行15字	지암정사	靈驗略抄 (諺解) 合刊
6	왕실본 계통 (변형)	1604	충청 서산	강당사 (開刊)	雙邊	17.5×12.3	內向 三葉花紋 魚尾	9行15字	판목 현존 (개심사藏)	卷尾題: 五大眞言 隨求經
7	왕실본 계통	1634	충청 은진	쌍계사 (重刊)	雙邊	17.3×12.5	內向 黑魚尾	9行15字	원각사	邊欄 外 記名
8	왕실본 계통	[16C]	미상	미상	雙邊	17.2×12.4	內向 黑魚尾	9行15字	고반재	
9	왕실본 계통	[16C]	미상	미상	雙邊	17×12.5	內向 黑魚尾	9行15字	법장사	
10	왕실본 계통	[17C]	미상	미상	雙邊	17.5×12.2	內向黑魚尾 (間或三葉 花紋魚尾)	9行15字	영평사	落火法 墨書, 邊欄 外 記名

가. 원간본

현전본은 1984년 평창 상원사 목조문수동자좌상의 복장 유물 중 하나로 발굴된 것으로 당시에 함께 발굴되었던 유물들과 함께 보물 793호로 지정되어 현재 월정사 성보박물관에 보관되어 있다.

상원사 소장본 판식의 특징을 살펴보면 변란은 사주쌍변(四周雙邊), 반곽 크기는 세로와 가로가 각각 17.4cm, 12.8cm이며 판심에 대흑구와 내향흑어미가 있고 계선(界線)이 새로 생기는 등 기존 원통암본과는 확연히 다른 판식의 특징을 보이고 있다. 또한 행자수도 진언만 있는 부분을 기준으로 했을 때 9행으로 원통암본에 비해 1행이 더 추가되었는데, 이는 한글 진언을 나란히 실을 수 있도록 배치하여 한 페이지에서 실담, 한글, 한문을 모두 볼 수 있도록 판식을 조정했기 때문이다. 다만 판심제는 원통암본과 마찬가지로 '五大'를 사용하고 그 아래 장차를 일련번호로 가져가고 있는데, 이를 통해 다섯 종류의 다라니와 그 다라니의 영험한 사례를 기록한 영험약초까지를 하나의 합본으로 보고 있음을 알 수 있다.

원간본의 간행경위는 권말에 있는 학조의 발문을 통해서 알 수 있다. 발원자 인수대비는 말법의 시대에 사람들에게 가장 절실하고 이익이 될 만한 것은 오대진언만 한 것은 없다고 생각했는데, 이는 어려운 수행을 하거나 경전의 뜻을 탐구하지 않고도 단지 지니고 염송만 해도 경전의 말씀처럼 복을 얻을 수 있기 때문이다. 하지만 이 경전은 범어나 한문의 어려운 문자로 되어 있기 때문에 사람들이 쉽게 읽을 수 없었는데, 이에 중국 당나라 주석서를 구해 정문으로 거듭 인쇄하여 백성들이 쉽게 외우고 익히기에 편리하도록 간행하였다고 밝히고 있다.[11]

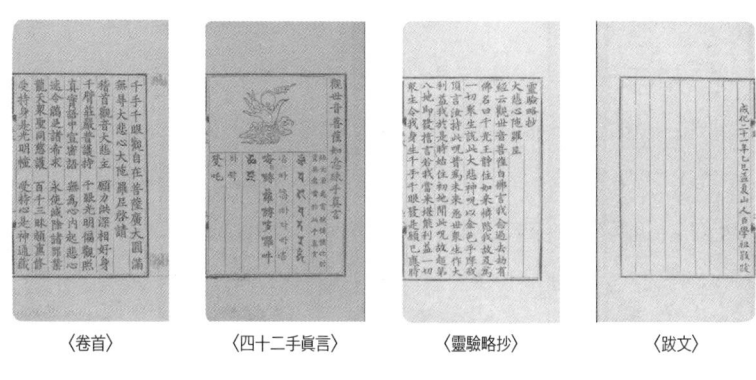

〈그림 2〉 왕실본 사진자료(ⓒ상원사)

나. 복각본

1485년 왕실본의 복각본은 미상본을 포함하여 총 9종으로 조사되었다. 각 판본은 판각의 정교함에 약간의 차이는 있지만 모두 원간본의 판식의 특징을 충실하게 반영하고 있다. 다만 1604년 강당사에서 간행된 판본은 왕실본을 모본으로 하되 변상과 권미제(卷尾題)를 별도로 판각하여 만든 일종의 변형된 판본이라 할 수 있다.[12]

---

11 仁粹王大妃殿下 愍世道之薄偯緩 時流之急思 所以切於時 而利於人者 無偕於五大眞言 不尊禪定 不探義理 而但今持誦 則獲福一如經說 叔世利人之方 莫斯爲最也 然此 經梵漢奇奧 讀者病之 於是求得唐本注 諺重刊印而施之庶 使便於誦習而無利鈍之差 逸於佩守 而莫貴賤之異 奉持猶簡 而冥資則悉均箇箇得趣向 之分 人人違菩提之岸功 被四生見聞躋解脫之境德 及存亡幽顯返常樂之 鄕以至祖宗先靈咸資妙援抑...成化21年乙巳(1485)孟夏 山人臣學祖敬跋

12 강당사본은 현재 목판으로만 현전하며 실물은 발견되지 않은 상태이다. 현재 남아 있는 경판으로 인출한 판본을 보면 수구즉득다라니가 시작하는 부분 원편에 변상이 들어가 있다. 이는 1485년 왕실판본을 저본으로 하는 계통의 판본과는 다른 특징을 보이고 있으며, 독자적으로 간행된 판본으로 추정된다. 또한 수구즉득다라니가 끝나는 부분에 '五大眞言隨求經終'이란 권미제가 있으며 행을 달리하여

왕실본 계통 판본은 시기적으로 16세기에 6종, 17세기에 3종이 간행된 것으로 나타나는데, 특히 1530년대에 3종이 간행되는 등 1500년대에 집중적으로 간행된 특징을 보인다. 또한 지리적으로는 경상도와 충청도 지역 소재 사찰에서 각각 2종씩 간행되고, 이 외에도 전라도와 황해도 지역에서도 각 1종이 간행되어 비교적 전국 각지에서 고르게 간행된 분포를 보이고 있다. 왕실본계 판본을 간행시기와 지역별로 정리하면 다음과 같다.

〈표 4〉 왕실본 계통 간행시기 및 지역별 현황

간행시기 \ 간행지역	경상	전라	충청	황해	미상	계(종수)
1500년대	1531철굴본 1550철암본	1538 용천사본13		1535 심원사본	고반재 소장본 법장사 소장본	6
1600년대			1604강당사본 1634쌍계사본		영평사 소장본	3
계(종수)	2	1	2	1	3	9

간행기록과 시주질이 시작되는데, 이 또한 1485년 왕실본과 다른 특징을 보여준다. 다만 본문의 배치가 실담, 정음, 한문의 구조로 되어 있는 것은 왕실본과 같은 형식을 가지며 행자수도 동일하다. 이를 통해 추정컨대 강당사본은 1485년 왕실본을 저본으로 하되 권수와 권말 부분을 저본과 달리하여 판각한 독자적인 판본이라 할 수 있다. 또한 어미도 '상하내향3엽화문어미'로 왕실본의 '상하내향흑어미'와 다른 특징을 갖는다.(보물 제1967호 오대진언 목판).이 자료는 현재 국내에서는 실물로 발견되지 않았고 하와이대학교 해밀턴 도서관에 소장된 것으로 목록상으로는 확인된다. 실제 자료를 확인할 수 없어 개심사에 남아 있는 판목으로 인쇄된 자료를 참고하였다.

13 1538년 용천사본은 판하본을 새로 써서 각인한 것으로 추정된다. 권말 연화질의 각수명 앞에 '開刊'이라는 역할을 표기하였을 뿐 아니라, 기존 왕실본 계통의 판본들과 비교했을 때도 서체가 달라 기존 판본을 복각했다기보다는 판하본을 새로 써서 인출했을 것으로 추정된다.

한편, 판본의 뒷부분에 있는 시주질과 변란 바같에 있는 기명(記名)들을 통해 간행 참여자와 시주자에 대해서 알 수 있는데, 특히 변란 외 기명은 권말에 간기가 없을 때 동일판본을 판단하는데 매우 중요한 역할을 한다. 왕실본계 판본의 간행 및 시주에 관계된 인물을 역할별로 정리하면 다음과 같다.

〈표 5〉 왕실본계 간행 참여자

연번	판본	간행참여자			邊欄 外 記名
		화주/간선	각수	연판	
1	1531 철굴본	玉修,秀庵	戒心,戒珠		
2	1535 심원사본		仅清, 法通,尋牛		李諸山, 金象根 兩主, 徐自武, 田孝陳日, 金德生根非, 李終孫 兩主, 高界孫 兩主, 金時孫, 李仍叱同莫德只, 仇內隱同, 崔斤守, 保功將軍 金斤孫, 金仁凡, 前万戶安孝根, 沈莫同, 李莫同, 側臺, 李戒孫, 春德, 高孫金(?), 崔仍邑山, 李斤武, 金守山壹德, 李孝達, 六行, 先非, 姜哲石, 金長孫, 長孫, 吳有孫香今, 田孝陳日, 金德生根非, 金仁凡
3	1538 용천사본	性還	道式,熙印,學晶,釋雄	尋쑥	明修, 行心, 信生(?), 新祖, 祖雄, 克介, 戒淳, 崔叔福, 達修, 道峯, 明修, 敬田, 禪密, 玲熙, 信安, 淡月
4	1550 철암본	智玄		圓悟	
5	1604 강당사본	雄俊			
6	1634 쌍계사본	清信, 趙啓善	守仁,戒天	學信	崔還 兩主, 劉世 兩主, 柳應生 兩主, 趙禾乙里 兩主, 比丘 信弘, 論永代 兩主, 尹弘知 兩主, 金氏 於叱德 兩主, 王應男 兩主, 李文甲 兩主, 李孝甲 兩主, 命今 兩主,

연번	판본	간행참여자			邊欄 外 記名
		화주/간선	각수	연판	
					李德男 兩主, 任氏莫德 兩主, 金益江 兩主, 金德龍 兩主, 長七文 兩(主), 朴難福 兩主, 申貴龍 兩主, 金龍 兩主, 鄭氏仁化伊 兩主, 李得永 兩主, 文破回 兩主, 申守直 兩主, 金彦?, 金氏德只 兩主, 梁於叱福 兩主, 李冲旺 兩主, 比丘 一岩, 任千里 兩主, 李高大 兩主
7	[16C] 고반재 소장본				
8	[16C] 법장사 소장본				
9	[17C] 영평사 소장본				丙寅生絹氏, 尹氏玄淑, 甲午生孝?

  간행 참여자 및 시주자와 관련하여 몇 가지 특이할만한 점은 다음과 같다. 첫째, 1634년 쌍계사본의 각수로 참여한 수인(守仁), 계천(戒天)은 1635년에 쌍계사에서 간행된 묘법연화경 판본의 각수로도 참여한 이력이 있는데[14], 해당 스님들은 이 시기에 쌍계사에서 간행한 불경의 간행에 참여한 전문 각수로 생각된다. 둘째, 1531년 철굴본 간행에 시주로 참여한 혜관(惠寬)은 1538년 용천사본에서는 공양주로도 참여하여 두 판본의 간행에 모두 관여하였다.

---

14 정왕근(2012), 『朝鮮時代 <妙法蓮華經>의 板本 研究』, 중앙대학교 대학원 박사학위논문. p.108.

3) 왕실본과 원통암본의 비교

1484년 원통암본과 1485년 왕실본은 한글정음의 수록 여부와 판식의 여러 특징들에서 차이가 있지만, 수록된 다라니의 구성 순서에서도 차이를 보이고 있다. 1484년 원통암본의 일부가 결락이 되어 두 판본을 정확하게 비교하기는 어렵지만, 수록하고 있는 내용이 동일할 것이라는 가정 하에 두 판본의 구성 체제를 비교하면 아래의 표와 같다.[15]

〈표 7〉 원통암본과 왕실본 장차 및 구성 비교

구분	경명	1485년 왕실본			1484년 원통암본			
		順序	張次	面數	順序	張次	面數	張次(推定)
오대진언	대비심다라니	1	1(앞)~2(뒤)	4	1	1(앞)~2(뒤)	4	
	사십이수진언	2	3(앞)~23(뒤)	42	2	2(뒤)~19(뒤)	35	
	신묘장구다라니	3	24(앞)~29(앞)	9	3	20(앞)~?	〈7〉	〈20(앞)~23(앞)〉
	근본다라니	4	29(앞)~32(앞)	7	〈4〉	缺落	〈6〉	〈23(뒤)~26(앞)〉
	수구즉득다라니	5	32(앞)~59(앞)	55	5	~49(앞)	〈46〉	〈26(뒤)~49(앞)〉
	대불정다라니	6	59(앞)~92(뒤)	66	〈10〉	缺落		
	불정존승다라니	7	92(뒤)~97(앞)	11	〈9〉	缺落		
영험약초	대비심다라니	8	98(앞)~100(뒤)	6	7	52(뒤)~55(뒤)	7	
	수구즉득다라니	9	100(뒤)~103(앞)	6	6	49(앞)~52(앞)	7	
	대불정다라니	10	103(앞)~104(앞)	4	11	80(앞)~81(뒤)	4	
	불정존승다라니	11	105(앞)~106(뒤)	4	8	55(뒤)~58(앞)	6	

위 표에서도 알 수 있듯이 두 판본 모두 사십이수진언과 신묘장구다라니까지는 동일한 순서로 수록되어 있다. 1484년 원통암본이 신묘장구다라니(일부)부터 수구즉득다라니(일부)까지 결락되어 내용을 확

---

15 두 판본 모두 국가유산포털(https://www.heritage.go.kr)에서 원문을 제공하고 있다.

인할 순 없지만 근본다라니(신묘장구다라니에 포함)와 수구즉득다라니까지는 동일하게 수록되어 있었을 것으로 추정된다. 그 이유는 1484년 원통암본의 결락된 분량이 한글정음이 없는 부분과 한 면에 수록된 행자수 등을 감안했을 때 1485년 왕실본의 그것과 비슷하게 산정되기 때문이다.

하지만 그 이후부터는 두 판본의 구성 순서가 달라지는데, 먼저 1485년 왕실본은 수구즉득다라니 이후에 대불정다라니 계청과 진언이 이어지는데 반해 1484년 원통암본은 영험약초의 수구즉득다라니가 이어지고 있다. 1484년 원통암본은 수구즉득다라니 진언과 영험약초를 연속해서 실은 반면, 1485년 왕실본은 진언과 영험약초를 구분하여 별도로 구성하고 있는 차이를 보이고 있다.[16] 또한 1484년 원통암본은 수구즉득다라니의 영험약초 뒷부분에 바로 영험약초의 대비심다라니와 불정존승다라니가 뒤따르고 있다. 앞서 수구즉득다라니가 진언과 영험약초를 연이어 배치를 했음을 생각해보면, 그 다음에 해당하는 대불정다라니도 진언과 영험약초를 연속해서 배치하거나 혹은 진언만 수록하고 영험약초는 다른 다라니의 영험약초와 함께 배치했을 가능성을 생각해볼 수 있는데, 위 두 가지 경우가 아니라 바로 영험약초의 대비심다라니와 불정존승다라니가 이어지고 있는 부분은 다소 특이한 구성이라 생각된다. 그리고 1484년 원통암본은 영험약초의 불정존승

---

16 이는 1485년 왕실본을 간행하면서 오대진언의 구성 체제를 진언 부분과 영험약초를 구분하여 편성하려는 의도가 반영된 것으로 보인다. 이에 따라 다섯 개의 다라니는 실담이 있는 진언부분은 실담, 정음, 한문의 병렬 체제를 갖추고, 한문으로만 되어 있는 영험약초는 경전의 뒷부분에 따로 배치하면서 영험약초의 언해본을 함께 수록하는 체제를 갖추고 있다.

다라니가 끝나는 부분의 작자 미상의 후기(後記)[17]가 있지만 1485년 왕실본은 이 후기가 영험약초가 끝나는 불정존승다라니의 끝부분에 위치하고 있다는 점에서도 차이를 보인다. 또한 1484년 원통암본은 이 후기 이후에 대략 21장 정도의 결락이 있고 영험약초의 대불정다라니가 이어지고 있다. 이렇듯 두 판본은 간행연도는 불과 1년 밖에 차이 나지 않지만 한글정음의 수록 여부, 언해본의 합간 여부, 판식의 특징, 그리고 내용의 구성 체제 등에서 많은 차이를 보이고 있다.

반면 1485년 왕실본이 1484년 원통암본의 체제를 그대로 따라한 점도 발견된다. 이는 특히 두 판본의 영험약초의 한 행에 들어있는 글자 수를 비교해 보면 확인할 수 있다.

〈표 8〉 원통암본과 왕실본 영험약초 행자수 비교

구분(영험약초)	1485년 왕실본	1484년 원통암본
대비심다라니, 수구즉득다라니	9行 16字	8行 16字
대불정다라니	9行 17字	8行 17字
불정존승다라니	9行 17字	8行 17字

1485년 왕실본은 한글정음이 추가되면서 판하본을 새로 작성할 수밖에 없었다. 이에 따라 판본 전체적으로 한글정음이 들어가는 한 행이 추가된 9행으로 일정하게 유지되고 있으며, 이는 한문으로만 구성되어 있는 영험약초에서도 동일하게 나타난다. 다만 판하본을 새로 쓸때에는 한 행에 들어가는 글자 수도 일정하게 맞추는 것이 일반적인데, 1485년 왕실본은 1484년 원통암본의 글자 수를 그대로 따르고 있

---

17 金口所宣 無有虛妄 普願一切咸奉 慈音或精進受持 或莊嚴佩帶各各隨意 種種歸誠 俾其罪累氷消 慈光日朗 得大惣持具六神通十方淨土 應念周遊永脫輪迴齊登 覺岸

다. 위 표에서 알 수 있듯이 원통암본 영험약초의 대비심다라니와 수구즉득다라니는 한 행의 글자 수가 16자인데, 왕실본은 판하본을 새로 쓰면서 한 행의 글자 수를 17자로 맞추지 않고 16자를 따르고 있다.

정리하여 말하자면 1485년 왕실본은 1484년 원통암본을 참고하되 한글 정음을 추가하고, 오대진언의 다라니와 영험약초를 구분하여 구성 체제를 변경하였으며, 영험약초 언해본을 간행하여 합철했다는 점에서는 차이점을 갖는다. 하지만 영험약초의 판하본을 작성할 시에는 1484년 원통암본의 한 행에 들어 있는 글자 수를 그대로 반영하는 등 특정한 부분에서는 공통점을 보이고 있다.

3. 영평사 소장 오대진언집 분석

1) 소장 경위

영평사는 세종시 장군면에 위치한 대한불교조계종 제6교구 마곡사의 말사로 대웅보전과 삼성각 등 6동의 문화재급 전통 건물과 3동의 토굴을 갖춘 전통사찰 대한민국 제78호 수행도량이다. 창건주인 환성스님은 1987년 7월에 폐사지인 효제암 복원을 발원하며 영평사 창건 불사를 시작하였으며, 절 이름을 영평사로 짓게 된 연유를 다음과 같이 설명하고 있다.

유사 이래 인류가 추구해 온 것은 행복이며 세계 속의 모든 종교와 과학이 지향해 온바 역시 인류 행복과 세계평화라는 명제에서 크게 벗어나지 않는다. ...(중략)... 또한 도량에서 추구해야 할 일이 중생행복 세계평화라고 믿기에 이 도량에서 상주하는 대중은 물론 한 번 무심코 다녀가거나 절 이름을 듣거나 생각만 해도 불멸의 행복을 얻으소서. 그리고 이 도량에 사는 미물은 물론 도량 위 공중을 지나간 날짐승조차도 평안을 얻는 도량을 만들겠다는 서원을 실현하는 도량, 모든 중생을 영평(永平)한 극락세계로 인도하는 도량을 지향하여 노래하니.[18]

영평사에는 고봉화상선요(세종시 유형문화재 17호), 목조나한상 및 복장유물(유형문화재 18호) 등 시 지정 유형문화재들이 소장되어 있다. 또한 연등회의 일부로 부처님오신날과 정월대보름에 특수하게 제작한 숯봉지에 불을 붙여 태우며 액란을 소멸하고 복을 기원하던 불교의례인 '낙화법'을 보존 계승하여 2024년 2월에 세종시 무형문화재로 지정된 바 있다. 특히 영평사에는 낙화법의 재료와 의례절차가 수기 묵서로 기록된 오대진언집이 소장되어 있는데, 이 기록을 통해 낙화법이 사찰에서 구전으로 전승되는 비전(祕傳)이 아니라 간략하게나마 기록으로 전하는 의례절차임을 알 수 있다.

필자는 영평사 소장 오대진언집의 소장 경위 등을 조사하기 위해 2024년 9월 21일에 영평사를 방문하여 주지 환성스님과 인터뷰를 진행하였다.[19] 스님은 이 책의 소장 경위에 대해 본인이 1975년에 서산 부석사에서 수행할 때 금강산 유점사에서 오셨다는 일명 '평양노장'스님으로부터 받은 것을 지금까지 가지고 있는 것이라고 했다. 평양노장스님은 이 책을 주시면서 지금은 없어졌지만 훗날 재현해 보라면서 낙

---

18 광원 환성 저(2022), 『永平寺誌』, 세종: 대한불교조계종 영평사, p.52.
19 이 인터뷰에는 대한불교조계종 총무원 의제위원회 의제실무위원인 태경스님과 동국대학교 연구교수인 강향숙 교수님이 함께 참석하였다.(p.300 참조)

화법의 의식과 낙화봉지를 만드는 방법까지 함께 일러주었다고 한다. 하지만 환성스님도 평양노장 스님이 어떤 경로로 이 책을 소장하였는지까지는 알 수 없다고 했다. 책에 묵서된 내용 중 마곡사 매화당 도홍(道弘 혹은 道泓)스님이 책을 가지고 있었다는 기록이 있어 혹시 지리적으로 가까운 마곡사와 연관성이 있는지에 대해서도 질문하였는데, 평양노장 스님이 월남하여 이곳저곳 수행처를 다니면서 마곡사에 머물렀을 수도 있지만 마곡사에서 이 책을 얻었는지는 확실하지 않다고 한다.

2) 판본 분석

영평사 소장 오대진언집의 서지사항은 아래와 같다.

五大眞言集 / 不空 譯. [刊行地未詳] : [刊行處未詳], [17世紀][後刷]
　　四周雙邊, 半郭 17.5×12.2cm, 有界, 半葉 9行15字, 上下黑口;上下黑魚尾(混入 上下3葉花紋魚尾); 26.5×17.2cm
　　墨書 : 忠淸右道公州麻谷寺梅花堂冊主道弘次持; 壬寅(?)四月十七日 五大呪經道弘(泓)謹書; 本來萬奇寺住持所冊; 낙화법
　　欄外記名 : 丙寅生絹氏, 尹氏玄淑, 甲午生孝?(隨求卽得陀羅尼)

가. 간행시기

이 책은 간기나 서발문 등 간행기록이 없어 언제 어디서 누구에 의해 간행되었는지에 대해서 정확하게 알 수 없다. 다만 판식의 특징을 살펴보면 행자수, 변란, 계선, 어미 등 모든 면에서 1485년 왕실본 계

통 판본의 특징을 충실히 따르고 있다. 또한 기존에 간행기록이 알려진 왕실본 계통의 다른 판본들과 비교해 보아도 동일한 판본을 찾을수가 없었는데, 영평사 소장본은 크게는 왕실본 계통의 판본에 속하나 간행기록이 알려진 판본들과 다른 새로운 판본으로 추정된다. 간행시기는 원간본이나 같은 계통의 다른 판본들에 비해 수인도(手印圖) 판각의 정교함이 떨어지고 판본 중간에 3엽화문어미(三葉花紋魚尾)가 일부 섞여 있는 것으로 보아 대략 17세기 정도로 추정된다.[20] 다만 인쇄에 사용된 종이, 먹의 번짐 현상 등 전반적인 인쇄상태를 고려했을 때 이 책을 실제로 인출한 시기는 더 후대일 것으로 생각된다.

나. 판식의 특징

책의 표지는 남색으로 물들인 비단을 배접한 종이로 장황(粧䌙)하였으나, 현재는 많이 낡아서 표지의 1/3 정도는 비단이 떨어진 상태이다. 일반적으로 고서 표지는 두꺼운 장지(壯紙)를 많이 사용하는데 이 책은 비단 표지를 사용했다는 점에서 매우 정성들여 장황했음을 알 수 있다. 반면 판본의 인쇄 상태는 그리 좋지 않은 편이다. 글자가 마멸되어 보이지 않는 곳들도 더러 있으며 또한 먹이 일정하게 종이에 찍히지 않아 번지거나 부분적으로 흐릿하게 인쇄된 곳들도 있다. 판심은 전반적으로 대흑구와 흑어미로 되어있지만 부분적으로 3엽화문어미가 혼재되어 있어 일부 판은 보판(補板)한 것으로 보인다.

---

20 판식의 특징 외에도 현전하는 1485년 왕실본 계통 오대진언집 판본이 주로 16세기와 17세기에 집중적으로 간행된 점을 고려했을 때 영평사 소장본이 비록 간행기록이 없지만 시기적으로 큰 차이가 나지 않은 때에 판각되었을 것으로 추정하였다.

이 외에도 변란 바깥 쪽에 '丙寅生絹氏', '尹氏玄淑', '甲午生孝?' 등의 이름들이 보인다. 이러한 변란 외 기명은 보통 이 책을 간행할 때 종이 등을 시주한 사람들을 표기한 경우가 많은데, 다른 판본들의 동일한 페이지와 비교했을 때 동일인은 찾을 수 없었다.[21]

다. 소장자 묵서

표지 안쪽에는 붉은색 글씨로 적힌 '本來萬奇寺住持所冊' 묵서와 검은색 글씨로 적힌 '忠淸右道公州麻谷寺梅花堂冊主道弘次持 壬寅四月十七日五大呪經道弘(泓)謹書'라는 두 종류의 묵서가 있다. 이를 통해 추정해 볼 수 있는 점은 이 책은 원래 만기사[22] 주지 소장이었는데, 이후 마곡사 매화당 도홍스님이 지니게 되었고 이를 임인(壬寅)년 4월에 기록했다는 것이다. 만기사 주지에게서 어떤 경로로 마곡사 도홍스님에게로 책이 전해졌는지까지는 알 수 없지만 최소 임인년 4월에는 도홍스님이 이 책을 소장하고 있었다는 사실은 확인된다. 다만 묵서를 기록한 시기인 임인년은 도홍스님의 행적을 확인할 수 없어 연도를 특정할 순 없지만 판본의 인출시기에 맞춰 생각해 본다면 1722년 이후로 추정된다.

3) 낙화법 묵서

영평사 소장 오대진언집은 '불정존승다라니'가 끝나는 부분에 묵서

---

21 난외기명은 향후 간행기록이 있는 판본이 발견될 경우 영평사 소장본과 동일본 여부를 추정하는데 결정적인 역할을 할 것으로 보인다.
22 경기도 평택시 진위면에 소재하고 있는 대한불교조계종 제2교구본사 용주사 말사로 추정.

로 낙화법에 대한 내용이 적혀있다. 누가 이 묵서를 작성했는지에 대해서는 알 수 없지만 사용된 언어의 특성으로 보아 1900년 이후 근세에 작성되었을 것으로 추정된다.[23] 묵서의 내용은 낙화법의 재료와 의식의 순서에 관한 것이다.[24]

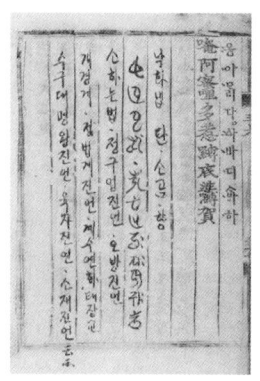

낙화법 탄·소금·향

소하는 법·정구업진언·오방진언·개경게
정법계진언·계수연화태장교·수구대명왕진언
육자진언·소재진언 云云

〈그림 4〉 낙화법 묵서(ⓒ영평사)

낙화법을 위해 준비하는 재료로는 숯, 소금, 향이며 실담으로 된 진언을 염송하고 이후 소의경전이 있는 의례절차에 의거하여 의례를 진행한 것으로 보인다. 낙화법의 의례절차에 대해서는 이미 기존에 연구결과에 잘 드러나 있어 자세한 논의는 생략한다.[25]

---

23 이선이(2020), 「불교의례 낙화법의 기원과 형성과정 연구」, 『남도문화연구』 제41집. p.209 참조.
24 평양노장 스님이 이 책을 환성스님에게 주면서 낙화법의 절차와 숯봉지를 만드는 법을 알려주셨다 하여 혹시 낙화법을 평양노장 스님이 쓴 게 아닌가 하는 생각이 들어 환성스님께 확인하였는데 이 묵서는 평양노장 스님이 쓴 것은 아니라고 하였다.
25 이선이·강향숙 공저(2021), 『불교의례 낙화법의 기원과 형성과정』, 파주: 경인문

다만 낙화법에 대한 기록이 다른 책들이 아닌 오대진언집에 묵서로 적혀있을까에 대해서는 수구즉득다라니와 연관 지어 생각해볼 수 있다. 정법계진언 다음에 나오는 '계수연화태장교'는 수구즉득다라니 계청문의 첫 구절이며, 이어지는 '수구대명왕진언'은 수구즉득다라니를 의미한다. 즉 낙화법 의례를 진행하면서 사용된 다라니는 수구즉득다라니임을 확인할 수 있다. 따라서 수구즉득다라니가 수록되어 있는 오대진언집에 낙화법에 대한 묵서를 적은 것은 자연스러운 일로 생각된다. 다만 이 낙화법 묵서가 현전하는 오대진언집의 다른 판본들에도 있는지를 확인해 보았는데, 조사결과 실물을 확인할 수 있는 판본 가운데는 영평사 소장본에 있는 묵서가 유일한 것으로 조사되었다. 따라서 낙화법이라는 의식절차가 묵서된 영평사 소장 오대진언집은 이 점에서 희소성이 더 크다고 볼 수 있다. 비록 간행기록이 없어 언제 간행된 판본인지 확인할 수 없다는 점, 그리고 낙화법에 대한 묵서를 누가 했고 또 어떤 시기에 행해졌던 의식절차인지를 확인할 수 없다는 점이 아쉬운 점이지만 불교의례로서의 낙화법의 근거가 될 수 있는 기록이 있다는 점에서 판본 자체보다는 묵서의 가치로 인해 더 의미 있는 자료라 할 수 있다.

4. 결언

조선시대에 간행된 오대진언집의 판본 현황과 영평사 소장 오대진

화사. p.101 참조.

언집에 대한 서지분석을 통해 밝혀진 사실을 정리하면 다음과 같다.

첫째, 조선시대에 간행된 오대진언집은 두 가지 유형으로 구분할 수 있다. 첫 번째는 1484년 원통암본으로 한문과 실담으로 구성되어 있으며, 두 번째는 1485년 인수대비 발원 왕실본으로 한문, 한글, 실담으로 구성되어 있다. 이 중 1485년 인수대비 발원 왕실본과 그 계통의 판본들이 조선시대에 가장 유행했는데 원간본과 복각본을 합쳐 10여 종의 판본이 간행된 것으로 조사되었다. 복각본들은 시기적으로는 16세기(6종)와 17세기(3종)에 주로 간행되었으며 특히 1500년대에(3종) 집중적으로 간행된 현상을 보이고 있다. 지리적으로는 경상도(2종), 충청도(2종), 전라도(1종), 황해도(1종), 미상(3종) 등 비교적 전국 각지에서 고르게 간행된 것으로 보인다. 한편 1484년 원통암본과 1485년 왕실본은 간행시기가 1년 밖에 차이나지 않음에도 불구하고 한글 정음의 수록 여부, 언해본 합간 여부, 행자수 및 어미 등 판식의 특징, 심지어 수록된 다라니 내용의 구성 체계 등에서 많은 차이점을 보인다. 하지만 영험약초 한 행의 글자 수 등 일부분은 공통점도 보이고 있다.

둘째, 영평사 소장 오대진언집은 1485년 왕실본 계통의 판본으로 행자수, 변란, 계선, 어미 등 원간본의 판식의 특징을 충실히 따르고 있다. 간행기록이 없어 간행 시기와 장소를 알 수 없지만 수인도 판각의 정교함이 떨어지고 3엽화문어미가 혼입된 것 등으로 미루어 대략 17세기 정도에 판각되었을 것으로 추정된다. 다만 인쇄에 사용된 종이의 질이나 전반적인 인쇄상태를 고려했을 때는 인출은 이보다 후대에 이루어졌을 것으로 생각된다. 이 책이 영평사에 소장되게 된 경위는 현재 영평사 주지 환성스님이 1975년 부석사에서 수행할 때 만난 일명 평양노장 스님에게서 받은 것을 지금까지 영평사에 보관하고 있다고 한다. 또한 영평사 소장 오대진언집에는 기존에 이 책을 소장했던 사람에 정보를 알려주는 두 종류의 묵서가 있는데, 이를 통해 알 수 있는 사실은 이 책은 원래 만기사 주지스님이 가지고 있던 것을 이후 임인년에 마곡사 매화당에 있던 도홍스님이 가지고 있었다는 점이다. 임인년은 판본의 간행시기에 맞춰 생각해 본다면 1722년 이후로 추정된다.

 셋째, 영평사 소장 오대진언집에는 낙화법에 대한 묵서가 적혀있다. 내용은 낙화법에 사용된 재료와 의식의 절차에 관한 것으로, 이를 통해 낙화법이 사찰에서 구전으로 전해오는 방법이 아니라 소의경전을 갖춘 일종의 불교의례임을 알 수 있다. 낙화법에 대한 묵서가 오대진언집에 적혀있는 이유는 낙화법 의식절차에 사용된 다라니인 수구즉득다라니가 오대진언에 수록되어 있기 때문으로 생각된다. 다만, 현재까지 알려진 다른 오대진언집 판본들에는 낙화법에 대한 묵서는 없는 것으로 파악되었고 이에 따라 영평사 소장 오대진언집은 낙화법에 대한 기록이 있는 유일한 자료로서 가치와 희소성이 있다.

참고문헌

1. 단행본
광원 환성 저(2022), 『永平寺誌』, 세종: 대한불교조계종 영평사.
국립경주박물관 편(2023), 『통일신라수구다라니』, 경주: 국립경주박물관.
남권희(2002), 『고려시대 기록문화 연구』, 청주: 청주고인쇄박물관.
小倉進平(1964), 『(增訂補註)朝鮮語學史』, 東京: 刀江書院.
수덕사 근역성보관(2004), 『至心歸命禮 : 韓國의 佛腹藏』, 예산: 수덕사 근역성보관.
이선이·강향숙 공저(2021), 『불교의례 낙화법의 기원과 형성과정』, 파주: 경인문화사.

2. 논문
江田俊雄(1933), 「朝鮮語譯佛典に就いて」, 『一光』 제4집.
김무봉(2011), 「영험약초언해 연구」, 『한국어문학연구』 제57집, 한국어문학연구학회.
김보민(2021), 「고려시대 隨求陀羅尼의 유형과 활용 양상」, 『미술사학연구』 제309호, 한국미술사학회.
남권희(2005), 「한국 기록문화에 나타난 진언의 유통」, 『밀교학보』 제7집, 위덕대학교 밀교밀교문화연구원.
문상련(정각)·김연미(2021), 「관음(觀音) 42수주(手呪) 및 『오대진언』의 성립과 전개」, 『불교미술사학』 제31집, 불교미술사학회.
안병희(1987), 「한글판 오대진언에 대하여」, 『한글』 제195호, 한글학회.
이선이(2020), 「불교의례 낙화법의 기원과 형성과정 연구」, 『남도문화연구』 제41집.
정왕근(2012), 『朝鮮時代 <妙法蓮華經>의 板本 硏究』, 중앙대학교 대학원

박사학위논문.

하정수(2019), 「한글판 <千手千眼觀自在菩薩廣大圓滿無礙大悲心大陀羅尼>연구」, 『국어사연구』 제29호, 국어사학회.

〈부록〉 오대진언집 판본 현황

五大眞言集　　　　　　　　　　경상 공산 원통암　1484

四周單邊, 半郭 16.9×11cm, 無界, 半葉 8行15字, 無魚尾

皇明成化20年甲辰(1484)季春 公山圓通庵開刊

跋文 : 釋子明菴 與施主 魯其三 鄭平善等 重刊梵字漢文交書 五大眞言合部 … 甲辰之春 請工修板 不憚劬勞 上元始刊 暮春畢刊 …

緣化秩 : 河陽縣監 金永鼎, 前提控 金二老, 大施主 金慶兩主, 大施主 申哲兩主, 大施主 李干達 兩主, 金尙德 兩主, 金卜進 兩主, 大非粉加, 金萬福 兩主, 高善仅 兩主,…大施主 魯其三 兩主, 大施主 鄭平善 兩主, 大施主 朴貴存 兩主; 刻手 正心, 祖林; 幹善 山衲 明菴

소장처 : 기림사

五大眞言集　　　　　　　　　　　　　한양 왕실　1485

四周雙邊, 半郭 17.4×12.8cm, 有界, 半葉 9行15字, 上下黑口;上下內向黑魚尾

合刊 : 靈驗略抄(諺解)/12行14字, 乙亥字(小字)

跋文 : 成化21年乙巳(1485)孟夏 山人臣學祖敬跋

소장처 : 상원사(월정사 성보박물관)

五大眞言集　　　　　　　　　　경상 진주 철굴　1531

四周雙邊, 半郭 17.1×11.9cm, 有界, 半葉 9行15字, 上下黑口;上下內向黑魚尾

嘉靖10年辛卯(1531) 慶尙道晋州智異山鐵窟開刊以傳臣(神)興寺

刻手秩 戒心, 戒珠; 施主秩 大施主 金欣金 兩主, 施主 善德, 郭亐石, 姜仇知, 雲淡, 惠泉, 靈一, 惠寬, 剋善, 敬濟, 允熙, 浤通, 思囧, 處安…; 供養主 玄旭; 幹善 玉修, 秀庵

소장처: 국립중앙도서관

五大眞言集　　　　　　　　　　　　　황해 황주 심원사　1535

四周雙邊, 半郭 17.4×12.2cm, 有界, 半葉 9行15字, 大黑口;上下內向黑魚尾

嘉靖14年乙未(1535) 五月日深源寺留板

施主秩：大施主 崔未同 兩主, 大施主 崔尋同 兩主, 大施主 銀非, 大施主 軍山, 尋漢, 軍非, 安福同 兩主, 仲德只, 一非, 長守求, 金於同 兩主…; 刻手 仅淸, 法通, 尋牛; 鍊板 法悅; 飯頭 覺?…

欄外記名：李諸山, 金象根 兩主, 徐自武, 田孝陳日, 金德生根非, 李終孫 兩主, 高界孫 兩主, 金時孫, 李苏叱同莫德只, 仇內隱同, 崔斤守, 保功將軍 金斤孫, 金仁凡, 前万戶安孝根, 沈莫同, 李莫同, 側臺, 李戒孫, 春德, 高孫金(?), 崔仍邑山, 李斤武, 金守山壹德, 李孝達, 六行, 先非, 姜哲石, 金長孫, 長孫, 吳有孫香今

소장처: 동양문고(일본)

五大眞言集　　　　　　　　　　　　　전라 담양 용천사　1538

四周雙邊, 半郭 17×12cm, 有界, 半葉 9行15字, 大黑口;上下內向黑魚尾

嘉靖17年(1538)季夏日 全羅道潭陽地秋月山龍泉寺重刊

施主秩 : 大施主 明修, 寶訓, 元惠, 知海, 空樂, 信會…; 開刊 道式, 熙印, 學晶, 釋雄, 鍊板 尋岑; 供養主 惠寬; 幹善 性還 比丘

欄外記名 : 明修, 行心, 信生(?), 新祖, 祖雄, 克仁(사십이수진언), 戒淳, 崔叔福, 達修, 道峯, 明修, 敬田(수구즉득다라니), 禪密, 玲熙, 信安, 淡月(대불정다라니)

소장처: 관문사, 송광사

五大眞言集　　　　　　　　　　경상 풍기 철암 1550

四周雙邊, 半郭 17.3×12.1cm, 有界, 半葉 9行15字, 大黑口;上下黑魚尾

嘉靖29年庚戌(1550)4月日　慶尙道豊基地小白山哲菴開板

合刊: 靈驗略抄(諺解)

施主秩 : 一祖, 幸思, 一禪, 哲石 兩主, 張春山 兩主…; 鍊板 圓悟; 供養主 智熙, 熙尙, 從貞; 幹善 智玄

소장처: 지암정사, 동국대, 영남대, 규장각(一簑古貴)

五大眞言隨求經　　　　　　　　충청 서산 강당사 1604

四周雙邊, 半郭 17.5×12.3cm, 有界, 半葉 9行15字, 上下3葉花紋魚尾

萬曆32年甲辰(1604)12月　瑞山地迦倻山講堂寺開刊

施主秩: 大施主 崔近壽 兩主 … ; 供養 泫眞, 德敏, 志原; 化士 雄俊

소장처: 개심사(목판)

五大眞言集　　　　　　　　　　충청 은진 쌍계사 1634

四周雙邊, 半郭 17.3×12.5cm, 有界, 半葉 9行15字, 上下黑口;上下

內向黑魚尾

崇禎7年甲戌(1634)八月日　公淸道恩津地　佛明山雙溪寺重刊
欄外記名 : 崔還 兩主, 劉世 兩主, 柳應生 兩主, 趙禾乙里 兩主, 比丘 信弘, 論永代 兩主, 尹弘知 兩主, 金氏於叱德 兩主, 王應男 兩主, 李文甲 兩主, 李孝甲 兩主, 命今 兩主, 李德男 兩主, 任氏莫德 兩主, 金益江 兩主, 金德龍 兩主, 長七文 兩(主), 朴難福 兩主, 申貴龍 兩主, 金龍 兩主, 鄭氏仁化伊 兩主, 李得永 兩主, 文破回 兩主, 申守直 兩主, 金彦?, 金氏德只 兩主, 梁於叱福 兩主, 李冲旺 兩主, 比丘 一岩, 任千里 兩主, 李高大 兩主
施主秩 : 金大奉, 比丘 德惠, 奉德, 大施主 趙㐫同 兩主, 大施主 林永業 兩主, 板子大施主 崔只每 兩主, 布施大施主 王應男, 供養大施主 李訥守, 大施主 金郁 兩主; 助緣 玄覺 比丘; 刻手 守仁 比丘, 戒天 比丘; 連板 學信 比丘; 化士 淸信 趙啓善 兩主; 供養主 一勳 比丘
소장처: 동국대, 규장각

五大眞言集　　　　　　　　　　　　　미상　미상　[16C]
四周雙邊, 半郭 17.2×12.4cm, 有界, 半葉 9行15字, 上下黑口; 上下內向黑魚尾
소장처: 고반재

五大眞言集　　　　　　　　　　　　　미상　미상　[16C]
四周雙邊, 半郭 17×12.5cm, 有界, 半葉 9行15字, 上下黑口; 上下內向黑魚尾
소장처: 법장사

五大眞言集　　　　　　　　　　　　미상　미상　[17C][後刷]

四周雙邊, 半郭 17.5×12.2cm, 有界, 半葉 9行15字, 上下黑口;上下黑魚尾(混入 上下3葉花紋魚尾)

墨書 : 忠淸右道公州麻谷寺梅花堂冊主道弘次持; 壬寅四月十七日五大呪經道弘(泓)謹書, 本來萬奇寺住持所冊; 낙화법 탄·소곰·향 / 실담 12자 / 소하는 법 / 정구업진언 / 오방진언 / 개경게 / 정법계진언 / 계수연화태장교 / 수구대명왕진언 / 육자진언 / 소재진언 云云

欄外記名 : 丙寅生絹氏, 尹氏玄淑, 甲午生孝?(수구즉득다라니)

소장처: 영평사

五大眞言集(한글본)　　　　　　　　　　[한양]　[왕실]　1476

四周雙邊, 半郭 20.2×14.1cm, 無界, 8行15字, 黑口, 上下內向黑魚尾

內容 : 四十二手眞言

成化12年(1476)歲在丙申正月日　德源郡曙 貞懿公主永嘉府夫人申氏

소장처: 일본 구택대학 도서관 강전문고

五大眞言集(한글본)　　　　　　　　　　　미상　미상　[15C末]

1冊(零本), 四周雙邊, 半郭 25.7×14.5cm, 無界, 7行15字, 黑口, 上下內向黑魚尾

內容 : 隨求卽得陀羅尼(26장), 佛頂尊勝陀羅尼(3장)

소장처: 성암고서박물관

五大眞言集(한글본)　　　　　　　충청 은진　쌍계사　1569

1冊(零本), 四周單邊, 半郭 25×14.7cm, 無界, 7行15字, 黑口, 上下內向黑魚尾

隆慶3年己巳(1569)孟冬日　忠淸道恩津地佛名山雙溪寺

內容 : 隨求卽得陀羅尼, 佛頂尊勝陀羅尼

刻手秩 : 道軒, 智軒, 慧淳, 妙庵　化主　大顚

소장처 : 동국대(후쇄)

제3장 수구즉득다라니에 나타난 판테온(pantheon)과 신위(神位) 연구*

강향숙 동국대학교 불교문화연구원 전임연구원

1. 서론
2. 대수구다라니의 판테온 구성
3. 대수구다라니의 신격 체계와 특성
4. 다라니의 기능 및 만다라의 정화와 가피 체계
5. 결론
   〈참고문헌〉

요약문

본 연구는 대수구다라니를 분석하여 힌두교의 신들이 밀교의 신격 체계로 융합되어 형성된 판테온의 구조와 특성을 고찰하였다. 대수구다라니는 무능승대명왕과 대수구보살을 중심으로 하는 밀교의 중요한 다라니로, 힌두교의 여신 전통이 불교적으로 변용된 특징적인 판테온을 보여준다. 주존인 무능승대명왕은 힌두교 바이슈나바교의 두르가(Durgā) 여신이 밀교의 호법신으로 변화한 것이며, 대수구명왕은 힌

---

* 이 논문은 『한마음연구』 14집에 수록된 논문을 수정 보완한 것임을 밝힌다.

두교의 샤띠 숭배 전통에서 비롯된 수호 여신이 밀교의 맥락에서 재해석된 것이다. 이들은 당대 불공의 번역으로 동아시아에 전래되어 한국의 고려시대 무능승도량으로 발전하였다. 대수구다라니의 판테온은 수직적으로는 지하계에서 천상계까지, 수평적으로는 사방을 아우르는 총체적 구조를 보여주며, 특히 약시니, 락사시, 허공모, 천모중 등 여성 신격을 중심으로 하는 독특한 체계를 형성하고 있다. 이러한 신격 체계는 태아 보호, 장애 제거, 악귀 퇴치 등의 현실적 보호 기능과 함께, 업장의 정화, 청정성의 성취, 만다라 결계의 설정 등 수행론적 정화 기능을 포괄한다. 본 연구는 대수구다라니가 힌두교의 여신 전통과 불교의 수호신 체계를 융합하여, 출세간적 깨달음과 세간적 보호를 조화롭게 통합하는 밀교 수행의 총체적 특성을 보여줌을 밝혔다.

1. 서론

대수구다라니는 무능승대명왕(無能勝大明王, Aparājita-mahāvidyā-rāja)과 대수구보살(大隨求菩薩, Mahāpratisarā)을 중심으로 하는 밀교의 중요한 다라니이다. 이 다라니에는 인도 힌두교의 신격 체계와 불교의 수호신 체계가 독특하게 융합되어 있으며, 특히 여성 신격을 중심으로 하는 특징적인 판테온이 구성되어 있다.

무능승대명왕은 산스끄리뜨어로 아빠라지따 마하비디야라자(Aparājita mahāvidyārāja)로서, '정복되지 않는 위대한 지혜의 왕'을 의미한다. 이는 본래 힌두교 바이슈나바교의 여신 두르가(Durgā)의 한 형태였으나, 밀교의 발전과 함께 명왕으로 체계화되면서 호법신(護法神)으로서의 성격이 강화되었다. 한편 마하쁘라띠사라(Mahāpratisarā)는 '위대한 수호자'를 뜻하며, 힌두교의 샥띠(Śakti) 숭배 전통에서 비롯된 보호와 수호의 여신이다. 이 신격 역시 밀교에서 명왕으로 발전하였으며, 빤짜락샤(Pañcarakṣā), 즉 다섯의 수호자를 의미하는 오수호(五守護) 여신들 가운데 하나로 체계화되었다.

이러한 신격들은 당대(唐代) 불공(不空)의 번역 활동을 통해 동아시아에 본격적으로 전래되었으며, 한국에서는 신라말 밀교 경전으로 전해져 고려시대 무능승도량(無能勝道場)의 설행으로 이어졌다. 대수구다라니의 판테온은 수직적으로는 지하계에서 천상계까지, 수평적으로는 사방을 아우르는 총체적 구조를 보여주며, 특히 여성 신격들을 중심으로 하는 독특한 체계를 형성하고 있다. 이는 인도 종교의 여신 신앙이 불교적으로 수용되고 변용된 중요한 사례라고 할 수 있다.

본 연구는 대수구다라니에 나타난 판테온의 구조와 신격 체계를 분석함으로써, 인도 밀교의 신격 체계가 지닌 특징에 대하여 살펴보고자 한다. 특히 힌두교의 여신 전통이 불교의 다라니 신앙과 결합하여 새로운 형태의 신격으로 발전한 과정에 주목하여, 밀교의 교리적 특징과 실천적 성격을 이해하고자 한다.

2. 대수구다라니의 판테온 구성

1) 판테온의 주존(主尊): 무능승대명왕과 대수구명왕

'대수구대명왕대다라니(大隨求大明王大陀羅尼)'는 명칭에서 알 수 있듯이 무능승대수구대명왕의 다라니이다. 이 다라니는 상당히 긴 만뜨라(mantra)로 이루어져 있다. 아빠라지따 다라니(aparājita-dhāraṇī)는 무능승(無能勝) 다라니를 의미하며, '마하쁘라띠사라 마하비디야라자 마하다라니'(mahā-pratisarā mahā-vidyā-rāja mahā-dhāraṇī)는 대수구 대명왕 대다라니를 의미한다.

무능승대명왕(無能勝大明王)은 산스끄리뜨어로 아빠라지따 마하비디야라자(Aparājita-mahāvidyārāja)이며, '정복되지 않는 위대한 지혜의 왕[명왕(明王)]'을 의미한다. 인도의 힌두교인 바이슈나바교에서 아빠라지따는 신도들이 숭배하는 여신 두르가(Durgā)의 한 형태로 무적을 상징하는 여신이다. 전쟁과 승리의 신격 전통을 계승한 신으로 불교에서는 밀교의 발전과 함께 명왕으로 체계화되면서 호법신(護法神)적 성격이 강화되었으며 다라니 신앙과 결합하게 된다.

이 신은 동아시아 중국으로 전파되면서 당대(唐代) 불공(不空)의 번역 활동으로 본격적으로 전래된다. 이것이 불공이 번역한 『보변광명청정치성여의보인심무능승대명왕대수구다라니경(普遍光明淸淨熾盛如意寶印心無能勝大明王大隨求陀羅尼經)』이며, 또한 법천(法天)이 한역한 『무능승대명다라니경(無能勝大明陀羅尼經)』과 같은 경전이 있다.

한국에서는 신라말 밀교 경전으로 전래되어, 고려시대 무능승도량(無能勝道場)[1]을 열어 밀교 의례를 행하였다는 기록이 남아있으며 조선시대까지 의례문헌에서 다라니 염송을 통한 명왕 신앙으로 면면히 이어져 왔다.[2]

무능승대명왕의 모습은 한역 경전과 『사다나말라(Sādhanamālā)』와 같은 문헌에서 살펴볼 수 있다. 『대방광보살장문수사리근본의궤경(大方廣菩薩藏文殊師利根本儀軌經)』에는 화상의직최상법(畫像儀則最上法)

---

[1] 『高麗史』(한국사DB)에 의하면, 무능승도량을 열었다는 기록이 다음과 같이 남아 있다.
"丁丑 設無能勝道場于選軍廳三七日, 從妙淸之言也." 정축년 선군청(選軍廳)에서 무능승도량(無能勝道場)을 21일 동안 열었는데 묘청(妙淸)의 말을 따른 것이었다. "戊午 設壓兵無能勝道場于修文殿." 무오년 수문전(修文殿)에서 압병무능승도량(壓兵無能勝道場)을 열었다."
[2] 『五大眞言集』(영평사본)에 실린 수구즉득다라니는 명왕 신앙을 보여주는 대표적인 것이라고 할 수 있다. 이 문헌에는 다라니를 범문, 한문, 한글로만 표기한 것이 아니라 계청문과 함께 수구즉득다라니를 염송하는 순서가 나타나며, 다라니를 염송함으로써 성취할 수 있는 영험이야기도 싣고 있다. 또한 손으로 직접 쓴 낙화법(落火法)의 의례 절차를 기록하고 있다는 점은 의례에서 수구즉득다라니가 활용되었음을 알려주는 사례라고 할 수 있겠다. 『朝鮮寺刹史料』下卷(불교기록문화유산아카이브)에도 보천(寶川)이 장천굴에 들어가 수구다라니를 염송하였다는 기록은 명왕신앙의 흔적을 알 수 있게 해준다. 현재 한국에서 명왕신앙에 대한 연구가 미비하지만, 의례문헌에서 오대명왕 중 하나인 우추슈마(=예적금강명왕)의 신앙을 밝힌 연구가 있다. 강향숙(2019), 「밀교 분노존 우추슈마(Ucchuṣma)의 한국 내 수용과 신앙에 대한 고찰」을 참조할 것.

으로 비단 위에 묘길상보살이 연화좌에 앉아서 설법하는 모습을 그리는 의칙을 설명하고 있다. 이 중 네 번째 의칙에서 무승승대명왕의 모습을 알 수 있다. 성묘길상보살을 중심으로 오른쪽에는 성대미거라(聖大彌佉羅)를 그리고, 왼쪽에는 성불모반야바라밀다보살(聖佛母般若波羅蜜多菩薩)을 그리며, 아랫면[下面]에는 연꽃 연못 가운데 용왕을 그리고 오른쪽에 장애와 어려움을 없애는 무승승대명왕의 모습을 그리는데, 입에서 불덩어리를 내뿜으며 미간을 찌푸리는 상으로 표현하고 있다.[3]

화상의칙에서는 이 명왕이 진언을 지송(持誦)하는 행인(行人)을 옹호하는 역할을 하는 것으로 설명한다. 무승승대명왕은 의례에서 분노존(忿怒尊)의 형상으로 입에서 불덩이를 내뿜는 모습으로 표현되기도 하고, 이러한 불덩이가 조각으로 표현될 때에는 화염으로 이루어진 광배인 화염광배(火焰光背)의 형태로 나타난다. 『대방광보살장문수사리근본의궤경』에서 무승승대명왕은 주존으로 표현되지 않고, 화면 아래쪽의 오른쪽에 위치하여 판테온의 중심에서 벗어나 있다. 그렇지만 『사다나말라』에서는 판테온의 주존으로서 독립적인 형태를 띠며 얼굴색, 지물(持物), 구체적인 자세 등을 기술하고 있는 것을 알 수 있다.

『사다나말라』에 의하면, 아빠라지따(무승승)는 다음과 같은 모습으로 표현된다.

---

[3] 『대방광보살장문수사리근본의궤경(大方廣菩薩藏文殊師利根本儀軌經)』卷제17(T20, 896b), "復有第四儀則 如前以新帛清淨無垢已 令畫人持戒 用最上彩色 畫聖妙吉祥菩薩 坐蓮座作說法相 右邊畫聖大彌佉羅 左邊畫聖佛母般若波羅蜜多菩薩 端嚴相身著白衣一切嚴飾 下面畫蓮華池 池中蓮華種種繁滿 畫龍王出半身相 手執蓮華莖 右邊畫消除障難聖無能勝大明王口出火焰作顰眉相...(중략) 擁護持誦行人"

아빠라지따는 황색이며, 두 팔과 한 개의 얼굴을 가졌고, 다양한 보석으로 장식되어 있으며, 가나빠띠(Gaṇapati, 가네샤)를 밟고 서있다. 오른손은 손바닥으로 치는 자세를 취하고 있으며, 왼손은 가슴에 따르자니빠샤(Tarjanīpāśa)를 들고 있다. 그녀의 얼굴은 무섭고, 공포스럽고 사나우며, 모든 마라를 파괴하는 자이다. 그녀의 우산은 브라흐마(Brahmā)를 비롯한 사나운 악신들의 무리가 머리 위로 들고 있다.[4]

도상 1. 아빠라지따(Aparājita), 無能勝 (Bhattacharyya(2008), 도판 XLII, a)

도상 2. 아빠라지따(Aparājita), 無能勝 (Bhattacharyya(2008), 도판 XLI, c,d)

위의 도상 1과 2에서 보는 바와 같이 아빠라지따(무능승)는 코끼리 얼굴을 가진 신을 발로 밟고 서있다. 코끼리는 힌두교에서 가네샤(Gaṇeśa)로 불리며, 쉬바(Śiva)신의 아들이다. "이 신은 해탈의 길 위에 놓인 장애를 제거하는 자이며, 바이샤(vaiśya, 상인) 계층의 보호자이며, 부(富)와 사업의 성공, 다산성의 수호신으로 사랑받는 민중의 우상이자 출입문의 수호자로 여겨진다."[5]

---

4 Bhattacharyya(2008), p.153.

그런데 아빠라지따(무능승)는 이 힌두교 신을 발로 밟고 서서 조복(調伏)시키고 있는 모습을 취하고 있다. 이러한 도상적 특징은 인도에서 후기밀교 시기의 도상이나 조각상의 두드러진 특징이며, 특히 불교를 보호하는 호법신들에게서 나타난다. 즉 아빠라지따(무능승)는 가네샤를 조복해서 이 신이 지닌 권능(權能)을 빼앗고, 그 보다 훨씬 더 강한 능력을 지녔다는 것을 드러냄으로써 힌두교를 신앙하는 자들에게 어필하고자 했음을 알 수 있다. 이러한 현상은 이미 7세기 중엽 중기 밀교 시대부터 진행되었으며, 이 시기의 대표적 경전인『금강정경(金剛頂經)』의「항삼세품(降三世品)」에서는 불교와 힌두교 신들 사이의 길항관계를 엿볼 수 있다.⁶ 아빠라지따(무능승) 역시 불교의 판테온에서 의례를 행할 때에 악귀를 퇴치하고, 장애를 제거하여 수행자와 도량을 수호하는 역할을 하며, 여러 가지 재난과 재앙을 방지한다. 이러한 무능승대명왕의 전파와 발전은 인도 밀교가 동아시아에서 신앙 의례로 확립되어 가는 과정을 보여주는 중요한 사례이다. 특히 호법신의 성격이 강화되면서 실천적인 신앙으로 발전했다는 점은 주목된다.

또한 마하쁘라띠사라(Mahāpratisarā)⁷는 위대한 수호자를 의미하며, 한역으로는 대수구大(隨求), 대호(大護)로 번역된다. 마하쁘라띠사라 역시 보호와 수호의 역할을 하는 여신 전통과 연관된 샥띠(Śakti) 숭배 전통의 영향이 있으며, 두르가(Durgā), 타라(Tārā) 등 여신들의 수호적

---

5 안젤리네 페터 카일하우어(2008), p.219.
6 강향숙(2015), p.3.
7 Mahāpratisarā는 mahā: '큰', '위대한', prati: ~에 대하여, ~를 향하여, - sarā(√sṛ): 흐르다, 보호하다, 구하다는 의미를 지닌 √sṛ 어근에서 파생하였으며, pratisarā: 호부(護符), 수호(守護)를 의미한다.

성격을 계승한 힌두교적 배경에서 출현하였다.

밀교에서는 보호와 수호의 의미를 담고 있는 다라니가 점차 명왕으로 발전하였으며, 마하쁘라띠사라는 빤짜락사(Pañcarakṣā), 오수호(五守護) 여신 중 하나로 체계화 되었다. 이 다라니를 지송하는 사람은 물질적 고통과 번뇌를 제거하고 죄장(罪障)을 멸하며, 모든 질병을 제거하는 공덕을 얻게 된다고 한다.[8] 다라니가 지닌 공덕은 판테온에서 마하쁘라띠사라의 역할과 기능으로 이어지게 되고 더욱 확장된다. 이로써 이 명왕은 재난 방지, 질병 치료, 악귀 퇴치, 장수(長壽)를 증진하는 수호적 기능을 주된 특징으로 지닌다.

『사다나말라』에는 마하쁘라띠사라를 다음과 같이 설명하고 있다.

> 중앙에는 마하쁘라띠사라가 있는데, 그녀의 전신은 흰색이며, 16세의 모습을 하고 있다. 정수리에는 짜이띠야(caitya, 불탑)가 있고 자리는 달을 의미한다. 그녀는 태양의 광륜 안에 거주하며 금강결가부좌의 자세로 앉아있다.
>
> 그녀는 세 개의 눈을 가지고 있으며, 여덟 개의 팔이 있고, 귀걸이가 흔들리며, 목걸이, 누푸라(발찌), 금팔찌, 금으로 된 허리띠와 그 외 모든 장신구를 착용하고 있다. 그녀는 네 개의 얼굴을 가지고 있는데, 첫 번째 얼굴은 흰색이고, 오른쪽은 청색, 왼쪽은 적색, 그리고 뒤쪽의 네 번째 얼굴은 황색이다.
>
> 그녀의 왼쪽 네 손에는 금강삭(vajrapāśa), 삼지창(triśūla), 활, 도끼를 들고 있으며, 오른쪽 네 손에는 법륜(cakra), 금강저(vajra), 화살, 검을 들고 있다. 그녀의 머리는 보리수 잎으로 장식되어 있으며(도판 XXXVII,c), 다양한 꽃과 과일로 덮여 있다.[9]

---

8 塚本啓祥(1989), p.82

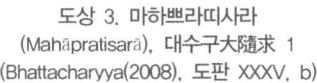

도상 3. 마하쁘라띠사라　　　　도상 4. 마하쁘라띠사라
(Mahāpratisarā), 대수구大隨求 1　　(Mahāpratisarā), 대수구大隨求 2
(Bhattacharyya(2008), 도판 XXXV. b)　(Bhattacharyya(2008), 도판 XXXVII. c)

　도상 3과 4에서처럼, 마하쁘라띠사라는 다면다비(多面多臂)의 모습을 취하고 있으며, 이 명왕이 손에 쥐고 있는 지물인 금강삭(金剛索, vajrapāśa), 삼지창(triśūla), 활, 도끼, 법륜(cakra), 금강저(vajra), 화살, 검은 대부분 중생을 불교에 귀의시키고 끌어들이기 위한 특성을 지닌다. 특히 활과 화살, 도끼, 삼지창, 금강저, 검 등은 이 여신의 전투적 성격을 잘 드러내준다.
　의례적 맥락에서는 다라니의 독송, 호신부, 만다라 의례, 가지(加持) 의식, 재난을 없애주는 식재법(息災法)에서 이 여신은 효능을 발휘한다. 이러한 마하쁘라띠사라의 발전은 인도 종교에서 나타나는 여신 신앙의 불교적 수용과 변용을 보여주는 특징적인 사례라고 할 수 있다. 특히 힌두교의 수호신(守護神) 전통이 불교의 다라니 신앙과 결합하여 새로운 형태의 신격으로 발전한 것을 보여준다.

9　Bhattacharyya(2008), p.133.

2) 대수구다라니의 판테온 구조

대수구다라니에 나타난 판테온의 구조는 매우 복합적이고 다층적인 특성을 보여준다. 그렇지만 이 판테온 체계의 가장 두드러진 특징은 여성 신격을 중심으로 한 구성에 있다.

kamale(연꽃이여), jayakamale(승리의 연꽃이여), padmaviśuddhe(청정한 연꽃을 가진 이여), vajravati(금강을 가진 이여), maṇiviśuddhe(보주처럼 청정한 이여)와 같이 모든 단어가 여성형 호격으로 되어 있어, 여성 신격을 부르는 것임을 알 수 있다.

연화부(蓮華部)를 상징하는 연꽃(padma)과 금강부(金剛部)를 상징하는 금강(vajra), 보부(寶部)를 상징하는 보주(maṇi)의 이미지가 결합된 형태로 나타난다. 특히 중심 신격은 청정성(viśuddhe)과 분노(caṇḍi)의 양면성을 동시에 지니고 있다. 대수구다라니에는 신체의 특징을 나타내는 다음과 같은 용례가 나타난다.

○ 신체의 색상을 나타내는 용례
- piṅgali (황갈색의 여존이시여)
- prabhe (광명의 여존이시여)
- suprabhaśuddhe (청정한 광명의 여존이시여)
- jvālini (불꽃같은 광명의 여존이시여)
- vicitraveṣarūpadhāriṇi (다양한 장엄을 지닌 여존이시여)
- caṇḍini (분노한 여존이시여)
- pavitramukhi (청정한 얼굴을 지닌 여존이시여)
- jvalitaśire (빛나는 정수리를 지닌 여존이시여)
- maṇiviśuddhe (청정한 보주를 지닌 여존이시여)[10]

이 신격의 신체적 특징은 불꽃(jvala)과 정화(śodhaya)의 상징이 반복적으로 강조되는데, 이는 깨달음의 광명과 업장의 정화라는 밀교적 수행의 핵심을 상징적으로 보여준다.

이들 존격은 황갈색(piṅgali)을 기본 신체 색으로 하며, 광명(prabhe)과 불꽃(jvālini) 같은 빛을 발산하는 특징을 지닌다. 또한 청정함(viśuddhe)이 강조되며, 연화, 금강저, 보주 등과 같은 다양한 지물(持物)을 소지하고 있다. 머리 위는 보관(ratnamakuṭa)과 화환(mālā)으로 장식되어 있으며, 다양한 장엄(vicitraveṣa)으로 치장되어 있다.

이러한 여성 신격들을 중심으로 해서 판테온의 우주론적 구조는 수직적으로는 지하계(pātāla)부터 하늘(gagana)까지, 수평적으로는 사방(samanta)을 아우르는 총체적인 세계관을 제시한다. 이러한 구조 속에서 천신(Devatā)들과 나가(Nāga, 용)의 세계가 포함되어 있어, 불교적 세계관과 토착신앙이 융합된 형태를 보여준다.

특히 주목할 만한 것은 이 판테온이 단순한 도상이나 관념적 구조를 넘어, 적극적인 보호와 수호의 기능을 수행한다는 점이다. 금강 장벽(vajraprākāra)과 금강 올가미(vajrapāśa)를 통한 결계(結界)의 설정, 그리고 방위 수호(diśābandha)의 체계는 수행자와 중생들을 모든 종류의 장애와 악영향으로부터 보호하는 기능을 한다. 금강은 깨질 수 없는 견고하고 단단한 특성을 지닌 만큼 불교의 판테온인 만다라에서는 바깥 부분에 금강을 상징하는 금강저를 그려 넣고 있다. 도상 3. 마하쁘라띠사라가 앉아있는 연꽃좌대 밑에도 가로로 길게 늘어진 금강저를 확인할 수 있다. 이렇듯 금강 장벽과 금강 올가미는 설정된 결계

---

10 이선이·강향숙(2021), pp.152-153.

안으로 들어오려는 마군을 비롯한 방해자들을 올가미로 잡아 끌어내기도 하고, 또 한편으로는 힌두교신들을 비롯한 여러 악신들을 불교에 적극적으로 귀의시키기 위하여 금강의 올가미를 사용하기도 한다.

마찬가지로 이 판테온의 여존들은 여원구(與願鉤, varadāṅkuśa)로 중생을 제도하고, 분노존(caṇḍini)으로서 장애를 제거하며, 청정한 얼굴(pavitramukhī)로 자비를 표현한다. 또한 인드라(Indra)와 범천(Brahmā)의 힘을 구현하고, 정수리에서 빛(jvalitaśire)을 발산하며, 다양한 신변(神變)을 나타내는 권능을 보여준다.

이러한 판테온은 연화부에서는 청정과 광명, 금강부에서는 위엄과 힘을, 보배부에서는 공덕과 성취를 강조하는 수직적 구조를 지니고 있다. 또한 대수구명왕을 중심으로 하여 다양한 여존들이 권속(眷屬)으로, 분노존들이 수호존으로 배치되는 수평적 구조도 보여준다.

대수구다라니의 판테온은 힌두교의 여신 전통을 불교적으로 변용하고, 수호와 성취의 기능을 강조하며, 밀교 만다라의 기본 구조를 반영하고 있다. 또한 다라니의 존격화(尊格化) 과정과 힌두교와 불교의 습합 현상을 잘 보여주며, 후대 밀교 경전과 만다라 도상의 형성에 영향을 미쳤다.

3. 대수구다라니의 신격 체계와 특성

다라니에 나타난 신격 체계는 힌두교와 불교의 전통이 융합된 복합적인 구조를 보여준다. 이 체계는 단순한 신격들의 나열이 아닌, 체계적이고 위계적인 구조 속에서 각각의 신격들이 고유한 기능과 역할을 수행하는 통합적인 판테온을 형성하고 있다. 특히 주목할 만한 것은 이러한 신격 체계가 단순한 판테온의 구조를 넘어서서, 실제적인 의례와 수행의 맥락에서 작동하는 체계라는 점이다.

1) 인도 전통 신들의 계층: 대신격들(Mahādevas)

먼저 이 다라니에 등장하는 인도 전통의 대신격들을 살펴보면, 인드라(Indra), 브라흐마(Brahmā), 비슈누(Viṣṇu), 쉬바 또는 마헤슈바라(Śiva/Maheśvara) 등 힌두교의 주요 신들이 등장한다. 이들은 각각 신들의 왕으로서 창조신(創造神), 유지신(維持神), 파괴신(破壞神)으로서의 역할을 담당하며, 우주의 근본적인 질서를 관장하는 존재들로 묘사된다. 여기에 야마(Yama, 죽음의 신), 바루나(Varuṇa, 수천(水天)), 아그니(Agni, 화천(火天)) 등 특정 영역을 관장하는 신격들이 추가되어 있어, 우주의 다양한 측면들이 이들 신격들의 관할 하에 있음을 보여준다. 이러한 전통적 힌두교의 신격 체계는 불교적 맥락에서 재해석되어, 깨달음을 향한 수행의 조력자로서의 역할이 부여된다.

2) 불교 수호신들: 사대천왕(Caturmahārāja)

불교의 수호신 체계는 사대천왕을 중심으로 구성되어 있다. 지국천왕(Dhṛtarāṣṭra), 증장천왕(Virūḍhaka), 광목천왕(Virūpākṣa), 비사문천왕(Vaiśravaṇa)으로 구성된 사대천왕은 사방(四方)을 수호하는 신격들로서, 불법과 수행자를 보호하는 역할을 담당한다. 이들은 단순한 방위의 수호신을 넘어서서, 각각의 영역에서 특정한 덕성과 기능을 담당하는 것으로 이해된다. 특히 이들은 밀교의 만다라에서 외곽을 수호하는 역할을 맡아, 의례의 공간을 정화하고 보호하는 기능을 수행한다.

3) 팔부중(Aṣṭasena)

팔부중의 체계는 데바(Deva, 천(天)), 나가(Nāga, 용(龍)), 약사(Yakṣa), 간다르바(Gandharva), 아수라(Asura), 가루다(Garuḍa), 긴나라(Kiṃnara), 마호라가(Mahoraga)로 구성되어 있다. 이들은 불법을 수호하는 존재들로서, 각각 고유한 영역과 능력을 가지고 있다. 특히 주목할 만한 것은 이들이 단순한 수호신의 역할을 넘어서서, 우주의 다양한 차원과 영역을 대표하는 존재들로 이해된다는 점이다. 천상계, 지상계, 지하계를 아우르는 이들의 존재는 불교 우주관의 다층적 특성을 잘 보여준다.

4) 여성 신격들

여성 신격들의 존재는 이 다라니의 특징적인 요소 중 하나이다. 약시니(Yakṣiṇī), 락사시(羅刹女, Rākṣasī), 허공모(虛空母, Ākāśamātṛ), 천모중(天母衆, Mātṛgaṇa) 등의 여성 신격들은 특별한 주목을 받고 있다.

약시니(Yakṣiṇī)는 불교 전통에서 중요한 여성 수호신으로서 밀교 만다라의 핵심적인 여성 신격으로 자리잡고 있다. 특히 밀교에서는 이들이 비밀스러운 지혜와 힘을 상징하는 존재로 여겨지며, 수행자의 수행을 돕고 보호하는 역할을 한다.

인도·티벳의 위대한 성취자들이 약사(yakṣas)를 비롯한 지모신(地母神), 여성 베딸라(vetālas), 여성 마라(māras), 여성 나가(nāgas) 등을 만나 조복(調伏)시키고 불법(佛法)에 충성을 맹세하게 했다. 그리고 불교 딴뜨라[밀교]의 영적 가르침과 특별한 관계를 맺었다. 그들은 마음의 본성, 요가(瑜伽) 수행, 전승의 가장 내밀한 측면의 보호와 관련된 중심적 깨달음에 이른 귀녀(鬼女) 형상이었다.[11] 이와 같이 이들은 단순한 수호신을 넘어서 깊은 지혜와 신비한 힘을 체현하는 존재로 인식된다.

힌두교 전통에서 약시니는 주로 재물신인 꾸베라(Kuvera)를 섬기는 여성 신으로 알려져 있다. 이들은 자연의 풍요로운 힘을 상징하며, 특히 지하에 숨겨진 보물을 수호하는 신비로운 존재로 여겨진다.[12] 이러한 특성은 풍요와 번영의 여성적 원리를 대표하는 것으로 해석된다.

약시니의 가장 두드러진 특징은 이들이 항상 아름다운 여성의 모습으로 묘사된다는 점이다. 이들은 강력한 신통력과 마법적 능력을 보유하고 있으며, 특히 수행자에게 각종 성취(siddhi)를 부여할 수 있는 능력을 가진 것으로 알려져 있다. 밀교의 성취법(成就法)에서 약시니는 특히 중요한 역할을 담당하는데, 이는 이들이 지닌 변화와 성취의 힘 때문이다. 이러한 특성들은 약시니가 단순한 신격이 아닌, 깊은 영적 지혜와 힘을 상징하는 존재임을 보여준다.

또한 불교 전통에서 락샤시(Rākṣasī)는 강력한 수호신으로 자리매김하고 있다. 이들은 수행자를 보호하고 장애를 제거하는 역할을 한다. 이들은 분노의 모습으로 나타나지만, 이는 중생을 보호하기 위한 방편이라는 점이 주목할 만하다. 밀교에서는 이러한 분노상을 통해 수행자의 마음속 번뇌와 장애를 물리치는 힘을 상징적으로 표현한다.

힌두교 전통에서 락샤시는 주로 강력한 여성 신격으로 등장한다.

---

11 Simmer-Brown(2001), p.56.
12 菅沼晃(1985), pp.321-322.

이들은 특히 밤에 활동하는 존재로 여겨지며, 때로는 두려움의 대상이 되기도 한다. 그러나 동시에 이들은 신성한 힘을 지닌 존재로서, 올바른 의례와 공양을 통해 그 힘을 긍정적인 방향으로 전환할 수 있다고 믿어진다. 특히 두르가나 깔리와 같은 여신의 권속으로서 중요한 역할을 한다.

락사시의 주요 특징은 변화의 능력과 강력한 힘에 있다. 이들은 다양한 형태로 변화할 수 있는 능력을 지니고 있으며, 특히 밤에 더 강한 힘을 발휘한다고 여겨진다. 수행자에게는 장애를 제거하고 수행을 돕는 조력자가 될 수 있지만, 동시에 두려움의 대상이 될 수도 있는 양면성을 지닌다.

힌두교에서 락사시는 그 성격과 행동 때문에 여러 가지 별명으로 불리었다. 그 별칭은 살해하는 자, 공물(供物)을 훔치는 자, 어둠의 힘을 가진 자, 밤중에 출몰하는 자, 사람을 먹는 귀신, 피를 마시는 자, 검은색 얼굴을 가진 자 등이다.[13] 인도에서부터 토착 귀녀(鬼女)로 유명하며, 인도밀교가 전파한 티벳에서도 락사시는 토착 신앙의 대상이었다. 락사시는 티벳의 불교 도입에 대한 강한 저항을 상징하는 귀녀였지만, 결국 불교에 귀의하여 중생을 보호하는 수호신으로 바뀌게 된다.[14] 이러한 신들의 성격 변화는 토착 신앙을 불교로 전환하는 과정에서 나타나는 특징이라고 할 수 있다. 그렇기에 밀교의례에서 락사시는 특히 중요한 위치를 차지하는데, 공물을 훔치는 자에서 성공적인 의례를 위한 수호자로서 강력한 변화의 힘과 수호의 기능을 지녔기 때문이다.

13　菅沼晃(1985), p.336.
14　Simmer-Brown(2001), p.56.

허공모(Ākāśamātṛ)는 허공계를 관장하는 강력한 여신으로 공간과 허공의 무한한 가능성을 상징한다. 이들은 수행자에게 공성(空性, 지혜)의 깨달음을 돕는 존재로 이해되며, 특히 허공과 같은 무애자재(無礙自在)한 지혜를 상징한다.

『문수보살의 근본의궤(Mañjuśrīmūlakalpa)』에 의하면, 분노의 위대한 군주인 야만따까(Yamataka)의 만뜨라를 염송함으로써 소환되는 신들의 무리 중 하나이다. 이들 신들은 야만따까 만뜨라의 염송으로 다음과 같이 한다.

"실로 부처님들과 세존들, 보살과 대존재들은 지극히 자비로우니, 오직 일체지자의 지혜(智慧)행을 성취하고 깊이 들어가 모든 중생을 교화하는 법륜을 세우고, 남김 없는 중생계를 열반에 이르게 하며, 구원을 바라는 이들을 삼승으로 이끌고 삼보의 종성이 끊어지지 않게 하며, 진언행을 밝히는 대비심(大悲心)의 위신력으로써 마군을 항복시키고 큰 장애를 없애며 악한 왕들을 막는다."[15]

그러나 힌두교 전통에서 허공모는 우주적 모성의 한 측면을 대표한다. 이들은 허공처럼 모든 것을 포용하는 어머니의 성격을 지니며, 특히 우주의 근원적 에너지인 샤띠(Śakti)의 한 형태로 여겨진다.[16] 공간

---

15 『Āryamañjuśrīmūlakalpa』: ap1.74 paramakāruṇika hi buddhā bhagavanto bodhisattvāś ca mahā-sattvāḥ kevalaṃ tu sarva-jñajñāna-caryānirhārasamanupraveśa sarva-sattva-vaśamāna-dharma-netryā samprati-sṭhāpana aśeṣa-sattva-dhātu-nirvāṇā-bhi-samprāpaṇa āśāsitaśāsanatri-mārga-saṃyojanatri-ratna-vaṃśānupacchedana-mantra-caryādīpana-mahā-karuṇāprabhāvaniṣyandena cetasā mārabalābhibhavanamahā-vighnavināśanaduṣṭarājñāṃ nivāraṇa …(중략)…‖ 1.74 ‖

16 김구산 역(1993), p.129.

과 시간을 초월하는 신성한 모성의 원리를 체현하는 존재로 이해된다.

허공모의 주요 특징은 무한성과 초월성에 있다. 허공처럼 제약이 없고 모든 것을 포용하는 특성을 지니며, 동시에 깊은 지혜와 자비를 상징한다. 밀교의 의례에서 허공모는 특히 공성의 지혜와 연관되어 이해되며, 수행자가 모든 집착과 장애를 초월할 수 있도록 돕는 존재로 여겨진다.

천모중(Mātṛgaṇa)은 모성신의 무리, 즉 여성 신격 집단이다. 특히 밀교의 만다라에서는 주요한 수호신의 위치를 차지하며, 각각 특정한 방위와 기능을 담당한다. 이들은 수행자를 보호하고 가피를 내리는 역할을 하며, 특히 생명의 보호와 양육의 측면에서 중요한 의미를 지닌다. 밀교에서는 이들이 지혜와 자비의 완성을 상징하는 존재로 여겨진다.

힌두교 전통에서 천모중은 샥띠의 다양한 현현으로 이해된다. 이들은 보통 7명 또는 8명의 어머니 여신들로 구성되며, 각각 주요 남성신들의 배우자로서의 성격을 지닌다. 두르가나 깔리와 같은 강력한 여신들과 연관되어 있으며, 특히 딴뜨라 전통에서 중요한 위치를 차지한다. 이들은 우주의 창조, 유지, 파괴의 순환에 관여하는 것으로 여겨진다.[17]

---

17 천모중(Mātṛgaṇa)은 인더스 문명의 대지모신(大地母神)의 전통에서 출발하지만, 힌두교 시대에 이르러 브라흐마, 쉬바신, 비슈누신, 인드라 등 남신들의 배우자[비妃]로서 모습을 나타나게 된다. 특히 모신(母神)으로서의 측면이 강조될 경우에는 7명의 모신이 그룹을 이룬 칠모신(七母神, Sapta-mātṛkā)으로 등장하며, 후에 마하락슈미가 더해지면서 팔모신(八母神, Aṣṭamātṛkā)이 되었다. 인도의 문헌인 『데비마하뜸야(Devīmāhātmya)』에 의하면, 칠모신은 두르가 여신을 도와 물소의 모습을 한 마신(魔神)을 죽이는 것으로 나타난다. 이후 딴뜨리즘시대에 이르면 피를 공물(供物)로서 요구하고, 쉬바의 두려운 모습을 취한 바이라바(Bhairava)에 대한 숭배가 융성해진다. 이러한 바이라바의 융성과 함께 피를 좋아하는 여신인 두르가 역시 원래 피를 마시는 여신인 깔리(Kālī)나 짜문다(Cāmuṇḍā)와 동일

천모중의 주요 특징은 집단적 신성과 보호의 기능에 있다. 이들은 단순한 개별 신격이 아닌, 집단으로서의 힘을 발휘하며, 특히 출산, 양육, 보호와 관련된 강력한 힘을 지닌 것으로 여겨진다. 밀교의 의례에서 천모중은 만다라의 중요한 구성원으로서, 수행자에게 다양한 성취와 가피를 내리는 존재로 인식된다. 또한 이들은 우주적 모성의 다양한 측면을 대표하며, 특히 생명의 보호와 양육, 그리고 영적 성장을 돕는 존재로 이해된다.

이들은 단순한 보조적 존재가 아닌, 강력한 수호와 가피의 힘을 지닌 존재들로 묘사된다. 특히 이들의 활동은 시간과 공간 활동 영역에 따라 세밀하게 구분되어 있다. 밤에 활동하는 수호신이나 귀신류를 가리키는 라뜨리짜라(Rātricara), 낮에 활동하는 존재(Divasacara), 새벽·정오·해질녘의 세 때에 활동하는 존재(Trisaṃdhyacara)들로 구분되며, 공간적으로도 바다(Samudravāsinī)에 사는 존재, 허공을 다스리는 존재, 지상을 다스리는 존재 등 각각의 영역을 관장하는 것으로 이해된다.

4. 다라니의 기능 및 만다라의 정화와 가피 체계

이러한 다라니의 기능은 크게 보호와 정화의 두 가지 측면으로 나누어 볼 수 있다. 보호의 측면에서는 특히 태아의 보호, 각종 장애의 제거, 악귀의 퇴치 등이 강조된다. 이는 현실적인 삶의 문제들에 대한 밀교의 실천적 관심을 보여주는 것이다. 정화의 측면에서는 업장의 정

시되기에 이르렀다. 김구산 역(1991), pp.149-151.

화, 청정성의 성취, 만다라 결계의 설정 등이 중요하게 다루어진다. 이러한 정화의 과정은 궁극적으로 깨달음을 향한 수행의 일환으로 이해될 수 있다.

이러한 복합적인 신격 체계와 의례적 특성은 인도 밀교의 포괄적이고 통합적인 성격을 잘 보여준다. 힌두교의 전통 신들과 불교의 수호신들이 하나의 체계 속에 융합되어 있으며, 특히 여성 신격들의 중요성이 부각되어 있다. 이는 단순한 종교적 혼합이 아닌, 깨달음을 향한 수행의 맥락에서 이루어진 통합이라고 할 수 있다. 실제적인 보호와 정화의 기능을 강조하면서도, 궁극적으로는 해탈을 지향하는 밀교의 특성이 이 다라니의 구조 전반에 반영되어 있다.

더욱이 이 다라니는 단순한 염송의 대상이 아닌, 복잡한 우주론적 구조와 수행론적 의미를 내포하고 있다. 삼계를 아우르는 수직적 구조와 사방을 망라하는 수평적 구조는 우주의 총체성을 표현하며, 이는 곧 수행자의 의식이 도달해야 할 궁극적 지평을 상징한다. 이러한 맥락에서 볼 때, 이 다라니는 밀교의 이론과 실천이 긴밀하게 결합된 종합적인 수행 체계를 제시하고 있다고 할 수 있다.

만다라의 정화와 가피 체계는 매우 체계적으로 구성되어 있다. 여래의 관정(tathāgata-abhiṣeka), 보살의 관정(bodhisattva-abhiṣeka), 천신의 관정(devatā-abhiṣeka)이라는 삼중의 가피 구조가 존재하며, 특히 감로수를 통한 정화의 의례가 중요한 위치를 차지한다. 이러한 정화와 가피의 과정에서 사용되는 주요 상징들로는 청정성을 상징하는 연꽃, 불괴(不壞)의 지혜를 상징하는 금강저, 지혜의 절단력을 상징하는 검(khadga), 중생 제도를 상징하는 갈고리(aṅkuśa), 그리고 깨달음의 광명을 상징하는 빛(tejas) 등이 있다.

○ 관정(灌頂)
- pravarṣatu: 비내리게 하소서
- deva-samantena: 신들과 함께
- divya-udakena: 신성한 물로써
- amṛta-varṣaṇi: 감로(불사)를 내리는 이여
- abhiṣiñcatu me: 저를 관정하소서

○ 보호 요청:
- sugata-vara-vacana-amṛta-vapūṣe: 여래의 최상의 말씀 감로의 몸을 가진 이여
- rakṣa rakṣa mama sarva-sattvānāñ-ca: 저와 모든 중생들을 보호하소서[18]

○ 위험들로부터의 보호:
- sarva-bhayebhyaḥ: 모든 두려움으로부터
- sarva-upadravebhyaḥ: 모든 재난으로부터
- sarva-upasargebhyaḥ: 모든 장애로부터
- sarva-duṣṭa-bhaya-bhītebhyaḥ: 모든 악인의 두려움으로부터
- sarva-kali-kalaha-vigraha-vivāda: 모든 다툼, 싸움, 분쟁
- duḥsvapna-durnimitta: 악몽과 나쁜 징조

○ 성취(成就) 요청
- sidhyantu me imāṃ mahāvidyāṃ: 이 위대한 명주(明呪)를 나에게 성취되게 하소서
- sādhaya sādhaya: 성취하게 하소서. 성취하게 하소서(반복)
- sarva-maṇḍala-sādhani: 모든 만다라를 성취하는 이여
- ghātaya sarva-vighnāṃ: 모든 장애를 파괴하소서[19]

---

18 이선이·강향숙(2021), p.155.

수행자의 관점에서 만다라는 크게 네 가지 목표를 달성하기 위한 도구로 기능한다. 첫째는 업장의 정화(pāpa-viśodhana)로, 이는 모든 수행의 기초가 된다. 둘째는 수행의 장애를 제거(vighna-ghāta)하는 것이며, 셋째는 지혜의 성취(vidyā-siddhi)이다. 마지막으로 만다라 자체의 성취(maṇḍala-sādhana)를 통해 궁극적으로는 여래심(tathāgata-hṛdaya)의 증득을 목표로 한다. 이러한 수행의 과정에서 만다라는 수행자 개인뿐만 아니라 모든 중생(sarva-sattva)을 보호하는 기능을 수행한다.

5. 결론

본 연구는 대수구다라니를 분석하여 판테온의 구조를 파악하고 밀교의 신격 체계가 지닌 특성에 대하여 고찰하였다. 그 결과, 대수구다라니는 힌두교의 여신 전통과 불교의 수호신 체계가 독특하게 융합된 복합적인 판테온을 형성하고 있음이 확인되었다.

첫째, 대수구다라니의 주존인 무능승대명왕은 힌두교 바이슈나바교의 두르가 여신이 불교적으로 변용된 것으로, 호법신으로서의 성격이 강화되었다. 대수구명왕(마하쁘라띠사라) 역시 힌두교의 샥띠 숭배 전통에서 비롯된 수호와 보호의 여신이 밀교의 맥락에서 재해석된 것이다. 이들은 당대 불공의 번역을 통해 동아시아에 전래되어 한국의 고려시대 무능승도량으로 발전하였다.

둘째, 대수구다라니의 판테온은 수직적으로는 지하계에서 천상계

---

19 이선이·강향숙(2021), pp.156-157.

까지, 수평적으로는 사방을 아우르는 총체적 구조를 보여준다. 특히 여성 신격들을 중심으로 하는 독특한 체계를 형성하고 있는데, 이는 인도 종교의 여신 신앙이 불교적으로 수용되고 변용된 중요한 사례이다. 약시니, 락샤시, 허공모, 천모중 등의 여성 신격들은 단순한 수호신을 넘어 깊은 지혜와 힘을 상징하는 존재로 자리 잡았다.

셋째, 이 다라니는 보호와 정화라는 두 가지 핵심 기능을 수행한다. 태아의 보호, 장애의 제거, 악귀의 퇴치 등 현실적 보호 기능과 함께, 업장의 정화, 청정성의 성취, 만다라 결계의 설정 등 수행론적 정화 기능을 포괄한다. 특히 여래의 관정, 보살의 관정, 천신의 관정이라는 삼중의 가피 구조를 통해 수행자의 정화와 성취를 돕는다.

결론적으로, 대수구다라니는 힌두교의 여신 전통과 불교의 수호신 체계를 창조적으로 융합하여, 여성 신격을 중심으로 한 포괄적인 만다라 체계를 확립했다. 이 체계는 궁극적 깨달음이라는 출세간(出世間)적 목표와 현실적 보호라는 세간(世間)적 필요를 조화롭게 통합함으로써, 밀교 수행의 총체적 특성을 보여준다. 이는 인도 밀교의 포용적이고 실천적인 성격을 잘 보여주는 동시에, 향후 동아시아 불교에서 여성 신격의 위상과 역할을 이해하는 데 중요한 시사점을 제공해 줄 것이다.

참고문헌

약호 및 원전류
T: 대정신수대장경

1. 원전류

『高麗史』(한국사DB), 국사편찬위원회.
『大方廣菩薩藏文殊師利根本儀軌經』(T20)
『五大眞言集』(영평사본)
『朝鮮寺刹史料』下卷(불교기록문화유산아카이브), 불교학술원.
『Mañjuśrīmūlakalpa』(https://84000.co/translation/toh543), Dharmachakra Translation Committee.

2. 단행본

Bhattacharyya, Benoytosh(2008), *The Indian Buddhist Iconography*. New Delhi: Aryan Books International.
Simmer-Brown, Judith(2001), *Dakini's warm breath : the feminine principle in Tibetan Buddhism*. Boston: Shambhala.
菅沼晃(1985), 『インド神話傳說辭典』, 東京: 東京堂出版.
塚本啓祥; 松長有慶; 磯田熙文(1989), 『梵語佛典の研究』, 京都: 平樂寺書店.
김구산 역(1991), 『曼茶羅의 神들-佛敎의 아이코놀로지』, 서울: 동문선.
_____(1993), 『女神들의 인도』, 서울: 동문선.
안젤리제 페터 카일하우어(2008), 『힌두교의 그림언어』, 서울: 동문선.
이선이·강향숙(2021), 『불교의례 낙화법의 기원과 형성과정』, 파주: 경인문화사.

3. 논문류

강향숙(2015), 「후기밀교 분노존 아촉여래에 대한 고찰 -『금강정경』「항삼세품」을 중심으로-」, 『보조사상』 43, 보조사상연구원.

_____(2019), 「밀교 분노존 우추슈마(Ucchuṣma)의 한국 내 수용과 신앙에 대한 고찰」, 『종교연구』 79, 한국종교학회.

제4장 수구즉득다라니 한글 표기의 현대화 방안

이준환 전남대학교 국어국문학과

1. 머리말
2. 고전 범어의 음운 개관
3. 『오대진언』 내 수구즉득다라니의 한글 표기 분석
4. 수구즉득다라니 한글 표기의 현대화 방안의 방향
5. 맺음말
   〈참고문헌〉
   〈부록〉 수구즉득다라니 한글 표기의 현대화 결과물

요약문

이 글의 목적은 『오대진언』(왕실본계 영평사 소장본)에 실린 수구즉득다라니에 한글로 표시된 다라니의 현대화 방안을 살펴보는 데에 있다. 이를 위하여 먼저 고전 범어의 음운이 어떤 모습을 띠고 있는지 개관하고, 이를 기준으로 삼아 한역본을 한글로 음역한 수구즉득다라니의 표기를 분석하고, 국어의 문자 사용 및 문자와 관계된 음운 변화 등을 고려하여 현대화 방안을 마련하여 보았다. 수구즉득다라니는 숯이 내는 빛과 결합하여 낙화법을 이루는 진언이다. 그러므로 수구즉득다라니는 낙화법을 이해하는 데에 중요한 구성 요소가 되기에 이해의 필요성이 있다. 이런 성격을 지닌, 한글로 음역된 수구즉득다라니의 표기를 현대화하여 현대인들이 쉽게 읽고 염송할 수 있도록 해 주는 것은 낙화법의 계승과 발전을 위하여 이루어져야 할 바라고 하겠다. 『오대진언』에 실린 수구즉득다라니는 불공(不空)이 한자를 이용하여 옮긴 것을 가져온 것이고, 이 한자를 음으로 읽되 진언을 읽는 특유의 방법으로 읽은 것을 한글로써 표시한 것이다. 따라서 『오대진언』 편찬 당시의 국어 한자음에 관한 이해와 더불어 진언에 사용되는 한자음의 특성을 고려하여 한글로 표기된 음들을 이해하는 것이 필요하다. 또한 한역을 한 불공(不空)이 지닌 언어적인 인식과 범어와 한어 사이의 대응 관계 설정이 어떻게 이루어졌는지에 관한 고찰이 필요하다. 이런 점들을 전반적으로 고려하여 수구즉득다라니의 한글로 표기된 진언을 이해하고, 현대화 방안을 마련하여 제시하여 보았다.

1. 머리말

이 글의 목적은 『오대진언(五大眞言)』(왕실본계 영평사 소장본)에 실린 「수구즉득다라니(隨求即得陀羅尼)」에 한글로 표시된 다라니의 현대화 방안을 살펴보는 데에 있다. 수구즉득다라니는 숯이 내는 빛과 결합하여 낙화법(落火法)을 이루는 진언(眞言)이다. 따라서 수구즉득다라니는 낙화법을 이해하는 데에 중요한 구성 요소가 되기에 이해의 필요성이 있으며, 한글로 음역된 수구즉득다라니의 표기를 현대화하는 것은 낙화법의 계승과 발전을 위하여 이루어져야 할 바라고 하겠다.

낙화법 의식에서 진언문(眞言文)은 의례의 목적에 맞도록 염송(念誦)하는 것으로, 불보살을 청하는 청문(請文)과 주인공이 설하는 법문의 내용을 압축하여 불보살을 찬탄하는 게송문(偈頌文)과 함께 중심을 이루는 것이다(이선이·강향숙 2021: 19-20). 즉 수구즉득다라니는 낙화법의 의례에서 부처님을 마음속으로 생각하며 염송하는 음역(音譯)한 불경이 되는 것이다. 이처럼 범어(梵語)를 음역하여 외우게 됨으로써 범문 특유의 비밀스러운 주문(呪文)의 느낌이 더 살아나게 된다. 따라서 낙화법 의례의 신비로움을 극대화하는 데에 중요한 바라 하겠다.

이처럼 낙화법의 중심을 이루는 수구즉득다라니는 한글로 표기되어 있기는 하지만 15세기의 진언 표기법에 따라 이루어져 있어서 현대인들이 읽기가 어렵다. 대표적으로 'ㅿ', 'ㅸ', 'ㆍ'와 같은, 지금은 쓰이지 않는 문자가 사용되어 있다든지, 'ㅅㄱ', 'ㅅㄷ', 'ㅅㅐ', 'ㅅㅌ', 'ㅅㄴ', 'ㅅㅆ'과 같이 현대인에게 낯선 합용 병서가 쓰이고 있다든지, 소리의 높낮이를 표시하기 위한 방점(·, : 등)이 쓰이고 있다든지 하는 것이 이에 해당한다. 따라서 표기법을 현대화하여 현대인들이 쉽게 읽을 수 있도록 하여 주는 것이 필요하다.

그리고 낙화법을 보존하고 발전시켜 나가기 위해서는 수구즉득다라니가 현대인들이 쉽게 접근하고 염송할 수 있는 형태로 정비되는 것이 필요하다. 현재 낙화법을 거행할 때에는 고전 범어를 로마자화한 것을 현대 언어학 이론에 따라 해석한 바에 따라 대응 관계를 수립하고 이에 따라 수구즉득다라니를 한글로 표기한 것에 따라 염송하고 있는 상황이다. 즉『오대진언』에서 "沒駄婆史^擔 薩嚩(引) 怛他蘖 哆(引) 三滿跢(引)"을 "˙몯˙다˙바:삼̇˙˙살˙바˙다˙타:아˙다̇˙˙삼˙만˙다̇˙"와 같이 음역한 것을 고려하지 않고, "Buddha-bhāṣitaṃ-sarvatahāgatā-samanta"를 "붇다 바쉬땀 사르바따타가따 사만따"와 같이 음역한 것을 가지고서 낙화법을 행하는 것이다. 이것은 낙화법의 전통을 고려하지 않는다면야 충분히 수용 가능한 합리적인 방식이지만 낙화법의 오랜 역사를 생각할 때에는 최선의 방식이라 하기는 어렵다. 따라서『오대진언』에서 음역한 것을 현대화하여 현재와 같은 단절을 극복하고 역사적인 연속선상에서 수구즉득다라니의 염송이 이루어질 수 있도록 하는 것이 필요하다.

현재 낙화법 의례가 행해지고 있는 세종시 영평사에는 17세기에 중간(重刊)된 것으로 추정되는 왕실본 계통의『오대진언』이 소장되어 있다. 이 자료에는 낙화법이 수기(手記)되어 있어 낙화법을 살피는 데에 중요한 자료가 되는데, 이 낙화법은 수구즉득다라니의 염송법으로 중요한 의례적 의미를 지니고 있다(이선이·강향숙 2021: 74-75). 따라서『오대진언』의 수구즉득다라니의 표기를 현대화하는 것은 이와 같은 영평사의 낙화법을 과거의 느낌을 살리면서도 현대라는 시간 속에서 이해하고 조망하는 데에 필요한 텍스트를 제공하는 것으로서 의의가 있다고 하겠다.

수구즉득다라니를 비롯하여 『오대진언』에 실린 진언에 관하여는 그간 안주호(2003가), 안주호(2004), 미즈노슌페이(2011), 안영희(2018) 등에서 상세한 검토가 이루어졌다. 그 결과로 표기법 전반에 관한 것이 밝혀져서 중세 국어 시기에 편찬된 진언집의 진언을 이해하는 데에 기초적인 작업이 이루어졌다고 하겠다. 그런데 이처럼 중세 국어 시기에 간행된 진언집의 진언 표기는 범어(梵語, 산스크리트어)를 불공(不空)이 한역(漢譯)하여 이루어진 한자음의 독법에 해당하는 것이다.[1] 따라서 한자음에 관한 기본적인 이해가 필수적인 것은 물론이고, 특히 불공(不空)의 언어적인 배경과 관련하여 그가 한역(漢譯)을 하는 데에 이용한 한자음에 관한 이해도 필요하다고 하겠다.[2]

---

[1] 이처럼 한역을 한 사람은 당(唐)나라 때의 불공(不空, 705-774)이다. 「수구즉득다라니」 첫부분에는 "唐開元三朝灌頂國師三藏沙門 不空奉 詔譯<34ㄱ>"과 같이 [당나라 개원 삼조에 관정국사 삼장사문 불공이 받들어 번역하였음을 고한다]와 같이 한역자가 불공(不空)임을 분명히 알 수 있는 문구가 들어가 있다. 개원(開元)은 현종(玄宗)이 713년-741년에 걸쳐 사용했던 연호임을 고려하면 대략 한역된 시기가 언제인지를 알 수 있다.

[2] 불공(不空)은 스리랑카 또는 중앙아시아에서 태어난 것으로 이야기되고 있는 아모가와즈라(Amoghavajra)로서, 구마라습(鳩摩羅什), 현장(玄奘), 진제(眞諦)와 더불어 4대 역경가(譯經家)로 꼽히는 사람이다. 그는 15살이 되던 720년에 중국에 갔다가, 남인도 왕자 출신인 금강지(金剛智)(인도 이름은 바즈라보디)를 만나 그의 제자가 되었고 40살 때에 금강지의 유언을 받들어 인도로 구법 여행을 떠나 스리랑카와 남인도를 돌며 공부를 하고 밀교(密敎) 전적을 구하였다. 불공은 당나라 왕실의 존경과 지원을 받았으며, 당나라에 불교를 정착시킨 인물로 평가되는 사람이다.(이상은 조준호 2016을 참고) 이런 불공(不空)의 출신지와 행적에 관한 내용은 그가 사용한 한자음을 중국인의 것과 동일시해서는 곤란한 면이 있을 수 있음을 생각게 한다.

대표적으로 수구즉득다라니의 첫 부분을 보면 "·몯·다·바:쌈。·살·바·다·타:아·다。·삼 :만·다。:ㅅ^:바라, :마라。·미·슌:데。·섄:리·다。:진다:마·니。·모·ᄂ^·라。·ᄒ^:리:나·야。:아바·라。:ㅅㅣ·다, ·다·라·니, :마·하ᄇ^·라, ·디:사·라。:마·하·미·냐。·라:ㅅㅏ, :마·하。·다·라·니〈33ㄴ-34ㄱ〉"는 "没䭾婆史^擔 薩嚩(引) 怛他蘖 哆(引) 三滿跢(引) 入^嚩攞 磨邏 尾秫第 娑^普哩哆 震哆摩捉 母捺^囉 紇^哩娜野 阿跛囉㖿哆(引) 陁 羅尼 摩賀鉢^囉 底娑囉 摩賀尾你^也 囉惹(引) 摩賀 䭾羅㞕〈33ㄴ-34ㄱ〉"를 번역한 결과이지, "Buddha-bhāṣitaṃ-sarvatahāgatā-samanta-jvala-mālā-viśuddhe-sphurita-cintāmaṇi mudrā-hṛdaya-aparājita-dhāraṇi-mahā-pratisarā-mahā-vidyā-rāja-mahā-dhāraṇī"를 직접 번역한 것이 아니다.[3] 따라서 한글로 표시된 수구즉득다라니의 현대화는 이와 같은 『오대진언』의 진언이 한자음과의 관계를 맺는다는 점을 고려할 필요가 있다는 것을 염두에 두고 진행되어야 한다.

그렇기에 '몯·다'는 'Buddha'를 표시한 것이지만 '没䭾'를 음역한 것이기에 현대화할 때에 표기를 바꿀 필요까지는 없다고 하겠다. 또한 '살·바'는 'sarva'를 표시한 것이지만 '薩嚩(引)'를 음역한 것이기에 '사르바'로 바꾸지 않고 '薩'의 음을 그대로 유지하여 '살바'를 그대로 유지하는 것이 좋다고 하겠다. 이들은 『오대진언』의 표기에 사용된 문자가 현대에도 그대로 쓰이는 것이므로 교정을 최소화하여 현대화를 하여야 원전의 느낌을 최대한 살릴 수 있어서이다. 반면에 ':ㅅ^:바라'의

---

[3] 김무봉(2011: 12-20)에 따르면 범자(梵字)와 한자 모두에 능통한 사람이 아니면 이처럼 정음으로 음역하는 것은 쉽지 않다는 점에서 학조(學祖)가 했을 것으로 추정한 바 있다. 학조가 『오대진언』을 편찬하였으니 편찬자인 그에 의해서 한글로 음역이 되었을 가능성이 높다고 하겠다.

경우는 'jvala'에 대응하는 것이지만 '入嚩攞'를 음역한 것인데, 'ㅿ', 'ㆍ', 'ㅸ'이 현대어에서는 쓰이지 않는 문자이므로 범어와의 대응, 한자음과의 대응, 어두 자음군의 표기 문제 모두를 종합적으로 고려하여 '즈바라'와 같이 현대화하는 방향으로 나아가는 것이 좋겠다 생각된다. 이와 같은 방안을 이 글에서는 다루어 보고자 한다.

2. 고전 범어의 음운 개관

진언의 표기를 이해하기 위해서는 기본적으로 진언의 원천이 된 언어인 고전 범어의 음운 체계에 관한 이해가 선행할 필요가 있다. 이에 모음, 자음, 반모음으로 나누어 고전 범어의 음운 체계를 개관하여 보도록 하겠다.

고전 범어의 음운 체계는 토마스 이진스(Thomas Egenes) 저/김성철 역(2015: 20-22), 강성용(2019: 34-54)을 바탕으로 삼아 아래와 같이 작성하여 볼 수 있다. 범어 문자의 표기는 데바나가리(Devanagari, देवनागरी)에 접근하기가 쉽지 않은 관계로 이해와 편의를 위하여 로마자로 제시하였다. 그리고 각 로마자로 표시된 음운에 대응하는 현대 국어의 자모를 제시하였다. 이렇게 한글로 표시된 음운에 대한 인식을 기반으로 삼아 역사적인 변천을 고려하여 중세 국어 시기에 한글로 표시된 진언을 이해할 수 있도록 하였다.

[1] 범어와 현대 국어의 모음[svara, 전성(轉聲)]의 대응표[4]

단순 모음 (śuddha)	범어	a	ā	i	ī	u	ū	ṛ	ṝ	ḷ
	한글	ㅏ	ㅏ:	ㅣ	ㅣ:	ㅜ	ㅜ:	르	르:	을리
복합 모음 (samyukta)	범어	e	ai	o	au					
	한글	ㅔ:	ㅏㅣ	ㅗ:	ㅏㅜ					
비음화 (anusvāra)	범어	ṃ				기음		범어	ḥ	
	한글	ㅁ				visarga		한글	ㅎ	

[1]에서 볼 수 있는 바와 같이 범어의 모음은 기본적으로 단순 모음과 복합 모음으로 이루어져 있다. 여기에 모음을 비음화하는 요소인 /ṃ/이 있고, 모음을 기음화하는 요소인 /ḥ/가 있다.

단순 모음들은 기본적으로 장단의 대립을 이룬다. 다만 /ḷ/의 경우는 장음은 보이지 않고 단음만이 관찰된다. 따라서 음의 종류로는 다섯 가지에 불과하지만 장단의 대립을 보이므로 결과적으로 그 개수는 9개에 이르게 된다.

복합 모음은 /e/, /o/와 같이 장음성을 띠거나 /ai/와 같이 전설 고모음이 후행하거나, /au/와 같이 후설적 고모음이 후행하는 형태로 이루어져 있어서 음의 길이가 길다고 하겠다. 그렇기에 단순 모음 중에서 장음에 해당하는 /ā/, /ī/, /ū/, /ṝ/와 함께 생각하여 보면 범어에서는 장음의 역할이 크다고 하겠다.

이처럼 범어의 모음은 기본적으로 단모음과 장모음의 실현을 주요하게 활용하면서 비음성과 기음성을 모음에 담아 사용함으로써 변별

---

4 이곳에서는 토마스 이진스(Thomas Egenes) 저/김성철 역(2015: 20-22)에 따라 모음을 'svara', '전성(轉聲)'으로 제시하였으나 모음은 'mātr', '마다(摩多)'로 제시하는 견해가 더 일반적이다.

성을 드러낸다고 하겠다.

[2] 범어와 현대 국어의 자음[vyañjana, 체문(體文)] 대응표

		순음 (oṣthya)		치음 (dantya)		권설음 (mūrdhanya)		경구개음 (tālavya)		후아음 (kaṇthya)	
		범어	한글	범어	한글	범어	한글	범어	한글	범어	한글
무성음	무기음	pa	빠	ta	따	ṭa	따	ca	짜	ka	까
	유기음	pha	파	tha	타	ṭha	타	cha	차	kha	카
	무기음			sa	싸	ṣa	쓰아	śa	샤		
유성음	무기음	ba	바	da	다	ḍa	다	ja	자	ga	가
	유기음	bha	브하	dha	드하	ḍha	드하	jha	즈하	gha	그하
										ha	으하
	비음	ma	마	na	나	ṇa	나	ña	냐	ṅa	응아

자음과 관련해서는 기본적으로 범어에서는 /a/와 결합하는 형태로 나타나는 것이 많기도 하고 학계에서 이와 같은 결합 양상을 고려하여 자음을 다루고 있기에 이곳에서도 이런 관습을 따라 자음 목록을 제시하였다. [2]에서 볼 수 있는 바와 같이 자음의 조음 위치는 크게 다섯으로 나눌 수 있다. 전설을 이용하는 치음, 권설음, 경구개음이 발달했고, 아음과 후음은 한데 합하여 후아음을 이루는 모습을 보인다. 이 중 국어와의 대응 관계의 모색에서 권설음이 없는 국어에서는 치음과 권설음을 구별하여 나타내기가 어렵기에, 한글 표기로는 이 둘이 같은 방식으로 표기된 것이 많다.

조음 방법에서는 무성 장애음과 유성 장애음의 구별을 기본적인 대

립으로 하는 것이 가장 눈에 띈다. 그리고 이 둘 모두 무기음과 유기음의 구별이 있다. 다만 마찰음 /s/ 계열은 무기음만 보인다는 점이 눈에 띈다. 그리고 비음은 조음 위치별로 다 존재한다는 특징이 있어서 풍성함을 자랑한다.

조음 방법과 관련하여 또 하나 살펴 두어야 할 것은 경구개음을 /ca/, /cha/, /ja/, /jha/와 같이 나타내는데, 이것을 현대 국어와의 대응에서는 각각 /짜/, /차/, /자/, /즈하/와 같이 파찰음으로 적고 있는 경우가 일반적이지만 파찰음이 아닌 강성용(2019)과 같이 파열음으로 보는 견해도 적지 않게 있다는 점이다. 여러 책이나 논문의 저술을 보면 경구개음이 파열음인지 파찰음인지 명확히 제시하고 있지 않은 경우가 많다. 이것은 한역이 될 무렵의 범어의 경구개음의 음운론적 실현 양상과 관련을 지어 살필 필요가 있는 것이다.

먼저 수구즉득다라니를 한역한 불공(不空)은 /ca/를 '左'로 /cha/를 '磋(上)'로 /ja/를 '惹'로 /jha/를 '鄼(去)'로 음역을 하였다.[5] '左'는 치두음(齒頭音) 정모(精母), '磋'는 치두음 청모(淸母), '惹'는 반치음(半齒音) 일모(日母), '鄼'는 치두음 종모(從母)이다. 따라서 치두음과 반치음으로써 음역을 하고 있음을 알 수 있다. 이런 양상은 마찰음인 일모(日母)가 이용된 것을 제외하고는 모두 파찰음 성모(聲母)가 이용된 것을 보인다. 따라서 불공(不空)은 범어의 경구개음을 파찰음으로써 음역하려고 애를 썼다는 것을 분명히 알 수 있다. 이런 양상은 수구즉득다라니의 음역에서도 그대로 나타나는 바이다. 이를 보면 범어의 경구개음

---

5 이것은 『고려대장경(高麗大藏經)』 안에 있는 「유가금강정경석자모품(瑜伽金剛頂經釋字母品)」 1권에 실린 불공(不空)의 실담장(悉曇章) 50자문에 제시된 것을 가져온 것이다(안주호 2002: 177, 문성호 2020: 51을 참고).

은 파찰음으로 판단하는 것이 어렵지 않아 보이지만, 다른 기록을 보면 꼭 그렇지만은 않다.

일본의 제3대 천태 좌주(天台座主)였고 당(唐)에 들어가 여덟 사람 중에 하나였던 엔닌(圓仁, 794-864)은 "산스크리트어의 /c/는 /a/가 후속하면 폐쇄도가 낮고, /a/ 이외의 모음이 후속하면 폐쇄도가 높다."와 같이 말하여 /c/가 후속하는 모음의 종류에 따라 폐쇄도의 차이가 있음을 언급한 바가 주목된다.[6] 이와 관련하여 고바야시 아케미(小林明美, 1981: 71)에서는 산스크리트어의 /c/는 후속 모음의 종류에 따라 음가가 변하는 것은 아니기에, 엔닌(圓仁)이 여기에서 폐쇄도가 높거나 낮다고 말한 것은 대응하는 일본어 음절과 비교한 다음에 판단한 것으로 파악하였다. 그 결과로 산스크리트어의 /ci/, /cu/, /ce/, /co/를 일본어의 대응 음절과 비교하여 보면 폐쇄도가 높은데, 이것은 산스크리트어 쪽이 파열음 내지 파찰음인 것을 보여 주는 것인 반면에 일본어 쪽은 마찰음임을 보여 주는 것이라 해석하였다. 이것은 엔닌(圓仁)의 눈에 비친 범어의 경구개음은 파열음이었거나 파열음~파찰음의 성질을 지니고 있었거나 둘 중의 하나였음을 보여 주는 것이라 하겠다.

무성 장애음과 유성 장애음 모두 무기음과 유기음이 있는데, 유성 장애음이 없고 무성 장애음에서는 평음(예사소리), 격음(거센소리, 유기음), 경음(된소리)의 대립이 있는 국어와의 대응 관계를 고려하면 음

---

[6] 엔닌(圓仁)은 사이초(最澄), 구카이(空海), 조교(常曉), 엔교(圓行), 에운(惠運), 엔친(圓珍), 슈에(宗叡)와 더불어 입당팔가(入唐八家)의 하나였다. 중국의 오대산(五臺山)을 순례하며 법화경(法華經)과 밀교(密敎)의 정합성에 관한 과제인 「미결십삼조(未決十三條)」에 대한 해답을 얻었다. 그리고 일본에 전해지지 않았던, 오대산에 소장된 불전(佛典) 37권을 서사(書寫)하였으며, 일본에 전래한 사람이다.

운론적인 대응 관계에 빈자리가 생긴다. 그렇기에 실제 범어의 음성적인 특성을 고려하여 무성 무기음은 경음으로 대응을 시키고, 유성 무기음은 평음으로 대응을 시키며, 유성 유기음은 '평음+ㅎ'으로 대응을 시키는 쪽으로 나타내었다.

[3] 범어와 현대 국어의 반모음[antaḥstha, 초음(超音)]의 대응표

	순음	치음	권설음	경구개음
범어	va	la	ra	ya
한글	바	을라	라	야

반모음은 자음의 뒤에 놓인다는 분포상의 특징이 있다. 이들은 조음 위치상 후아음을 제외하고 양순음~경구개음에 이르기까지 고루 분포하는 모습을 보인다.[7] 국어에는 /ya/를 제외하고는 이에 대응할 만한 적절한 반모음이 없기에 자음을 이용하여 나타내는 방식으로 표기를 하였다. 다만 순음 /va/의 경우는 [바]가 아닌 [와]와 같이 /w/로 실현되는 경우도 많다. 이것을 국어에 원순성 반모음으로 /w/가 있고, 경구개성 반모음으로 /y/가 있는 것과 관련지어 본다면 범어에서는 치음과 권설음에도 반모음이 있는 것이 큰 차이라고 하겠다.

이 반모음은 접근음(接近音)으로 이해될 수 있는 성질도 지니고 있다. 대표적으로 전순환(2012: 55-56)에서 이와 같이 다루고 있다. 이처럼 접근음으로 이해하는 경우에는 모음보다는 자음적인 성격으로 이 소리들을 이해하게 되는 것이다. 따라서 접근음으로 살피게 된다면 자

---

[7] /va/의 경우는 전순환(2012: 55-56), 안영희(2018: 13-14) 등에서는 순치음으로 다루고 있다.

음과 이에 후행하는 접근음의 연쇄는 자음군의 성격을 지닌 것으로 이해해 볼 수 있게 된다.

3. 『오대진언』 내 수구즉득다라니의 한글 표기 분석

『오대진언』에 실린 수구즉득다라니를 한글로 어떻게 음역을 하였는지를 보면 범어의 음운과 당시 국어 음운 사이의 대응 관계를 파악해 볼 수 있다. 이런 대응 관계를 현대 국어와의 대응 관계와 비교하여서 어떤 점에서 차이를 보이는지를 알면 수구즉득다라니 한글 음역 표기의 현대화의 기본적인 방향을 세울 수 있다. 이에 2장에서 제시했던 [1], [2], [3]의 순서에 따라서 『오대진언』 내의 수구즉득다라니의 한글 음역 표기의 실상을 보도록 하겠다.

[4] 범어와 수구즉득다라니의 모음의 대응표[8]

		a	ā	i	ī	u	ū	r̥	r̥̄	l̥
단순 모음 (śuddha)	범어	a	ā	i	ī	u	ū	r̥	r̥̄	l̥
	현대	ㅏ	ㅏː	ㅣ	ㅣː	ㅜ	ㅜː	르	르ː	을리
	수구	ㅏ	ㅏː	ㅣ/ㅕ	ㅣ	ㅜ/ㅗ	ㅗː	-르		

		e	ai	o	au
복합 모음 (saṃyukta)	범어	e	ai	o	au
	현대	ㅖː	ㅏㅣ	ㅗː	ㅏㅜ
	수구	ㅖ/ㅐ	ㅐ/ㅖ	ㅗ	

		ṃ				범어	ḥ
비음화 (anusvāra)	범어	ṃ	기음 visarga			범어	ḥ
	현대	-ㅁ				현대	-ㅎ
	수구	-ㅁ/-ㆁ				수구	-ㄱ

---

8 표에서 '수구즉득다라니'는 지면 관계상 '수구'로 줄여 제시한다. 그리고 굵은 글씨

[4]에서 볼 수 있듯이 단순 모음에서는 /u/를 'ㅗ'로 표기한 것들이 눈에 띈다. "Buddha → 沒馱 → ·몯·다", "sphurita → 娑^普哩哆 → ·쏜:리·다", "veṣarū → 吠灑嚕(引) → :볘사·로"가 이에 해당하는 예라고 하겠다. 이것은 국어사 학계에서 고려 시대에 해당하는 전기 중세 국어 단계까지는 모음 체계상 /ㅗ/가 후설의 고모음으로서 쓰였던 것으로 논의되고 있는 것에 따르면(이기문 1998 등), 15세기 이전의 범어와 국어 사이의 음운 대응 관계가 남아 있는 것으로 이해해 볼 수도 있다. 그렇지만 "viśuddhe → 尾秫第 → ·미·슌·뎨"와 같이 'ㅜ'로 표기된 예들이 있는 것과 비교하여 보면 한역(漢譯)에 쓰인 한자음에 따른 것일 가능성이 훨씬 높아 보인다.

국어에서 쓰이는 한자음은 중고 한어(中古漢語)에 기반을 둔 것으로 다루어지는데, 이 중고 한음을 살피는 데에 주요하게 참고되는 운서(韻書)인 『광운(廣韻)』(1008)이나 『집운(集韻)』(1066)에 따르면 'ㅗ'를 보이는 진언 표기 한자들은 '沒[臻合一入沒明(莫勃切)]《광운, 집운》', '普[遇合一上姥滂(滂古切)]《광운》', '嚕[遇合一上姥來(籠五切)]《집운》'의 음운 정보를 지님을 알 수 있다.[9] 이 한자들의 중세 국어 한자음은 각각 '沒H몰', '普R보'를 보이며, '嚕'는 현재 볼 수 있는 문헌 자

로 표시한 것은 범어 대 현대 국어의 대응 양상과 범어 대 수구즉득다라니의 대응 양상이 차이를 보이는 것으로 주의를 기울여야 할 것들이다.
9 대괄호 안에 제시된 정보는 앞에서부터 섭(攝)의 이름, 개합(開合)의 종류, 등(等)의 종류, 성조의 종류, 운목(韻目)의 이름, 성모(聲母)의 이름을 순차적으로 제시하고, 소괄호 안에는 반절(反切) 정보를 제시한 것이다. 풀어서 설명하자면 진언 표기에 쓰인 '沒'이란 글자는 臻섭에 속하는 合구 一등의 入성을 지니는 沒운의 운모(韻母, 중성+종성) 정보를 지니며 성모(聲母, 초성)는 明모로 반절로는 莫勃切로 표시됨을 표시한 것이다. 이에 따라 /ㅁ/+/ㄹ/의 결합으로 /몰/이란 음을 얻어낼 수가 있다.

료에서는 그 음이 확인되지는 않지만 일반적인 양상을 고려할 때 '*로'란 음을 지녔음이 의심의 여지가 없다.10 이에 반해 '秫[臻合三入術 船(食聿切)]'은 문헌 자료에서는 'H튤'이란 음을 보이나 초성에 해당하는 성모(聲母)가 선모(船母)이므로 '*슐'이란 음을 지니는 것이 마땅한 것이다.11 따라서 종합하여 보면 'ㅗ'로 표기된 것과 'ㅜ'로 표기된 것 모두 이와 같은 국어 한자음의 영향을 받았을 가능성이 충분히 있다고 하겠다.

이와 같은 양상은 /e/를 표시한 것에서도 나타난다. /e/를 나타내는 데에는 "viśuddhe → 尾秫第 → ·미·슌:뎨", "garbhe → 蘗陛 → ·알·볘", "vimale → 尾麼嚟 → ·미:마:례" 등과 같이 'ㅖ'가 쓰였다. 이와 같은 양상을 보이는 것은 『오대진언』이 편찬될 당시 국어에는 단모음 /e/가 없었던 것과 관련지어 볼 수 있다. 단모음 /e/가 없었기에 'ㅔ'로는 범어의 /e/를 나타낼 수가 없었다. 그래서 /ㅓ/에 상향성 반모음 /y-/와 하향성 반모음 /-y/가 삽입된 /ㅖ/를 이용하여 /ㅓ/를 전설화하는 방

---

10 이와 같은 중세 국어 시기에 편찬된 문헌 속의 현실 한자음의 모습은 권인한 (2009)에서 손쉽게 살펴볼 수 있다. 한자음 앞에 제시된 R은 방점(傍點) 중 2점(:)으로 표시된 성조를 나타낸 것으로 상성(上聲)을 뜻하는 것이다. H는 1점(·)으로 표시된 거성(去聲)을 표시하는 것이며, L은 무점(無點)으로 표시된 평성(平聲)을 표시하는 것이다.
11 이 한자음은 '츌기쟝 H튤《훈몽자회(訓蒙字會) 상:7ㄱ》(1527)'에서 보이는 바인데, '朮·苿[臻合三入術澄(直律切)]', '怵[臻合三入質徹(丑律切)]'과 같이 설면 파열음에 해당하는 설상음(舌上音)의 징모(澄母)와 철모(徹母)에 해당하는 것들이 '朮'을 지니고 있고 한자음이 '튤'을 보이는 것에 이끌려 이루어진 결과로 이해할 수 있는 것이다. 비록 현실 세계에서 유통되는 한자음이었다고 보기 어려운 면이 강하기는 하지만 『동국정운(東國正韻)』(1448)에서는 '秫'의 한자음이 'H쓩'로 실려 있다. 따라서 이를 참고하면 '食聿切'이란 반절(反切)에 부합하는 음에 대한 인식이 있었을 것임은 충분히 상정할 수 있다.

식으로 범어의 /e/를 나타내는 방식을 취하였다. 드문 예이기는 하지만 'ㅐ'로써 /e/를 나타낸 경우도 있다. ':바:보:새[vapūṣe]'의 경우가 이에 해당한다.

그런데 이에 이용된 글자는 '第[蟹開四去霽定(特計切)《광운》]', '陛[蟹開四上薺並(傍禮切)《광운》]', '嚟[郎計切《자휘(字彙)》(1615)]'의 음운 정보를 지니는 것이다. 이 중 '第'는 'R뎨', '陛'는 'R폐'의 음으로 쓰였음을 중세 국어 시기의 문헌에서 확인할 수 있다. '嚟'는 한자음을 볼 수 있는 것이 보이지는 않지만 반절(反切)이 '郎計切'로 이것은 '隸[蟹開四去霽來(郎計切)《광운》]'와 같다. 이 '隸'는 『훈몽자회(訓蒙字會)』(1527)에 '거러치 예'로 훈과 음이 실려 있기에 이에 근거하여 '嚟'도 '례'란 음으로 쓰였을 것임은 충분히 짐작할 수 있다.12 따라서 이 시기에 유통되던 한자음의 영향이 스며든 음역으로 볼 수도 있어 보인다.

자음군에서 모음에 연접하지 않는 자음의 경우 국어에 해당 자음군을 나타낼 합용 병서가 있을 경우에는 이 합용 병서를 이용하였다. "sphurita → 娑^普哩哆 → ·쏜:리·다"는 중세 국어에서 쓰이고 있는 'ᄲᅳᆯ[각(角)]'과 같은 'ᄲ'을 활용하고 있는 예라고 하겠다. 그런데 국어에 해당 자음군을 나타낼 합용 병서가 있지 않을 경우에는 '·'를 삽입하여 표시를 하고 있다. "jvala → 入^嚩攞 → :ᅀᆞ^:바라", "sattva → 薩怛^嚩 → ·사ᄃᆞ^ᄫᅡ"가 이에 해당한다고 하겠다. 국어에는 'ㅿㅸ', 'ㄷㅸ'과 같은 합용 병서는 없기에 쉽게 삽입되거나 탈락되거나 하는 성질을 지닌 약모음(弱母音)에 해당하는 /·/를 이용하여 자음들 사이에

---

12 『동국정운』(1448)에서는 '隸'의 한자음이 'H롕'로 실려 있음을 참고할 수 있다.

이를 삽입하여 음절의 개수를 늘리는 형태로 음역을 하였다.

이것은 현대 국어에서 슬로바키아에 있는 도시인 'Zvolen'을 '즈볼렌'으로 /ㅡ/를 삽입하는 형태로 받아들여 쓰는 것과 유사한 방식으로 문제를 해결한 것이다. 현대 국어에서는 이처럼 /ㅡ/를 삽입하는 방식으로 자음군(겹자음)이 없는 것에 대응하는 반면에 수구즉득다라니의 진언 표기에서는 /ㆍ/를 삽입하는 형태로 받아들인 것은 이 어구들이 'jvala', 'sattva'에서 볼 수 있는 바와 같이 모음으로 /a/를 지니고 있고, 범어에서 다른 모음보다는 /a/의 쓰임이 눈에 띄게 많은 것과 연결 지어 보면 음성 모음인 /ㅡ/보다는 양성 모음인 /ㆍ/를 활용하는 것이 자연스럽게 느껴진다고 판단한 듯하다.

중세 국어에는 모음 조화가 있었고, 하나의 형태소로 이루어진 다음절어 낱말의 경우에 모음 조화가 잘 지켜지고 있다는 것을 중세 국어 화자들은 잘 알고 있었다. 그렇기에 중세 국어 화자들이 지닌 이 지식과 언어적인 감각을 진언을 염송하는 데에 효과적으로 활용하고자 하는 조치가 취해졌을 가능성이 있다. 이렇게 모음 조화를 따름으로써 한결 매끄럽고 유려하게 진언을 읊을 수 있도록 하여 율격도 살리고 진언의 형태에 대한 인식과 기억에도 도움을 주고자 하였던 것이 아닌가 싶다.

기음 /ḥ/는 "namaḥ sarva → 曩莫薩嚩(引) → ·나·막·살·바", "saṃghebhyaḥ → 僧契毗^藥 → ·상:케·뱍"과 같이 'ㄱ'으로 표기되어 있다. 이것은 마찰음을 불파되는 파열음의 종성으로 표시한 것이다. 이렇게 된 것은 '莫[宕開一入鐸明(慕各切)《광운》]'의 한자음 'H막', '藥[宕開三入藥以(以灼切)《광운》]'의 'H약'의 한자음이 이용된 것이라고 하겠다. 이와 같이 /ḥ/가 '-ㄱ'으로 표기된 것은, 한어에서는 아음(牙音)

과 후음(喉音)이 근접하게 조음되었고 이 두 조음 위치를 엄격하게 구별하지 않는 역사적인 전통인 고려된 한자음이 이용된 것으로 생각된다.

그리고 /ṃ/은 "saṃghebhyaḥ → 僧契毗^藥 → ·샹:켸·뺙"에서는 '-ㅇ', "Oṃ → 唵 → :옴"에서는 '-ㅁ'으로 표기되어 있다. 이들은 각각 '僧[曾開一平登心(蘇增切)《광운》]', '唵[咸開一上感影(烏感切)《광운》]'의 한자음이 이용된 것이다. 여기에서 /saṃ/을 나타내기 위하여 종성이 /-ㅁ/으로 끝나는 /삼/이란 음을 지니는 것들이 꽤 있음에도 불구하고 여기에서 고르지 않고 /-ㅇ/으로 끝나는 '僧'을 고른 것은 [모든 불보살과 불(佛), 법(法), 승(僧)에 귀의합니다.]를 나타내기 위한 목적에 따른 것이다. 이에 따라 범어와는 다르게 이 글자의 한자음 운미의 음에 따라 /-ㅁ/이 아닌 /-ㅇ/으로 나타나게 되었다.

[5] 범어와 수구즉득다라니의 자음 대응표

		순음 (oṣthya)			치음 (dantya)			권설음 (mūrdhanya)			경구개음 (tālavya)			후아음 (kaṇthya)		
		범어	현대	수구	범어	현대	수구	범어	현대	수구	범어	현대	수구	범어	현대	수구
무성	무기	pa	빠	바	ta	따	다/타	ṭa	따	타	ca	짜	자	ka	까	가
	유기	pha	파	바	tha	타	타	ṭha	타	다	cha	차	—	kha	카	카
	무기				sa	싸	사	ṣa	쓰아	사	śa	샤	샤			
유성	무기	ba	바	바/마	da	다	다/나	ḍa	다	나	ja	자	사	ga	가	아
	유기	bha	브하	바	dha	드하	다	ḍha	드하	다	jha	즈하	—	gha	그하	카
														ha	으하/ㅎ하	ㄱ하
	비음	ma	마	마	na	나	나	ṇa	나	나	ña	냐	냐	ṅa	응아	아

[5]에서 볼 수 있듯이 자음 대응표에서 눈에 띄는 것은 비음을 제외한 모든 자음들은 파열음인데 경구개음에서만은 파찰음으로 대응하고

있다는 것이다. 이것은 앞에서 다룬 바와 같이 한역을 하면서 치음의 성모를 이용하여 범어의 경구개음을 표시한 것을 한자음에 따라 읽었기에 생긴 결과라 하겠다. 이에 해당하는 예로는 "cale acale mucale → 左囇 阿左囇 母左囇 → 자:례, :아자:례, ·모자:례", "siñcatume → 阿鼻詵(去)左覩茗 → :아:비 션자:도:명", "ciri ciri → 唧哩唧哩 → ·지:리 지:리" 등을 들 수 있다.¹³

이어서 유성 무기음이 비음 /ㅁ/, /ㄴ/, /ㅇ/ 또는 약마찰음인 /ㅿ/을 이용하여 음이 달린 것이 있다는 점이 눈에 띈다. 따라서 현대화와 관련해서는 이와 관련한 바를 어떻게 이해하고 조정할 것인가가 문제가 된다고 하겠다. "Buddha → 沒馱 → ·몯·다", "mudrā → 母捺囉 → ·모:ㄴ·라", "hṛdaya → 紇哩娜野 → ··흐:리:나:야", "garbhe → 蘗陛 → ·알·볘" 등이 유성 무기음을 비음으로 대응시킨 예이다. 그리고 "jvala → 入ᅀ嚩攞 → :ᄼᅀ·바라", "jita → 吟哆(引) → :ᅀᅵ·다", "rāja → 囉惹(引) → ·라:ᅀᅡ" 등이 유성 무기음을 유성의 약마찰음으로 대응시킨 예가 된다.

여기에서 "garbhe → 蘗陛 → ·알·볘"는 /g/에 'ㅇ'이 대응하는 것처럼 보이지만, '蘗[山開三入薛疑(魚列切)《광운》]'과 같이 의모(疑母)/ŋ-/로 초성이 시작하는 음이다. 이것은 역시 'ㅇ'으로 대응하는 "guṇvati gagariṇi giri giri gamari gamari → 虞拏嚩底 誐誐哩抳 儗哩儗哩 誐麽哩 誐麽哩 → 오·나:바·디, :아:아·리 ·니, 이:리이:리, :아:마:리"에서 '虞

---

13 이곳의 '左'는 '𠂇'의 이체자(異體字)로 후한(後漢)의 허신(許愼)이 지은 『설문해자(說文解字)』에서도 반절(反切)이 則箇切로 되어 있다. 이 반절은 치두음(齒頭音)인 정모(精母)의 성모(聲母)를 지니는 것이다. '唧'도 역시 정모(精母)의 성모(聲母)를 지닌다.

[遇合三平虞疑(遇俱切)《광운》]', '誐[果開一平歌疑(五何切)《광운》]', '儗[止開三上止疑(魚紀切)《광운》 ‖ 止開三去志疑(魚記切)《광운》]'가 모두 의모(疑母)로 초성이 시작하는 것과 똑같다.

따라서 초성의 표기에 'ㅇ'을 쓰지 않게 됨에 따라서 ø나 /ɦ-/를 나타내는 'ㅇ'과 구별이 되지 않는 것이지, 한자음에 관한 지식이 있다면 /ŋ-/을 나타내기 위한 것이었다는 점에서 차이가 있다는 것을 알 수 있다. 그러나 "唯牙之ㅇ(유아지ㅇ) 雖舌根閉喉聲氣出鼻(수설근폐후성기출비) 而其聲與ㅇ 相似(이기성여ㅇ 상사) 故韻書疑與喩多相混用(고운서의여유다상혼용)《훈민정음 해례본》(1446)"에서도 언급하고 있는 바와 같이 이미 당시 한자음에서 초성이 'ㅇ'으로 표시되는 의모(疑母)와 'ㅇ'으로 표시되는 유모(喩母)는 변별되지 않는 경우가 많았다는 점을 생각하여 보면 /ŋ-/>ø의 반영으로 생각해 볼 수도 있다. 그렇지만 『오대진언』이 15세기 후기의 자료로 아직은 /ŋ-/>ø이 다 이루어진 것이라 보기는 어렵다. 따라서 한자음 성모(聲母)에 대한 인식이 있는 사람들에게는 /ŋ-/이 발음되는 것은 충분히 기대할 수 있는 것이다.

이와 같기에 /b/, /d/, /g/는 비음의 성모(聲母)로 한역을 한 공통점이 있다고 하겠다. 이것은 『오대진언』에 실린 수구즉득다라니는 불공(不空)이 한역(漢譯)을 한 것임과 관련지어 살펴야 이해될 수 있을 것으로 보인다. 불공(不空)은 중국인이 아니라 인도에서 온 사람으로 범어의 음운의 구별을 잘 알고 있는 이었기에, 그의 귀에 한어의 유성 장애음인 전탁음(全濁音) 성모(聲母)보다는 비음 성모(聲母)가 [유성성]의 정도에서 범어의 유성 장애음에 더 가깝다고 생각한 것으로 보인다.

불공(不空)이 이렇게 한 데에는 당(唐)나라 때부터 유성 장애음이 무성 장애음으로 바뀌는 현상인 탁음청화(濁音淸化)가 일어나기 시작한 것으로 보이는 것과 관련 지어 생각해 볼 수 있다. 이와 관련하여 이신괴(李新魁, 1993)에서는 탁음청화(濁音淸化)의 싹이 이미 당송(唐宋) 시대에 생겨났다고 보고 있다. 이처럼 탁음청화가 당나라 때부터 생겨났다면 [유성성]을 지닌 자음의 변별에 능숙한 불공(不空)에게는 비음 성모를 이용하는 것이 범어의 유성 장애음의 특성을 잘 살려 한역하는 데에 더 좋다고 판단했을 것으로 생각하여 볼 수 있다.

 이처럼 유성 장애음과 비음이 서로 대체되는 관계에 놓일 수 있음은 일본 한자음의 비음 성모의 오음(吳音)과 한음(漢音)의 양상도 참고가 될 수 있을 듯하다. 일본 한자음을 보면 비음 성모에 해당하는 명모(明母)의 '幕'이 '字幕 jimaku'의 /m-/(오음)과는 달리 '幕府 bakufu'에서는 /b-/(한음)가 되고, 미모(微母)의 '聞'이 '聽聞 choumon'의 /m-/(오음)과는 달리 '新聞 shinbun'에서는 /b-/(한음)가 되고, 니모(泥母)의 '男'이 '三男 sannan'의 /n-/(오음)과는 달리 '男女 danjo'에서는 /d-/(한음)가 되고, 낭모(娘母)의 '匿'이 'nyoku'의 /n-/(오음)과는 달리 'joku'에서는 /d-/>/j-/(한음)가 되는 모습이 보인다. 여기에서 한음은 당(唐)나라 때의 비음의 비비음화(非鼻音化)를 반영한 결과이다. 이것은 유무성의 대립이 명확하고, 유성음의 [유성성]의 정도가 풍부한 언어인 일본어 화자들 귀에 비음의 [비음성] 약화가 뚜렷이 인식된 결과로 해석된다.

 이런 점을 고려하여 유성음을 정확히 식별하는 귀를 지니고 있는 불공(不空)이 한어에서 유성 장애음이 [유성성]을 약화되어 무성화가 진행되어 가는 단계에 있음을 느끼고 이 유성 장애음으로는 범어의 유성 장애음과의 대응을 잘 드러낼 수 없게 되어 [유성성]을 확실히 지니고 있는 비음 성모를 이용하여 표음을 한 것으로 생각해 둘 만한 것이다.

/j/를 /ㅿ/을 이용하여 대응을 시킨 것은 /ㅿ/이 범어의 /j/와 청각적 인상이 유사한 것이었음을 보여 주는 것이라고 하겠다. 이것은 /ㅿ/이 일반적으로는 탈락하여 ø가 되지만 일부 낱말에서 /ㅈ/로 바뀐 것이 있는 것과 연관 지어 보면 충분히 이해가 될 만한 것이라고 하겠다.[14] 또한 기원적으로 /ㅿ/으로 대응하는 일모(日母)의 것들도 [비음성]을 지니고 있는 것이라는 점을 생각하여 보면, /b/, /d/, /g/를 적는 데에 비음 성모를 이용한 것과 공통점을 지닌다.

그리고 [5]의 표에서는 나타나지 않지만 [4]와 관련한 기술에서 다룬 바와 같이 자음군과 관련하여 두 가지 방식의 표기가 이루어졌다. 첫째는 "塞訖哩 ㅅ'리", "瑟抳 시", "瑟普 샏", "瑟耻 찌" 등과 같이 합용병서로 표기되는 방식이다. 둘째는 "jvala → 入^嚩攞 → :슷^:바라", "sattva → 薩怛^嚩 → ·사ᄃ^뱌"와 같이 모음을 삽입하여 표기되는 방식이다. 두 가지 방식의 표기를 어떻게 현대화할 것인가를 고민하는 것이 필요하다.

끝으로 한자음 중 /-t/를 지닌 것들이 "viśuddhe → 尾秫第 → ·미·슌:데"에서는 'ㄷ'으로, "garbhe → 蘖陛 → ·알·베"에서는 'ㄹ'을 나타내는 데에 쓰인 것이 주목되는 바이다. 즉 'ㄷ~ㄹ'의 교체가 보이는 것이다. 이것은 본래 /-t/로 끝나는 한자음이 국어 한자음에서 /-ㄹ/로 나타나는 것과 연관되는 바라 하겠다. 이와 관련한 기술이 『훈민정음 해례본』(1446)의 종성해(終聲解)에서 "且半舌之ㄹ(차반설지ㄹ), 當用於諺(당용어언), 而不可用於文(이불가용어문). 如入聲之彆字(여입성지별

---

14 표준어는 아니지만 방언의 어형에서 '브석'에서 비롯한 어형이 '부직<경상>'과 같이 나타나는 경우가 있다.

자), 終聲當用ㄷ(종성당용ㄷ), 而俗習讀爲ㄹ(이속습독위ㄹ), 盖ㄷ變而爲輕也(개ㄷ변이위경야). 若用ㄹ爲彆之終(약용ㄹ위별지종), 則其聲舒緩(즉기성서완), 不爲入也(불위입야)."¹⁵와 같이 이미 분명히 제시된 바 있다.

[6] 범어와 수구즉득다라니의 반모음 대응표

	순음	치음	권설음	경구개음
범어	va	la	ra	ya
한글	바	을라	라	ㅑ
수구	바/봐/미	라	라	ㅑ

[6]에서 볼 수 있듯이 /v/는 다른 반모음과 비교하여 볼 때 'ㅂ', 'ㅁ', 'ㅸ'을 이용한 다양한 표기 양상이 관찰된다. 따라서 음소와 표기가 일대일 대응 양상을 보이지는 않는다.

가장 먼저 'ㅂ'을 보이는 것은 "veṣarū → 吠灑嚕(引) → :볘사·로", "namaḥ sarva → 曩莫薩嚩(引) → ·나·막·살·바"의 경우를 들 수 있다. 이것은 순경음(脣輕音)=순치음(脣齒音)인 부모(敷母)인 '吠[蟹合三去廢敷(符廢切)《광운》]'과 봉모(奉母)인 '嚩[《해편(海篇)》音縛。呪語]', '縛[宕合三入藥奉(符钁切)《광운》∥果合一去過奉(符臥切)《광운》]'을 이용하여 'ㅂ'에 대응시킨 경우라 할 수 있다.¹⁶

---

15 이것의 현대어 번역은 "또 반설음인 /ㄹ/은, 마땅히 우리말의 종성에만 쓸 것이지, 한자음의 종성에는 쓸 수 없다. 입성의 彆은, 종성은 마땅히 /ㄷ/을 써야 하나, 속습으로 읽어서 /ㄹ/이 되니, 대개 /ㄷ/이 변하여 가볍게 된 것이다. 만약 /ㄹ/을 彆의 종성에 쓰고자 한다면, 그 소리는 퍼지고 완만해지므로, 입성이 되지 않는다."와 같다.

이에 반해서 "jvala → 入^嚩攞 → :스^:바라", "sattva → 薩怛^嚩 → ·사드^바"의 경우는 순경음 봉모(奉母)인 '嚩'을 이용하여 'ㅸ'에 대응시킨 양상도 보인다.

끝으로 "mahāvidyā → 摩賀尾你^也 → :마·하·미:냐"에서와 같이 '尾[止合三上尾微(無匪切)《광운》]'를 써서 /v/를 나타낸 경우도 있다. 이것은 중세 국어 한자음은 'ㅁ̥ㅣ'로 나타나는 순경음 비음 성모인 미모(微母)를 이용하여 /v/를 나타낸 것이다.

이와 같은 양상을 보이는 것은 모두 순경음 성모로 시작하는 한자를 이용하였다는 공통점이 있다. 이런 대응 양상은 범어의 /v/가 순치음의 성격을 지니고 있는 소리였음을 알 수 있게 하는 것이라 하겠다. 이를 나타내는 데에 'ㅂ', 'ㅸ', 'ㅁ'을 이용하여 표기가 이루어진 것은 15세기 국어에서 쓰이던 음소 /ㅂ/, /ㅸ/, /ㅁ/이 특성을 고려하여 판단하여 볼 때 실제 범어의 /v/가 보이던 다양한 음성적 실현 양상을 사실에 가깝게 반영고자 한 결과물로 해석된다.

4. 수구즉득다라니 한글 표기의 현대화 방안의 방향

낙화법의 의궤가 지닌 전통성을 살리기 위해서는 가능하다면 15세

---

16 여기에서 해편(海篇)은 금(金)나라 때에 간행된 자서(字書)인 『해편통회(海篇統匯)』일 것으로 보인다. 명(明)나라 때에는 신종(神宗) 때인 만력(萬曆) 연간(1573-1620)에 『해편(海篇)』은 물론이거니와 『해편직음(海篇直音)』, 『해편심경(海篇心鏡)』, 『해편대전(海篇大全)』과 같이 '해편(海篇)'이란 이름을 지닌 것들이 많이 발간되었다. 오이와모토 고지(大岩本幸次, 1999)에 따르면 약 34종 정도가 있는 것으로 보인다.

기의 표기 느낌이 최대한 살아나도록 하면서도 현대화를 추구하는 것이 요청된다고 하겠다. 따라서 로마자로 표기된 범어를 현대 국어 화자의 시각에서 현용 한글 자모와 어떻게 연결을 할 수 있을까를 고민하여 현대화 방안을 마련하는 것이 아닌, 한역한 것을 한글로 음역한 『오대진언』 내의 수구즉득다라니의 한글 표기를 한글 표기의 역사적 변천 과정을 고려하여 현대화하는 방안을 모색하는 것이 적절함을 보여 준다고 하겠다. 이에 3장에서 살펴본 바를 바탕으로 다음과 같은 방향을 수립하여 볼 수 있다.

첫째, 수구즉득다라니에서는 범어의 /u/를 'ㅜ'로 적지 않고 'ㅗ'로 적은 것이 상당히 많이 보인다. 따라서 이 'ㅗ'는 'ㅜ'로 교정해야 할 필요성이 제기된다. 그렇지만 『오대진언』을 편찬할 때 국어에서는 /ㅗ/와 /ㅜ/는 구별이 되었는데도 굳이 /u/를 'ㅗ'로써 쓴 것은 수구즉득다라니의 염송의 전통과 관련한 이유가 있을 것이다. 따라서 'ㅗ'를 살려 두는 것이 이런 전통을 살리는 것이 된다고 하겠다. 그렇기에 이 경우에는 교정하지 않는다.

둘째, 『오대진언』을 편찬할 때 국어의 /ㅖ/는 단순 모음이 아닌 /əy/였기에 /e/를 나타내고자 'ㅖ'를 써서 당시의 현실에 맞게 표시를 하였다. 그런데 18세기를 지나면서 국어에서 /e/에 대응하는 단순 모음 /ㅔ/[e]가 생겨났다. 따라서 'ㅖ'는 수구즉득다라니에서는 /yəy/=/e/를 겨냥한 것이지만 이것을 현대화 표기에 그대로 쓸 경우에는 /ye/가 되므로 수구즉득다라니에서 취해진 음역의 취지가 훼손된다. 그렇기에 'jayāvahe → 惹野(引)嚩系 → :샤:야:바:혜 → 자야바헤'와 같이 교정을 하여 'ㅔ'로 표시하는 것이 좋겠다.

다만, 'ㅖ'로 적힌 것을 보면 /e/를 적는 용도로 쓰이지 않고 'vāhini

→ 嚩㘁齂(七) → 바혜니'와 같이 '㘁[止開三去至曉(虛器切)《광운》]'에서 보이는 모음 /i/를 적는 용도로 쓰인 경우도 있다. 이 'ㅖ'를 이용하여 적은 '혜'는 실제로 '히'로 적을 수 있는 것임에도 선택된 결과물이다. 따라서 이것은 어떤 예외성을 반영하기 위한 것일 수도 있다. 그렇다면 의도성을 지닌 표기 선택이라고 하겠다. 그러므로 이 경우는 수구즉득다라니의 것을 바꾸지 않고 그대로 따른다.

셋째, 'ㅐ'와 같이 15세기 국어에서는 하향 이중 모음 /ay/였으나 근대 국어 시기를 거치면서 18세기부터는 현대 국어와 마찬가지로 /æ/와 같이 단순 모음화가 된 것들의 경우 'ㅐ'로 표기할 경우에는 한글로 표기한 진언과 음상이 달라지게 된다. 대표적으로 'trailokyā → 怛^賴路枳^也 → 드^래·로:갸'의 경우가 이에 해당하는데, 『오대진언』의 표기 'ㅐ'를 유지하게 되면 [trælokyā]를 적으려 한 것으로 인식될 우려가 있다. 그렇기에 이 경우에는 'ㅏㅣ'로 바꾸어 표시하는 것이 진언 원음의 느낌을 드러내기에 적합하다. 따라서 '드라이로갸'와 같이 현대화를 하도록 한다.

넷째, 유성 장애음을 비음으로 적은 것은 원음이 지닌 [유성성]을 [비음성]을 지닌 성모(聲母)를 이용하여 분명히 표음하기 위한 한역의 결과를 수구즉득다라니를 음사할 때에 그대로 수용한 결과로 보인다. 따라서 이런 의도를 존중하여 교정하지 않기로 한다. 그렇지만 /g/를 적기 위한 용도로 쓰인 'ㆁ'은 疑母를 표시한 것인데, 이것을 그대로 둘 경우에는 '아디아디 아마니'가 'gati gati gamani'가 아닌 'ati ati amani'로 오해될 수도 있게 되므로 'ㄱ'으로 바꾸어 '가디가디 가마니'로 표시한다. 이렇게 함으로써 비음의 성질을 잃게 되는 것은 어쩔 수 없는 것이나 이미 15세기에도 비음의 성질을 잃는 것으로 이해되는 경

우가 많았으므로 원자료의 성질을 훼손하는 현대화 방향으로는 생각되지 않는다.[17]

다섯째, 'ㄹ'은 /l/, /r/을 적는 데에 쓰이고 있는데 이 둘의 구별이 수구즉득다라니에서는 잘 이루어져 있지 않다. 국어에서 [l]과 [r]이 출현하는 것을 기초로 생각하여 보면 'trailokyā → 怛^賴路枳^也 → 드^:래·로:갸', 'sarva → 薩嚩 → ·살·바'는 각각 '드랠로갸', '사르바' 등과 같이 표기될 수 있는 것인데도 그렇게 되어 있지 않다. 이것은 수구즉득다라니에서 이 둘의 구별을 엄격하게 하고 있지 않은 것임을 드러낸다. 이런 표기 사용을 중시하고 현대 국어에서도 이 둘의 구별은 어려운 것이므로 이 둘을 애써 구별하여 표시할 필요는 없다. 따라서 수구즉득다라니에 표기된 것에 따라 적으면 되리라 판단한다.

여섯째, 한자음이나 단일 형태소의 음으로는 존재하지 않지만 결합에 의해 형성된 것인 경우에 음절형이 국어에는 낯선 것이 된다고 하더라도 이것은 그대로 유지한다. 예를 들어 'sarvaduḥkebhyaḥ → 薩嚩 穪契(引)毗^藥 → ·살·바.·눅:켸·뱍'이 경우 '켸'는 'ke'를 나타내기 위한 것으로 '契'를 쓴 것을 음역한 것이므로 '케'로 바꾸면 된다. 그러나 '毗^藥'의 경우 이 둘을 합하여 'bhyaḥ'을 만든 것을 표시하는 것이므로 '뱍'을 유지한다. 곧 반모음 /y/가 들어가 /ㅑ/, /ㅛ/ 등이 만들어진 것은 그대로 유지되어야 마땅하다.

---

17 만일 비음의 성질을 충실히 드러내는 것이 좋겠다 판단한다면 현행 외래어 표기법에 따라 베트남어의 'Nguyên'을 '응우옌'과 같이 표기하는 방법을 생각해 볼 수 있다. 이것은 선행 음절에 중성 /ㅡ/가 앞에 삽입이 된 /-ㅇ/을 놓음으로써 초성에 /ŋ-/이 올 수 없다는 제약을 어기지 않으면서 표기할 수 있는 방법이다. 이렇게 적어 본다면 'gati gati gamani'는 '응아디 응아디 응아마니'와 같이 적게 된다.

일곱째, 진언을 적는 데에 이용된 한자의 음과 관련하여 한자음에서 음운 변화가 이루어진 경우에는 무시하여 반영하지 않는다. 예를 들어 "viśuddhe → 尾秫第 → ·미·슌:뎨"에서 '第'는 구개음화가 이루어져 '뎨>졔>제'가 된 것인데, 여기에서 보이는 /ㄷ/>/ㅈ/의 변화는 고려하지 않고 원래대로 'ㄷ' 표기를 유지하는 것이 이에 해당한다. 이것을 국어 한자음의 변화에 따라서 교정을 하게 되면 범어와의 대응이 깨지게 되므로 적절하지 않다고 판단된다.

여덟째, 지금은 쓰이지 않는 소실된 문자 'ㅿ', 'ㅸ', '·'는 현용 자모로 바꾸어 제시하도록 한다. 'ㅿ'은 /j/를 나타나내는 데에 쓰인 것이므로 이에 가장 잘 어울리는 'ㅈ'으로 바꾸는 것이 적합해 보이고, 'ㅸ'은 /v/를 나타나는 데에 쓰인 것이므로 이에 가장 잘 어울리는 'ㅂ'으로 바꾸는 것이 적합해 보이고, '·'는 자음군에서 삽입 모음으로써 쓰인 것이므로 현대 국어에서 이런 경우에 삽입 모음으로 쓰이는 'ㅡ'로 바꾸어 제시하는 것이 적합해 보인다.

아홉째, 자음군을 적는 데에 쓰인 '녹·쌥·나', '디:쩌다', '··밋·노·나·막' 등의 표기 방식은 현대 국어에서는 통용되지 않는 것이기에 모두 'ㅡ'를 삽입하여 음절의 개수를 늘리는 형식으로 현대화한다. 이에 따라서 '녹스밥나', '디스티나', '미스노나막'과 같이 적도록 한다.

열째, 'ㅈ, ㅊ' 등의 아래에 'ㅛ, ㅑ, ㅠ, ㅕ' 등이 올 경우에는 'ㅗ, ㅏ, ㅜ, ㅓ'로 표기한다. 이것은 경구개음 아래에서 /ㅗ, ㅏ, ㅜ, ㅓ/와 /ㅛ, ㅑ, ㅠ, ㅕ/의 구별이 실질성을 갖지 못하는 것에 따르는 것이다. 이에 따라서 ':뎨:슈:바:보'의 경우는 [tejovapuh]를 적기 위한 것인데, 이를 현대화한 결과물은 '데쥬바보'가 아닌 '데주바보'가 된다.

열한째, 성조를 표시한 방점은 현대화 표기에서는 모두 반영하지 않는다. 이것은 현대 국어 화자가 성조에 대한 인식이 없어서 성조 표시를 하는 것이 실질성이 없어서이다.

5. 맺음말

4장에서 다룬 바와 같은 방향에 따라 현대화가 이루어진 수구즉득다라니 표기의 현대화 결과물을 제시하면 다음과 같다. ①에는 『오대진언』에 제시된 음역문을, ②에는 『오대진언』에 실린 한역문을, ③에는 이선이·강향숙(2021)에서 제시한 범어를 기반으로 한 음역문을, ④에는 본고의 목적이라 할 수 있는 『오대진언』 내 수구즉득다라니 표기의 현대화 결과를, ⑤에는 독자의 이해를 돕기 위한 다라니의 의미를 이선이·강향숙(2021)의 것을 가져와서 제시하였다. ①과 ②에는 『오대진언』 내의 수록 면수를 표시하였다.(<부록> 수구즉득다라니 한글 표기의 현대화 결과문 참조)

참고문헌

1. 단행본

강성용(2019), 『인도 고전어 쌍쓰끄리땀 첫마당 1』, 라싸.
권인한(2009), 『중세한국한자음훈집성(개정판)』, 제이앤씨.
신명희 외(2023), 『통일신라 수구다라니』(2023년 국립경주박물관 학술조사 연구자료집), 국립경주박물관.
오대혁·백창호(2024), 『연등 문화의 역사』, 담앤북스.
이기문(1998), 『국어사 개설(신정판)』, 태학사.
이선이·강향숙(2021), 『불교의례 낙화법의 기원과 형성과정』, 경인문화사.
전순환(2005), 『불경으로 이해하는 산스크리트-신묘장구대다라니 편』, 한국문화사.
_____(2012), 『불경으로 이해하는 산스크리트-반야바라밀다심경 편』, 지식과 교양.
정　광(2024), 『동·서양 언어학사 Ⅰ(제1부 동양의 언어 연구)』, 역락.

2. 논문

고익진(1970), 「범어 한글 표기안-<부 교정 한글 神妙章句大陀羅尼」, 『동국사상』 5, 동국대 불교대학.
김무봉(2011), 「『영험약초언해』 연구」, 『한국어문학연구』 57, 동악어문학회.
문성호(2020), 「한어 중고음과 훈민정음의 음운 연구-粤語·梵語·『東國正韻』 한자음의 음운 대비를 통하여-」, 제주대 박사 논문.
미즈노슌페이(2011), 「범자(梵字)의 한글 음사(音寫)에 대한 고찰-《오대진언(五大眞言)》의 "신묘장구대타라니(神妙章句大陀羅尼)"와 "불정존승타라니(佛頂尊勝陀羅尼)"를 중심으로-」, 『국어학』 62, 국어학회.
변순미(2003), 「楞嚴心呪 悉曇梵字 한글표기에 관하여-望月寺『眞言集』을 중

심으로-」,『불교연구』7, 불교학연구회.

신일승(지정)(2022), 「염불과 진언 만트라의 소리에 관한 연구-소리의 효과와 수행적 의미를 중심으로-」, 동국대 석사 논문.

안병희(1987), 「한글판 〈오대진언〉에 대하여」, 『한글』 195, 한글학회.

_____(2018), 「眞言의 한글 표기법 연구-오대진언(1485)를 중심으로-」, 서울대 박사 논문.

안주호(2002), 「《眞言勸供·三壇施食文 諺解》의 진언표기방식 연구」, 『국어학』 40, 국어학회.

_____(2003가), 「상원사본 오대진언의 표기법 연구」. 『언어학』 11-1, 대한언어학회.

_____(2003나), 「석보상절과 월인석보의 진언표기 연구」, 『한국언어문학』 51, 한국언어문학회.

_____(2004), 「〈오대진언〉에 나타난 표기의 특징 연구」, 『한국어학』 25, 한국어학회.

이태승(2010), 「『진언집』 범자(梵字)한글음역 대응 한자음의 연원과 그 해석」, 『인도철학』 28, 인도철학회.

조준호(2016), 「문화 교류의 초석을 다지다」, 『친디아 플러스(CHINDIA Plus)』 115, 포스코경영연구원.

허용(2009), 「산스크리트어 모음 체계와 모음 산디 규칙에 대한 지배음운론적 해석」, 『이중언어학』 39, 이중언어학회.

토마스 이진스(Thomas Egenes) 저/김성철 역(2015),『산스크리트 입문 Ⅰ』, 씨아이알.

李新魁(1993),「近代漢語全濁音聲母的演變」,『李新魁自選集』, 河南: 大象出版社.

大岩本幸次(1999), 「明代「海篇類」字書群に關する二´三の問題-附：現存海篇類目錄-」,『東北大學中國語學文學論集』4, 東北大學.

小林明美(1981), 「円仁の記述するサンスクリット音節caの音價 : 九世紀日本語音推定の試み」,『大阪外國語大學學報』52, 大阪外國語大學.

〈부록〉 수구즉득다라니 한글 표기의 현대화 결과물

(1) 근본다라니(根本陀羅尼)

① 오대진언 음역: ·몯·다·바:쌈。·살·바·다·타:아·다。·삼:만·다。: ᄉᆞ^:바라, :마라。·미·슌:데。·쏜:리·다。:진다:마·니·모: ᄂᆞ^·라。·흐^:리:나·야。:아바·라。·ᄉᆡ·다, ·다·라·니, :마·하 ᄇᆞ^·라, ·디:사·라。:마·하·미:냐。라:사, :마·하。·다·라·니<33ㄴ-34ㄱ>

② 오대진언 한역: 沒馱婆史^擔 薩嚩(引) 怛他蘗 哆(引) 三滿路(引) 入^嚩攞 磨邏 尾秫第 娑^普哩哆 震哆摩抳 母捺^囉 紇^哩娜 野 阿跛囉吟哆(引) 陁羅尼 摩賀鉢^囉 底娑囉 摩賀尾你^也 囉 惹(引) 摩賀 馱羅尼<33ㄴ-34ㄱ>

③ 이선이·강향숙 음역: 볻다 바쉬땀 사르바따타가따 사만따 즈발라 말라 비슌데 스푸리따 찐따마니 무드라 흐르다야 아빠라 지따 다라니 마하 쁘라띠시라 마하 비드야 라자 마하 다라니

④ **오대진언 음역의 현대화: 몯다바스담 살바다타가다 삼만다 즈바라 마라 미슌데 스보리다 진다마니 모느라 흐리나야 아바라 지다 다라니 마하브라 디사라 마하미냐 라자 마하 다라니**

⑤ 현대어역(이선이·강향숙): 부처님이 말씀하셨다. 일체여래보변광명염만청정치성여의보인심무능승대수구대명왕대다라

니를.

唐開元三朝灌頂國師三蔵沙門 不空奉 詔譯[당 개원 삼조에 관정국사 삼장사문 불공이 받들어 번역하였음을 고합니다]

① 오대진언 음역: ·나·막·살·바。다·타·아다·남, ·나·모<34ㄱ>
② 오대진언 한역: 曩莫薩嚩(引) 怛他(去)誐跢(引)喃(引一) 曩謨 <34ㄱ>
③ 이선이·강향숙 음역: 나마하 사르바 따타가따남 나모
④ **오대진언 음역의 현대화: 나막살바 다타가다남 나모**
⑤ 현대어역(이선이·강향숙): 귀의합니다. 모든 여래들께 귀의합니다.

① 오대진언 음역: ·나·막, 살·바 ·몯·다, ·모·디。사드^바, ·몯·다·달·마。상:켸·뱍,<34ㄱ-ㄴ>
② 오대진언 한역: 曩莫(二入) 薩嚩沒馱(三引) 冒(引)地 薩怛^嚩(引四) 沒馱(引)達磨(引) 僧契毗^藥(五)<34ㄱ-ㄴ>
③ 이선이·강향숙 음역: 나마하 사르바 붇다 보디살뜨바 붇다 다르마 삼게바야하
④ **오대진언 음역의 현대화: 나막 살바 몯다 모디 사드바 몯다달마 상켸뱍**
⑤ 현대어역(이선이·강향숙): 모든 불보살과 불·법·승에게 귀의합니다.

① 오대진언 음역: :옴, ·미:보라。·알·베, ·미:보라。·미:마·례, :ᄼᅡ:야·알·베, :바·ᅀᆞᆺ·라。:ᅀᆞᆺ:바라。·알·베, ·아·디:아·하·니, :아:아·나。·미·슈·다·니, ·살·바·바바。·미·슈·다·니,<34ㄴ-35ㄱ>

② 오대진언 한역: 唵(六) 尾補攞 蘖陛(七) 尾補攞 尾麽噪(八) 惹野蘖陛(引九) 嚩日^囉 入^嚩攞 蘖陛(十) 誐底誐賀顙(一) 誐誐曩 尾戍(引)馱顙(二) 薩嚩播(引)跛 尾秫(引)馱顙(三)<34ㄴ-35ㄱ>

③ 이선이·강향숙 음역: 옴 비뿔라 가르베 비뿔라 비말레 자야 가르베 바즈라 즈발라 가르베 가띠 가하네 가가나비쇼다네 사르바 빠빠 비쇼다네

④ **오대진언 음역의 현대화: 옴 미보라 갈베 미보라 미마레 자야갈베 바즈라 즈바라 갈베 가디가하니 가가나 미슈다니 살바 바바 미슈다니**

⑤ 현대어역(이선이·강향숙): 옴 광대한 태장이여, 광대한 무구여, 승리의 태장이여, 금강 화염 태장이여, 고통을 사라지게 하는 자여, 허공 청정 여존이며, 일체 최장 청정 여존이여

① 오대진언 음역: :옴, ·오·나:바·디, :아:아:리 ·니, 이:리이:리, :아:마:리。:아:마:리, ·악·하·악·하, ·알:아:리, ·알:아:리, :아:아:리。:아:아:리, :암·바:리。:암·바:리,<35ㄱ-ㄴ>

② 오대진언 한역: 唵(引) 虞拏嚩底(四) 誐誐哩扼(五) 儗哩儗哩(六) 誐麽哩 誐麽哩(七) 誐賀虞賀(八) 蘖誐(引)哩 蘖誐(引)哩(九) 誐誐哩 誐誐哩(二十) 儼婆哩 儼婆(去)哩(一)<35ㄱ-ㄴ>

③ 이선이·강향숙 음역: 옴 구나바띠 가가리니 기리 기리 가마리

가마리 가하 가하 갈가리 갈가리 가가리 가가리 감바리 감
바리

④ 오대진언 음역의 현대화: 옴 고나바디 가가리니 기리 기리 가마
리 가마리 각하각하 갈가리 갈가리 가가리 가가리 감바리
감바리

⑤ 현대어역(이선이·강향숙): 옴 공덕을 지닌 자여, 가가리니, 기리,
기리, 가마리, 가마리, 가하, 가하, 갈가리, 갈가리, 가가리,
가가리, 감바리, 감바리

① 오대진언 음역: ·아·디·아·디, :아:마·니。:아:례, ·오·로·오·로, ·
오·로·니 자:례, :아자:례。 모자:례, :ㅿㅏ:예。 ·미:ㅿㅏ:예, ·살·
바·바:야。·미:아:데,<35ㄴ>

② 오대진언 한역: 誐底誐底(二) 誐麽顎 誐嚩(三) 虞嚕虞嚕(四) 虞嚕
抳 左嚩(五) 阿左嚩 母左嚩(六) 惹曳 尾惹曳(七) 薩嚩(引)婆野
尾誐帝(八)<35ㄴ>

③ 이선이·강향숙 음역: 가띠 가띠 가마니 가레 구루 구루 구루니
짤레 아짤레 무짤레 자에 비자에 사르바 바야 비가떼

④ 오대진언 음역의 현대화: 가디가디 가마니 가레 고로고로 고로
니 자레 아자레 모자레 자예 미자예 살바바야 비가데

⑤ 현대어역(이선이·강향숙): 가띠, 가띠, 가마니, 가레, 구루여, 구
루여, 구루니여, 움직이는 자여, 부동자(不動者)여, 무짤라
여, 승리자여, 정복자여, 모든 두려움이 사라지게 하는 자여

① 오대진언 음역: ·알·바。·삼 :바·라·니, :시:리:시·리, ·미:리·미:

리, ·기·리·기·리, ·삼:만·다。·갈사·니, ·살·바·샤드^
로。브^·라。·말:타·니, ·락사·락사。:마:마, ·살 ·바 ·사드^
바。난자, ·미·리·미·리。<36ㄱ-ㄴ>

② 오대진언 한역: 蘖婆 三(去) 婆(上)囉抳(九) 悉哩悉哩(三十) 弭哩
弭哩(一) 歧(去)哩歧哩(二) 三滿路(去) 羯囉^灑抳(三) 薩嚩 設
吡^嚕 鉢^囉 沫他(上引)顊(四) 囉乞^灑囉乞^灑 麼麼(五) 薩
嚩(引)薩怛^嚩(引) 難(去)左(六) 尾哩尾哩<36ㄱ-ㄴ>

③ 이선이·강향숙 음역: 가르바 상바라니 시리 시리 미리 미리 기
리 기리 사만따까르사니 사르바 샤뜨루 쁘라마타니 락샤
락샤 마마 샤르바 삿뜨바남 짜 비리 비리

④ **오대진언 음역의 현대화: 갈바 삼바라니 시리시리 미리미리 기**
리기리 삼만다 갈사니 살바 샤드로 브라 말타니 락사락사
마마 살바 사드바 난자 미리미리

⑤ 현대어역(이선이·강향숙): 태장을 낳는 분이여, 시리 시리, 미리
미리, 기리 기리, 권속들을 끌어당기는 자여, 모든 적을 정
복하는 자여, 저와 모든 중생들을, 보호하소서, 보호하소서,
비리 비리.

① 오대진언 음역: ·미:아·다。·바·라·나, ·바:야。·나·샤·니, ·소:
리·소:리, ·지:리·지·리。·감:마·례。·미:마·례, :사·예。:사·야:
바:혜, :사·야:바·디, ·바·아:바·디, ·라드^·나。:마:구타, ·마
·라·다:리。<36ㄴ-37ㄱ>

② 오대진언 한역: 尾誐路(去引) 嚩囉拏(七) 婆(去)野 曩(引)捨顊(八)
素哩素哩(九) 喞哩喞哩 劍麼隸 尾麼隸(四十) 惹曳 惹野(引)嚩

系(一) 惹野嚩底(二) 婆(去)誐嚩底(三) 囉怛^曩 麽矩吒(四) 麽
邏(引)馱哩(五)<36ㄴ-37ㄱ>

③ 이선이·강향숙 음역: 비가따바라나 바야 나샤니 수리 수리 찌리 찌리 까마레 비마레 자에 자야바헤 자야바띠 바가바띠 라 뜨나 마꾸타 말라 다리

④ **오대진언 음역의 현대화:** 미가다 바라나 바야 나샤니 소리소리 지리지리 감마레 비마레 자예 자야바헤 자야바디 바가바디 라드나 마구타 마라다리

⑤ 현대어역(이선이·강향숙): 장애를 사라지게 하는 자여, 두려움을 사라지게 하는 자여, 수리, 수리, 찌리, 찌리, 연꽃을 지닌 여존이여, 청정한 여존이여, 승리자여, 승리를 지닌 여존이여, 존귀한 자여, 보관과 화환을 지난 여존이여.

① 오대진언 음역: :마:호。 ·미·미·다, ·미·지듣^·라。:베사·로。바·다:리·니, ·바:아:바·디, :마·하。미 ·냐:녜·미, ·락사·락사。:마:마, ·살·바。·사ᄃ^·바。·난자, ·삼:만·다。·살 ·바ᄃ^·라,<37ㄱ-ㄴ>

② 오대진언 한역: 麽護 尾尾馱(六) 尾喞怛^囉 吠灑嚕(引) 跛馱哩抳 (七) 婆(去)誐嚩底(八) 麽賀 尾你^也(引) 祢尾(九) 囉乞^灑囉 乞^灑 麽麽(其甲五十) 薩嚩(引) 薩怛^嚩(引) 難(去)乇(一) 三 (去)滿哆 薩嚩怛^囉(二)<37ㄱ-ㄴ>

③ 이선이·강향숙 음역: 바후 비비다 비찌뜨라 베샤 루빠 다리니 바가바띠 마하 비디야 데비 락샤 락샤 마마 사르바 사뜨바 남 짜 사만따 사르바뜨라

④ 오대진언 음역의 현대화: 마호 미미다 미지드라 베사로 바다리 니 바가바디 마하 미냐네미 락사락사 마마 살바 사드바 난자 삼만다 살바드라

⑤ 현대어역(이선이·강향숙): 많은 다양한 아름다운 형상과 모습을 지닌 여존이여, 존귀한 자여, 대명비(大明妃)여, 저와 모든 중생들을 모든 곳에서, 보호하소서, 보호하소서.

① 오대진언 음역: ·살·바·바바。미·슈·다·니, ·호·로·호·로。낙사 드ᄉ·라, ·마·라。다·리·니, ·락사·락사。맘:마:마, :아·나·타:샤, 드ᄉ·라·나。바·라 :야。나:샤, 바ᄉ:리。모자:야·명, ·살·바。·녹:케·뱍,<37ㄴ-38ㄱ>

② 오대진언 한역: 薩嚩播跛 尾戍(引)馱顢(三) 虎嚕虎嚕 諾(入)乞ᄉ察 怛ᄉ囉(四) 麽邏(引) 馱(引)哩抳(五) 囉乞ᄉ灑囉乞ᄉ灑 牟ᄉ含(引) 麽麽(六) 阿嚢他(引)寫(七) 怛ᄉ囉拏 跛囉野 拏寫(八) 跛哩 謨(去引)尤野(引)銘(九去) 薩嚩 穪契(引)毗ᄉ藥(六十)<37ㄴ-38ㄱ>

③ 이선이·강향숙 음역: 사르바 빠빠 비쇼다니 후루 후루 나ㄲ샤뜨라 말라 다라니 락샤 락샤 맘 마마 아니타스야 뜨라나 빠라야나 빠리모짜야 메 사르바 두개바하

④ 오대진언 음역의 현대화: 살바바바 미슈다니 호로호로 낙사드라 마라 다리니 락사락사 맘마마 아나타샤 드라나 바라야나샤 바리 모자야명 살바 녹케뱍

⑤ 현대어역(이선이·강향숙): 일체 죄장 청정 여존이여, 후루 후루, 진주 목걸이를 지닌 여존이여, 저를 보호하소서, 보호하소서, 저와 보호자가 없는 자에게 궁극의 피난처인 자여, 저

를 모든 고통으로부터 완전히 해방시키소서.

① 오대진언 음역: :잔·니:잔·니｡:잔 ·니·니, :볘:아·바·디, ·살·바·노짜, ·니·바·라·니, ·샤득^·로｡·박사, 브^ ·라｡·말·타·니, ·미:ᅀᅡ:야｡·바·혜·니, ·호·로·호·로, ·모·로·모·로, ·조·로·조·로, ·아·욕｡·바라·니, ·소·라:바·라｡·말·타·니, ·살·바｡·녜:바·다｡ :보·ᅀᅵ:뎨, ·디·리·디·리, ·삼만·다｡:바·로:기:뎨, 브^·라·볘｡브^·라·볘, ·소브^·라·바｡·미·슌:뎨, ·살·바·바바｡·미·슈·다·니,<38ㄱ- 39ㄱ>

② 오대진언 한역: 讚抳讚抳 讚抳顙(一) 吠誐嚩底(二) 薩嚩訥瑟^吒(三) 顙嚩囉抳(四) 設咄^嚕 愽乞^灑(五) 鉢^囉 末他(去引)顙(六) 尾惹野 嚩呬顙(七) 虎嚕虎嚕(八) 母嚕母 嚕(九) 祖嚕祖嚕(七十) 阿(去)欲 播攞顙(一) 素囉嚩囉 末他(引)顙(二) 薩嚩(引) 祢(去)嚩跢(引) 布(引)皆帝(三) 地哩地哩(四) 三滿跢 嚩路(引)枳帝(五) 鉢^囉陛 鉢^囉陛(六) 素鉢^囉婆(去) 尾秫第(七) 薩嚩(引)播跛 尾戍(引)馱顙(八)<38ㄱ-39ㄱ>

③ 이선이·강향숙 음역: 짠디 짠디 짠디니 베가바띠 사르바 두스타 니바라니 샤뜨루 빡샤 쁘라마타니 비자야 바히니 후루 후루 무루 무루 쭈루 쭈루 아유빨라니 수라바라 마타니 사르바 데바따 뿌지떼 디디 디리 사만타아바로끼떼 쁘라베 쁘라베 수쁘라바 비슈데 사르바 빠빠 비쇼다네

④ 오대진언 음역의 현대화: 잔니잔니 잔니니 베가바디 살바도스 다 니바라니 샤드로 박사 브라 말타니 미자야 바헤니 호로 호로 모로모로 조로조로 아욕 바라니 소라바라 말타니 살

바 네바다 보지데 디리디리 삼만다 바로기데 브라베 브라베 소브라바 미슌데 살바바바 미슈다니

⑤ 현대어역(이선이·강향숙): 짠디여, 짠디여, 짠디니여, 베가바띠여, 모든 나쁜 장애와 적을 파괴하는 자여, 승리의 전사자여, 후루 후루 무루 무루 쭈루 생명의 보호자여, 인드라를 파괴하는 여존이여, 모든 신들에게 숭배받는 자여, 디리, 디리 두루 보는 자여, 빛나는 여존이여, 빛나는 여존이여, 아름다운 청정 여존이여, 일체 죄장 청정 여존이여

① 오대진언 음역: ·다·라·다·라。·다·라·니, ·다·라·다:례, ·소·모·소·모, ·로·로자:례, ·자라:야。·노:땀, :보 ·라:야。:명·아·셤, ·싀ᄉ·리:바:보, ·다:난·아·샤:야。:감:마:례, ᄀᄉ·시·니。 ᄀᄉ·시·니, :바·라。네:바·라。ᄂᆢ구:셰,<39ㄱ-ㄴ>

② 오대진언 한역: 馱囉馱囉 馱囉馱抳(九) 馱囉馱囀(八十) 素母素母(一) 嚕嚕左囀(二) 佐攞野 努瑟^鵖(三) 布囉野 茗(引)阿苫(去四) 室^哩嚩補(五) 馱難惹39ㄴ野 劒麼囀(六) 乞^史抧 乞^史抧(七) 嚩囉 祢嚩囉 能矩勢<39ㄱ-ㄴ>

③ 이선이·강향숙 음역: 다라다라 다라니 다라 다레 수무 수무 루루 짤레 짤라야 두스탄뿌라야 메 아샴 슈리바뿌르담 자야 까마레 크시니 바라당꾸세

④ 오대진언 음역의 현대화: 다라다라 다라니 다라다레 소모소모 로로자레 자라야 노스담 보라야 명아셤 스이리바보 다난아 자야 감마레 그시니 그시니 바라 네바라 능구세

⑤ 현대어역(이선이·강향숙): 다라, 다라, 보존하는 여신이여, 다라,

다레. 수무 수무, 루 루, 움직이는 자여, 성공을 움직이게 하라, 나의 소원을 충족시켜라, 아름다운 모습을 한 승리의 연꽃을 지닌 여존이여, ㄲ시니여, ㄲ시니여, 소원의 갈고리를 지닌 여존이여.

① 오대진언 음역: :옴, 바·ᄂ^·마。·미·슈:데。·슈·다:야。·슈·다:야·슈·데, ·바·라·바·라, :비:리:비:리, ·보·로·보·로, ·믕·아라, ·미·슈:데, 바·미。ᄃ^·라·목:케, :칼:이·니。:칼:이·니, ·카·라·카·라,<39ㄴ-40ㄱ>

② 오대진언 한역: 唵(九) 鉢娜^麼 尾秫第 戍馱野 戍馱野秫第(九十去) 婆囉婆囉(一) 鼻哩鼻哩(二) 部嚕部嚕(三) 憎(去) 誐(去)攞 尾秫弟(四) 跛尾 怛^囉穆企(五) 揭儜抳 揭儜抳(六) 佉囉佉囉 (七)<39ㄴ-40ㄱ>

③ 이선이·강향숙 음역: 옴 빠드마비슌데 쇼다야 쇼다야 슌데 바라 바라 비리 비리 부루 부루 망갈라비슌데 빠비뜨라무케 카드기니 카드기니 카라 카라

④ **오대진언 음역의 현대화: 옴 바느마 미슌데 슈다야 슈다야슌데 바라바라 비리비리 보로보로 망가라 미슌데 바미 드라목케 칼기니 칼기니 카라카라**

⑤ 현대어역(이선이·강향숙): 옴 연화 청정 여존이여, 청정해져라, 청정해져라, 청정한 자여, 낳아라, 낳아라, 비리 비리 부루 부루, 청정한 행복을 지닌 여존이여, 신성한 얼굴을 지닌 여존이여, 검을 지닌 여존이여, 검을 지닌 여존이여, 자르는 자여, 자르는 자여.

① 오대진언 음역: :ᅀᆞ^:바ㆍ리다。:시:례, ㆍ삼ㆍ만ㆍ다。브^ㆍ라。:사:리ㆍ
다, :바바, :시:다ㆍ슏ㆍ데, :ᅀᆞ^:바라。:ᅀᆞ^:바라, ㆍ살ㆍ바。:녜:
바ㆍ아:나, ㆍ삼만다。갈사ㆍ니, ㆍ사:댜:바:데, :다ㆍ라:다ㆍ라。ㆍ
다ㆍ라:야ㆍ맘,<40ㄱ-ㄴ>

② 오대진언 한역: 入^嚩里多 始隸(八) 三滿多(引) 鉢^囉 娑(上)哩哆
(引九) 嚩婆(六) 悉多(上)秩弟(一百) 入^嚩攞 入^嚩攞(一) 薩
嚩(引) 祢嚩誐拏(上二) 三(去)麽多(丹) 羯囉^瀰抳(三) 薩底^也
嚩帝(四) 多(上)囉多囉 跢囉野牟^含(五)<40ㄱ-ㄴ>

③ 이선이ㆍ강향숙 음역: 즈바리따 시례, 사만따 쁘라사리따 아바브
하시따 슏데 즈발라 즈발라 사르바 데바 가나 사마까르사
니 사띠야브라떼 따라 따라 따라야 맘

④ **오대진언 음역의 현대화: 즈바리다 시레 삼만다 브라 사리다 바**
바 시다슏데 즈바라 즈바라 살바 네바가나 삼만다 갈사니
사댜바데 다라다라 다라야맘

⑤ 현대어역(이선이ㆍ강향숙): 빛나는 정수리를 지닌 여존이여, 두
루 널리 비추는 청정한 여존이여, 화염이여, 화염이여, 모든
신의 무리를 두루 불러내는 자여, 진실한 서원자여, 구제하
소서, 구제하소서, 저를 구제하소서

① 오대진언 음역: ㆍ나:아。ㆍ미ㆍ로:기:데, 라ㆍ호라ㆍ호, ㆍ호:노ㆍ호:노ㆍ,
ᄀᆞ^:시ㆍ니, ᄀᆞ^:시ㆍ니ㆍ살ㆍ바。ㆍ오^ㆍ라ㆍ하。ㆍ박사ㆍ니, ㆍ빙:아:
리。ㆍ빙:아:리, ㆍ조ㆍ모ㆍ조ㆍ모, ㆍ소ㆍ모ㆍ소ㆍ모, ㆍ조ㆍ미자:례,
다ㆍ라다ㆍ라, ㆍ나 :아。ㆍ미ㆍ로:기ㆍ니, ㆍ다ㆍ라:야。:도ㆍ맘, ㆍ바:
아:바ㆍ디, :아짜:마ㆍ하。:바:예ㆍ뱍,<40ㄴ-41ㄱ>

② 오대진언 한역: 曩(引)誐 尾路(引)枳帝(六) 攞虎攞虎(七) 虎努(鼻) 虎努(八) 乞^史抳 乞^史抳(九)薩嚩 疙^囉賀 薄乞^灑抳(百二) 冰蘖哩 氷蘖哩(一) 祖母祖母(二) 素母素母(三) 祖尾尢嚩(四) 多囉多囉(五) 曩誐 尾路枳顙(六) 跢(引)囉野 覩牟^含(引七) 婆(去)誐嚩底(八) 阿(上)瑟^吒麼賀(引) 婆(上)曳毗^藥(九)<40ㄴ-41ㄱ>

③ 이선이·강향숙 음역: 나가비로끼떼 라후 라후 후누 후누 끄시니 끄시니 사르바 그라하 박샤니 뼁갈리 추무 추무 수무 수무 추무 짤레 따라 따라 나가비로끼니 따라야뚜 맘 바가바띠 아슈따 마하 바예바야하

④ **오대진언 음역의 현대화: 나가 미로기데 라호라호 호노호노 그시니 그시니살바 그라하 박사니 빙가리 빙가리 조모조모 소모모소 조미자레 다라다라 나가 미로기니 다라야 도맘 바가바디 아스다마하 바예뱍**

⑤ 현대어역(이선이·강향숙): 나가비로끼떼여, 라후, 라후, 후누, 훈, 끄시니여, 끄시니여,[18] 모든 행성을 삼키는 자여, 황갈색 여존이여, 황갈색 여존이여, 추무 추무, 수무 수무, 움직이는 자여, 구제하소서, 구제하소서, 나가비로끼니여, 존귀한 자여, 여덟 가지 재난으로부터 저를 구제하소서.

① 오대진언 음역: ·살·바 :ᄂ^·라。·샤:아·라, ·바·련·담, ·바·다

---

18 이 둘은 이선이·강향숙(2021: 154)에는 '크시니여, 크시니여'로 되어 있으나 음역어와 맞추는 것이 좋겠다 생각되어 '끄시니여, 끄시니여'로 바꾸어 제시하였다.

라。:아:아·나。다:람, ·살·바드^·라。 삼:만:데·나, :니·샤。:
만:데·나, :바:슈^·라。 브^·라가·라, :바:슈^·라。바·샤。:
만·다:네·나,<41ㄱ-ㄴ>

② 오대진언 한역: 薩嚩 捺^囉 娑(去)誐囉(二十) 播哩^演擔(引一) 播
跢擺 誐誐曩 怛覽(二) 薩嚩怛^囉 三(去)滿帝曩(三) 你舍 滿弟
曩(四) 嚩日^囉 鉢^囉迦囉(五) 嚩日^囉 播(引)捨 滿馱甯曩
(六)<41ㄱ-ㄴ>

③ 이선이·강향숙 음역: 사무드라 사가라 빠라안땀 빠딸라 가가나
딸람 사르바뜨라 사만떼나 디샤반데나 바즈라쁘라까레 바
즈라 빠샤반드헤나

④ **오대진언 음역의 현대화: 살바 느라 사가라 바련담 바다라 가가
나 다람 살바드라 삼마데나 니샤 만데나 바즈라 브라가라
바즈라 바샤 만다네나**

⑤ 현대어역(이선이·강향숙): 바다와 바다 가장자리에서, 지하와
허공에서, 모든 곳에서, 속박된 지역에서, 금강장벽에서 금
강올가미의 구속에서.

① 오대진언 음역: :바:슈^·라。:슈^:바라。·미·슌:데, ·보:리·보:리,
·알·바:바·디, ·알·바。·미·슈·다·니, ·국:시。·삼:보·라·
니<41ㄴ-42ㄱ>

② 오대진언 한역: 嚩日^囉 入^嚩日^囉 尾秫弟(七) 部哩部哩(八) 蘖
婆(去)嚩底(九) 蘖婆(去) 尾戍馱顊(三十) 鋦乞^史 三布囉抳
(一)<41ㄴ-42ㄱ>

③ 이선이·강향숙 음역: 바브라 즈발라 비슌데 부리 부리 가르바

바띠 가르바비쇼다니 꾹시히 삼뿌라니

④ **오대진언 음역의 현대화**: 바즈라 즈바라 미슏데 보리보리 갈바
바디 갈바 미슈다니 국시 삼보라니

⑤ 현대어역(이선이·강향숙): 금강화염 청정 여존이여, 부리 부리, 태장을 지닌 여존이여, 태장 청정 여존이여, 부유한 여신이여, 아이를 잉태한 분이여

① 대진언 음역: :숩^:바라。:숩^:바라, 자라자라, :숩^:뱌:리·니,
<42ㄱ>

② 오대진언 한역: 入^攞 入^嚩攞(二) 左攞左攞(三) 入^嚩里顎(四)
<42ㄱ>

③ 이선이·강향숙 음역: 즈발라 즈발라 짤라 짤라 즈발리니

④ **오대진언 음역의 현대화**: 즈바라 즈바라 자라자라 즈바리니

⑤ 현대어역(이선이·강향숙): 화염이여, 화염이여, 움직임이여, 움직임이여, 광명을 지닌 여존이여.

① 오대진언 음역: 브^·라。·말사:도。:녜:바, ·삼:만:뎨·나, :니:뮤:
나,:계·나, :아:믁^:리:다。·말사 ·니, :녜:바·다。:바·다·라·
니, :아:비·선자:도:명,<42ㄱ-ㄴ>

② 오대진언 한역: 鉢^囉 韈灑覩 祢嚩(五) 三(去)滿帝曩(六) 儞弭^庾
娜 計(引)曩(七) 阿(上)密^哩多(上) 韈灑抳(八) 祢嚩跢 嚩跢
(引)囉抳(九) 阿鼻 詵(去)左覩茗(四十)<42ㄱ-ㄴ>

③ 이선이·강향숙 음역: 쁘라바르샤뚜 데바사만떼나 디브요다께나
아므르따바르샤니 데바따 다라니 아비신짜뚜 메

④ 오대진언 음역의 현대화: 브라 말사도 네바 삼만데나 니뮤나 게나 아므리다 말사니 네바다 바다라니 아비 션자도명
⑤ 현대어역(이선이·강향숙): 비를 내려라, 시방의 모든 신들과 신의 물로, 불사의 비여, 신성의 다라니여, 저를 관정해 주소서.

① 오대진언 음역: ·소:아다。:바·라。:바자·나, :아:ᄆᆞ^:리다。:바·라。:바:보:새, ·락사·락사。:마:마, ·살·바。·사ᄃᆞ^·뱌。·난자, ·살:바ᄃᆞ^·라。·살·바·나, ·살·바。·바:예·뱍,<42ㄴ-43ㄱ>
② 오대진언 한역: 蘇誐多 嚩囉 嚩左曩(一) 阿密^哩多 嚩囉 嚩補曬(二) 囉乞^灑囉乞^灑 麼麼(三厶甲) 薩嚩(引) 薩怛^嚩(引) 難(去)乞(四) 薩嚩怛^囉 薩嚩娜(去五) 薩嚩(引) 婆(去)曳毗^藥 <42ㄴ-43ㄱ>
③ 이선이·강향숙 음역: 수가따 바라바짜나무르따 바바바뿌세 락샤 락샤 사르바산뜨바난짜 사르바뜨라 사르바다 사르바바예바야하 샤르보뽀드라메바야하 샤르보빠사르게바야하
④ 오대진언 음역의 현대화: 소가다 바라 바자나 아므리다 바라 바보사이 락사락사 마마 살바 사드바 난자 살바드라 살바나 살바 바예박
⑤ 현대어역(이선이·강향숙): 최고로 상서로운 불멸의 말을 지닌 가장 아름다운 여존이여, 저와 모든 중생을, 언제, 어디서나, 모든 공포로부터, 모든 재난으로부터, 모든 불행으로부터, 보호하소서, 보호하소서.

① 오대진언 음역: ·살·모ᇢ·바 :느ᇫ·라ᇰ :볘·뱍, ·살·모ᇢ·바·살·예·뱍,
·살·바ᇰ·노짜·바:야ᇰ 비다·샤, ·살·바ᇰ 가:리가ᇰ·라·하, ·
미·ᅌᆞᆺ·라·하ᇰ·미·바·나, ·녹·쌉·나·놀·니, ·미·다·뭉:
아:랴, ·바바ᇰ·미·나·샤·니,<43ㄱ-ㄴ>

② 오대진언 한역: 薩冒(引) 跋捺^囉 吠毗^藥(七) 薩冒(引) 跋薩藝毗^
藥(八) 薩嚩(引) 訥瑟^吒婆(去)野 鼻怛寫(九) 薩嚩(引) 迦(引)
里迦 邏(引)賀(五十) 尾疙^囉賀 尾嚩娜(一) 穪娑^嚩跛^曩 訥
顬(二) 弭跢(引) 懵誐里^也 播跛 尾曩捨顬(三)<43ㄱ-ㄴ>

③ 이선이·강향숙 음역: 사르바 두스트야비떼바야하 사르바 깔리
깔라하 비그라하 비마다 두흐스바바쁘나 두르니미따 아망
갈야 빠빠 비나사니

④ **오대진언 음역의 현대화: 살모 바느라 베뱍 살모 바살예뱍 살바
노스다바야 비다샤 살바 가리가 라하 미으라하 미바나 녹
스밥나 놀니 미다 망가랴 바바 미나샤니**

⑤ 현대어역(이선이·강향숙): 모든 악, 공포, 두려움으로부터, 모든
불화, 싸움, 다툼, 분열, 논쟁, 악몽, 흉조, 불길함을 사라
지게 하소서, 죄장의 파괴자여.

① 오대진언 음역: ·살·바ᇰ·약사ᇰ·락사:사, ·나:아·니ᇰ·바·라·니,
<43ㄴ>

② 오대진언 한역: 薩嚩 藥乞^灑 囉(引)乞^灑娑(四) 曩(引)誐顬 嚩囉
抳(五)<43ㄴ>

③ 이선이·강향숙 음역: 사르바 약사 락샤사 나가 니바라니

④ **오대진언 음역의 현대화: 살바 약사 락사사 나가니 바라니**

⑤ 현대어역(이선이·강향숙): 모든 야차, 나찰, 용을 막는 자여.

① 오대진언 음역: :사·라·니。:사:례, :마라:마라。:마라:바·디, :사:야:사 :야。:사:야:도·맘, ·살·바득^·라。·살·바·가:람, ·신뎐:도:명, :예·맘:마·하。·미·념,<43ㄴ-44ㄱ>

② 오대진언 한역: 娑(上)囉抳 娑(上)隸(六) 麼攞麼攞 麼攞嚩底(七) 惹野惹野 惹野覩牟^含(引八) 薩嚩怛^囉 薩嚩迦(去)覽(九) 悉鈿覩茗(六十) 目^壹牟^含麼賀(引) 尾伱^琰(引一)<43ㄴ-44ㄱ>

③ 이선이·강향숙 음역: 사라니 사례 발라 발라 발라바띠 자야 자야 자야뚜 맘 사르바뜨라 사르바깔람 시디얀뚜 메 이맘 마하 비드얌

④ **오대진언 음역의 현대화: 사라니 사례 마라 마라 마라바디 자야 자야 자야도맘 살바드라 살바가람 신뎐도명 예맘마하 미념**

⑤ 현대어역(이선이·강향숙): 길을 가는 중에, 대력(大力)이여, 대력이여, 큰 힘을 지닌 자여, 승리자여, 승리자여, 제가 언제 어디서나 승리하게 하쇼서, 제가 이 위대한 주를 성취하게 하소서.

① 오대진언 음역: ·사·다:야。·사·다:야, ·살·바。:만:나라。·사·다니, ·카:다:야。·살 ·바。·미 ·끄^·나,<44ㄱ-ㄴ>

② 오대진언 한역: 娑(去)馱野 娑(去)馱野(二) 薩嚩(引) 滿拏(上)攞 娑馱顊(三) 伽(去)多(上)野 薩嚩 尾觀^曩(引四)<44ㄱ-ㄴ>

③ 이선이·강향숙 음역: 사다야 사다야 사르바 만다라 사다니 기따야 사르바 비그남

④ 오대진언 음역의 현대화: 사댜야 사댜야 샬바 만나라 사다니 카댜야 샬바 미끄나
⑤ 현대어역(이선이·강향숙): 모든 만다라의 성취자여, 성취하게 하소서, 성취하게 하소서, 모든 장애를 파괴하게 하소서.

① 오대진언 음역: :사‧야:사‧야, ‧싣‧뎨‧싣‧뎨。소‧싣‧뎨, ‧싣‧댜‧싣:댜, ‧몯:댜‧몯:댜, :보‧라‧야。:보‧라‧야, :보라‧니。:보라‧니, :보라‧야。:명‧아‧셤,<44ㄴ>
② 오대진언 한역: 惹野惹野(五) 悉弟悉弟 蘇悉弟(六) 悉地^野悉地^野(七) 沒地^野沒地^野(八) 布(引)囉野 布囉野(九) 布攞抳 布攞抳(七十) 布囉野 茗阿(去)啑(去一)<44ㄴ>
③ 이선이·강향숙 음역: 자야 자야 싣데 싣데 수싣데 싣댜야 싣댜야 붇댜야 붇댜야 보댜야 보댜야 뿌라야 뿌라야 뿌라니 뿌라니 뿌라야 메 아샴
④ 오대진언 음역의 현대화: 자야자야 싣데싣데 소싣데 싣댜싣댜 몯댜몯댜 보라야 보라야 보라니 보라니 보라야 명아셤
⑤ 현대어역(이선이·강향숙): 승리자여, 승리자여, 성취자여, 성취자여, 뛰어난 성취자여, 성취하게 하라, 성취하게 하라, 자각하게 하라, 자각하게 하라, 깨어나게 하라, 깨어나게 하라, 충족시켜라, 충족시켜라, 완성의 여신이여, 완성의 여신이여, 나의 소원을 충족시켜라.

① 오대진언 음역: ‧살‧바‧미‧냐。‧디:아‧다。‧몯:뎨, :사‧유다:리, :사:야‧바‧디, ‧디쌰‧디쌰, ‧삼‧마:야。:마노。‧바라:야, 다‧

타:아·다。ㅎ^:리:나:야·슌:데, :먀:바:로。:가 :야·도·맘,<44ㄴ-45ㄱ>

② 오대진언 한역: 薩嚩(引)尾儞^也 地誐多(上) 慕㗚^帝(二) 惹喩多 哩(三) 惹野嚩底(四) 底瑟^吒底瑟^吒(五) 三(去) 麼野 麼努 播 (引)攞野(六) 怛他(去) 蘖多(引) 紇^哩乃野秫弟(七) 弭^也嚩路 (引)迦(上)野覩牟^含(引八)<44ㄴ-45ㄱ>

③ 이선이·강향숙 음역: 사르바 비드야 아디까따 무르떼 자요따리 자야바띠 띠슈따 띠슈따 사마얌 아누빨라야 따타가따 흐르다야 슌데 브랴가로까야뚜 맘

④ **오대진언 음역의 현대화: 살바미냐 디가다 몰데 자유다리 자야 바디 디스다디스다 삼마야 마노 바라야 다타가다 흐리나야 슌데 먀바로 가야도맘**

⑤ 현대어역(이선이·강향숙): 모든 주문에 통달한 화신이여, 최고의 승리자여, 승리를 지닌 여존이여, 머물러라, 머물러라, 서원을 지켜라, 여래의 청정한 심장을 지닌 여존이여, 저를 살펴 보호하소서.

① 오대진언 음역: :아싸:비。:마·햐나·로:·나。:바:예, :사·라:사·라, ㅂ^·라:사 ·라。ㅂ^·라:사·라。·살·바。:바·라:나。미슈·다 니,<45ㄱ-ㄴ>

② 오대진언 한역: 阿瑟^吒鼻 摩賀娜 嚕拏 婆(上)曳(九) 娑(上)囉娑囉 (八十) 鉢^囉娑囉 鉢^囉娑囉(一) 薩嚩嚩囉拏(上) 尾戍馱顎 (二)<45ㄱ-ㄴ>

③ 이선이·강향숙 음역: 야슈따비 마하 다루나 바에바야하 사라 사

라 쁘라사라 쁘라사라 사르바바라니 비쇼다니
④ 오대진언 음역의 현대화: 아스다비 마하나 로나 바예 사라사라 브라사라 브라사라 살바 바라나 미슈다니
⑤ 현대어역(이선이·강향숙): 여덟 가지 혹독한 대재난으로부터, 파괴자여, 파괴자여, 벗어나라, 벗어나라, 일체 장애 청정 여존이여.

① 오대진언 음역: ·삼:만·다。·가·라。:만·나라。·미·슏:데, ·미:아:데。·미:아:데。:미:아:다。:마라。·미:·슈·다 ·니, ᄀ:시·니. ᄀ^:시·니, ·살·바·바바。·미·슏:데, :마라。·미:아:데,<45ㄴ-46ㄱ>
② 오대진언 한역: 三(去)滿跢(引) 迦(去)囉 滿拏攞 尾秫弟(三) 尾誐帝 尾誐帝(四) 尾誐多(上) 麽攞 尾戍(引) 馱顙(五) 乞^史抳 乞^史抳(六) 薩嚩(引)播跛 尾秫弟(七) 麽攞 尾誐帝(八)<45ㄴ-46ㄱ>
③ 이선이·강향숙 음역: 사만따까라 만다라 비슏데 비가떼 비가떼 비가따말라 비쇼다니 끄시니 끄시니 사르바빠빠 비슏데 말라 비가떼
④ 오대진언 음역의 현대화: 삼만다 가라 만나라 미슏데 미가데 미가다 마라 미슈다 니그시니 그시니 살바바바 미슏데 마라 미가데
⑤ 현대어역(이선이·강향숙): 보변만다라 청전 여존이여, 사라지게 하는 자여, 사라지게 하는 자여, 번뇌 소멸 청정 여존이여, 끄시니여, 끄시니여,[19] 일체 죄장 청정 여존이여, 번뇌를 사라지게 하는 자여.

① 오대진언 음역: :뎨〫샤 :바·디, :바〬ᄉᆞ〫·라〫.·바·디, 드〫〫·래·로:갸〫.·디〫.쎠:뎨〫 ᄉᆞ〫·바〫·하〫,·살·바〫 다 타:아:다〫.·모다·나〫.:비·싁:뎨〫 ᄉᆞ〫·바〫·하〫,·살·바 모·디〫·사드〫〫·바〫.:비·싁·뎨〫 ᄉᆞ〫·바〫·하〫,·살·바〫.·녜:바·다〫.:비·싁:뎨〫 ᄉᆞ〫·바〫·하〫, <46ㄱ-ㄴ>

② 오대진언 한역: 帝惹嚩底(九) 嚩日^囉 嚩底(十入) 怛^賴路枳^也 地瑟^恥帝(引) 娑^嚩賀(引一) 薩嚩(引) 怛他(去)誐多(上) 沒駄(引)曩 鼻色訖^帝 娑^嚩賀(引二) 薩嚩冒地 薩怛^嚩 鼻色訖^帝 娑^嚩賀(引三) 薩嚩 祢嚩哆 鼻色訖^帝 娑^嚩(引)賀(引四)<46ㄱ-ㄴ>

③ 이선이·강향숙 음역: 떼자바띠 바즈라바띠 뜨라이로카디슈띠떼 스바하 사르바 따타가따 붇다비식떼 스바하 사르바 보디산 뜨바비식떼 스바하 사르바 데바따비식떼 스바하

④ **오대진언 음역의 현대화: 데자 바디 바즈라 바디 드라이로갸 디스티데 스바하 살바 다타가다 모다나 비스익데 스바하 살바 모디 사드바 비스익데 스바하 살바 네바다 비스익데 스바하**

⑤ 현대어역(이선이·강향숙): 빛을 지닌 자여, 금강을 지닌 자여, 항삼세에 머무는 자여, 스바하, 일체여래불관정(一切如來佛灌頂)에 스바하, 일체존격관정(一切尊格灌頂)에 스바하.

① 오대진언 음역: ·살 ·바〫 다·타:아:다〫 ᄒᆞ〫·리·나:야, ·디〫.쎠다〫.·

---

19 이선이·강향숙(2021: 159)에는 '크시니여'로 되어 있으나 진언의 음역은 'ᄭᅳ시니'로 하고 있기에 이에 맞추어 'ᄭᅳ시니여'로 바꾸어 제시하였다.

흐^:리.나.예。스^·바·하,·살·바·다·타:아·다。·삼마:야。·실:데。스^·바·하,<46ㄴ-47ㄱ>

② 오대진언 한역: 薩嚩 怛他蘖多(上) 紇^哩娜夜 地瑟^恥多 紇^哩乃 曳 娑^嚩賀(引五) 薩嚩(引) 怛他(去)蘖路 三麽野 悉弟 娑^嚩 (引)賀(引六)<46ㄴ-47ㄱ>

③ 이선이·강향숙 음역: 사르바 따타가따 흐르다야디슈띠따 흐라 다에 스바하 사르바 따타가따 사마하 싣데 스바하

④ **오대진언 음역의 현대화: 살바 다타가다흐리나야 디스티다 흐 리나예 스바하 살바 다타가다 삼마야 싣데 스바하**

⑤ 현대어역(이선이·강향숙): 일체여래의 심장에 머무는 심장에 스바하. 모든 여래의 서원 성취에 스바하.

① 오대진언 음역: ·인:ᄂ^:레.·인:ᄂ^·라。·바·디。·인:ᄂ^·라。:먀: 바·로。기:데。스^·바·하, :ᄆ^·라·ᄒ^:명。:ᄆ ^·라·ᄒ^: 마。·뉴·시:데。스^·바·하, ·밋·노·나·막。·셗^:리:데。스^· 바 ·하, :마:혜。·싀^·바·라。:만·니다。:보·싀·다:예。스^· 바·하,<47ㄱ-ㄴ>

② 오대진언 한역: 印捺^隸 印捺^囉 嚩底 印捺^囉 弭^也嚩路 枳帝 娑^嚩賀(引七) 沒^囉賀^銘 沒^囉賀^麽 你^庚乞^史帝 娑^嚩 賀(引八) 尾瑟^努曩莫 塞^乞^哩帝(引) 娑^嚩(引)賀(引九) 麽系 濕^嚩囉 滿你多 布尒路(引)曳 娑^嚩(引)賀(引二百) <47ㄱ-ㄴ>

③ 이선이·강향숙 음역: 인드레 인드라바띠 인드라 브야바로끼떼 스바하 브라흐메 브라흐마디유시떼 스바하 비슈누 나마스

끄르떼 스바하 마헤슈바라 반디따 뿌지따예 스바하
④ 오대진언 음역의 현대화: 인느레 인느라 바디 인느라 먀바로 기데 스바하 므라흐명 므라흐마 뉴시데 스바하 미스노나막 스그리데 스바하 마헤 스이바라 만니다 보지다예 스바하
⑤ 현대어역(이선이·강향숙): 인드라 여존이여, 인드라를 지는 여존이여, 인드라가 보는 여존이여, 스바하. 브라흐마 여존이여, 브라흐마가 머무는 곳에 스바하. 비슈누께 경배하며 스바하. 대자재천께 칭송과 예배하며 스바하.

① 오대진언 음역: :바。슈^ ·라。·다·라。:바。슈^·라。바·니。:마라·미。랴。·디:쩨:데。슈^·봐·하,<47ㄴ>
② 오대진언 한역: 嚩日^囉 馱囉 嚩日^囉 播抳 麽攞尾哩^也 地瑟^耻 帝 娑^嚩(引)賀(引一)<47ㄴ>
③ 이선이·강향숙 음역: 바즈라다라 바즈라빠니 발라 비리야디슈띠떼 스바하.
④ 오대진언 음역의 현대화: 바즈라 다라 바즈라 바니 마라미랴 디스티데 스바하
⑤ 현대어역(이선이·강향숙): 금강을 지닌 금강수여, 대력 용맹에 머무는 자여, 스바하.

① 오대진언 음역: ·드 ^:리:다·라。쓰^·라:야。슈^·봐·하, ·미·로。·다가·야。슈^·봐·하, ·미 ·로。·박사:야。슈^·봐·하。:베·싀^·라[vaiśra]20。:마·나:야。슈^·봐·하, 자·돌 :마·하·라:사·나·막。·싄^:리·다:야。슈^·봐·하,<47ㄴ-48ㄱ>

② 오대진언 한역: 地^哩多(上)囉 瑟^吒^囉野 娑^嚩(引)賀(引二) 尾嚕
茶迦野 娑^嚩(引)賀(引三) 尾嚕 播(引)乞^灑野 娑^嚩(引)賀
(引四) 吠室^囉 麽拏野 娑^嚩(引)賀(引五) 捴咄麽賀 囉惹曩莫
塞^乞^哩跢(引)野 娑^嚩賀(六)<47ㄴ-48ㄱ>

③ 이선이·강향숙 음역: 드르따라슈뜨라야 스바하 비루다까야 스
바하 비루빡샤야 스바하 바이슈라비나야 스바하 짜뚜르 마
하 라자 나마스 끄르따야 스바하

④ **오대진언 음역의 현대화: 드리다라 스드라야 스바하 미로 다가**
야 스바하 미로 박사야 스바하 벼이스이라 마나야 스바하
자돌 마하 라자나막 스그리다야 스바하

⑤ 현대어역(이선이·강향숙): 지국천왕께 스바하. 증장천왕께 스바
하. 광목천왕께 스바하. 다문천왕께 스바하. 사대왕께 경배
하며 스바하.

① 오대진언 음역: :염·마:야。스^·바·하, :염·마。:보:ㅅㅣ다。·나·
막。·싟^:리·다:야。스^·바·하, :바·로:나:야。스^ ·바·하, :
마·로·다:야。스^·바·하, :마·하。:마·로·다:야。스^·바·하, :
아 :ᅌ^·나·예。스^·바·하, ·나:아·미·로。:기·다:야。스^·바·
하,<48ㄱ-ㄴ>

② 오대진언 한역: 琰麽野 娑^嚩賀(七) 琰麽 布吟哆 曩莫 塞^乞^哩
跢野 娑^嚩賀(八) 嚩嚕拏(上引)野 娑^嚩賀(九引) 麽嚕跢野

---

20 이것은 '배식라'의 오기의 가능성이 높다. 만일 그렇다면 현대화를 할 경우는 '비
어이스이라'가 아닌 '바이스이라' 정도로 적을 수 있다.

娑^嚩(引)賀(十引) 麽賀 麽嚕跢野 娑^嚩賀(一引) 阿疙^曩曳 娑^嚩(引)賀(二引) 曩誐尾路 枳跢(引)野 娑^嚩賀(三引) 祢嚩 誐 妳毗^藥 娑^嚩賀(四引)<48ㄱ-ㄴ>

③ 이선이·강향숙 음역: 야마야 스바하 야마뿌지따 나마스끄르따 야 스바하 바루나야 스바하 마루따야 스바하 마하 마루따 야 스바하 아그나에 스바하 나가비로끼따야 스바하

④ **오대진언 음역의 현대화: 염마야 스바하 염마 보지다 나막 스 그리다야 스바하 바로나야 스바하 마로다야 스바하 마하 마로다야 스바하 아그나예 스바하 나가미로 기다야 스바하**

⑤ 현대어역(이선이·강향숙): 야마천께 스바하. 야마께 공양 경배 하며, 스바하. 비루나(水天)께 스바하. 마루따(風天)께 스바 하. 마하 마루따(大風天)께 스바하. 아그니(火天)께 스바하. 나가비로끼따께 스바하.

① 오대진언 음역: :네:바ː아。:네·뱍。스^·바·하, ·나:아ː아。:네·뱍。 스^·바·하, ·약사:아。:네·뱍。스^·바·하, ·락사사:아, :네· 뱍。스^·바·하, :안·달·바ː아。:네·뱍。스^·바 ·하, :아소라: 아。:네·뱍。스^·바·하, :아·로·나:아。:네·뱍。스^·바·하, : 긴 ·나·라:아。:네·뱍。스^·바·하, :마·호·라。:아ː아。:네·뱍。 스^·바·하,<48ㄴ-49ㄴ>

② 오대진언 한역: 曩誐誐 妳毗^藥 娑^嚩賀(五引) 藥乞^灑誐 妳毗^藥 娑^嚩賀(六) 囉乞^灑娑誐 妳毗^藥 娑^嚩賀(七) 巘達嚩誐 妳 毗^藥 娑^嚩賀(八) 阿蘇羅誐 妳毗^藥 娑^嚩賀(九) 誐嚕拏誐 妳 毗^藥 娑^嚩賀(二十) 緊曩囉誐 妳毗^藥 娑^嚩賀(一) 麽護囉 誐

誐 妳毗^藥 娑^嚩賀(二)<48ㄴ-49ㄴ>

③ 이선이·강향숙 음역: 데바가네바야하 스바하 나가가네바야하 스바하 약사가네네바야하 스바하 락샤사가네바야하 스바하 간다르바가네바야하 스바하 아수라가네바야하 스바하 가루다가네바야하 스바하 낀나라가네바야하 스바하 마호라가가네바야하 스바하

④ **오대진언 음역의 현대화: 네바가 네뱌 스바하 나가가 네뱌 스바하 약사가 네뱌 스바하 락사사가 네뱌 스바하 간달바가 네뱌 스바하 아소라가 네뱌 스바하 가로나가 네뱌 스바하 긴나라가 네뱌 스바하 마호라 가가 네뱌 스바하**

⑤ 현대어역(이선이·강향숙): 신중에게 스바하. 나가 무리에게 스바하. 야차 무리에게 스바하. 나찰 무리에게 스바하. 간다르바 무리에게 스바라. 아수라 무리에게 스바하. 가루다 무리에게 스바하. 긴다라 무리에게 스바하. 마호라가 무리에게 스바하.

① 오대진언 음역: :마·노:새·뱍。ᄉ^·봐·하, :아:마·노。:새·뱍。ᄉ^·봐·하, ·살·바:ᅀ^·라。 :혜·뱍。ᄉ^·봐·하, ·살·바。:보:데·뱍。ᄉ^·봐·하, 부^:리:데·뱍。ᄉ^·봐·하, 비·샤:제·뱍。ᄉ^·봐·하, :아밧:마·레·뱍。ᄉ^·봐·하, 구·반:녜 ·뱍。ᄉ^·봐·하,<49ㄴ-50ㄱ>

② 오대진언 한역: 麼努曬毗^藥 娑^嚩賀(三) 阿麼努 曬毗^藥 娑^嚩賀(四) 薩嚩疢^囉 系毗^藥 娑^嚩賀(五) 薩嚩(引) 部帝毗^藥 娑^嚩賀(六) 必^哩帝毗^藥 娑^嚩賀(七) 比舍祭毗^藥 娑^嚩

賀(八) 阿(上)跋娑^麽 嘛毗^藥 娑^嚩賀(九) 矩畔妳毗^藥 娑^嚩賀(三十)<49ㄴ-50ㄱ>

③ 이선이·강향숙 음역: 마누시에바야하 스바하 아마누시에바야하 스바하 사르바그라헤바야하 스바하 사르바 낙샤뜨레바야하 스바하 사르바 부떼바야하 스바하 사르바 쁘데떼바야하 스바하 사르바 삐샤쩨바야하 스바하 사르바 아빠스마레바야하 스바하 사르바 꿈반데바야하 스바하 사르바 뿌따네바야하 스바하 사르바 까따뿌따네바야하 스바하

④ **오대진언 음역의 현대화: 마노사이뱌 스바하 아마노 사이뱌 스바하 살바그라 헤뱌 스바하 살바 보데뱌 스바하 브리데뱌 스바하 비샤제뱌 스바하 아바스마 레뱌 스바하 구반네뱍 스바하**

⑤ 현대어역(이선이·강향숙): 모든 인간을 위하여 스바하. 모든 비인간을 위하여 스바하. 모든 악한 행성을 위하여 스바하. 모든 정령을 위하여 스바하. 모든 아귀를 위하여 스바하. 모든 악귀를 위하여 스바하. 모든 아빠스마라를 위하여 스바하. 모든 꿈반다를 위하여 스바하. 모든 뿌따나를 위하여 스바하. 모든 까따뿌띠나를 위하여 스바하.

① 오대진언 음역: ·옴。·도·로·도·로。ㅅ^·바·하, :옴。:도·로:도·로。ㅅ^·바·하, :옴。·모·로·모·로。ㅅ^·바·하,<50ㄱ>

② 오대진언 한역: 唵(引) 度嚕度嚕 娑^嚩賀(一) 唵(引) 覩嚕覩嚕 娑^嚩賀(二) 唵(引) 母嚕母嚕 娑^嚩賀(三)<50ㄱ>

③ 이선이·강향숙 음역: 옴 두루 두루 스바하 옴 뚜루 뚜루 스바하

옴 무루 무루 스바하

④ 오대진언 음역의 현대화: 옴 도로도로 스바하 옴 도로도로 스바하 옴 모로모로 스바하

⑤ 현대어역(이선이·강향숙): 옴 두루 두루 스바하. 옴 뚜루 뚜루 스바하. 옴 무루 무루 스바하.

① 오대진언 음역: ·하·나·하·나。·살·바。·샤ᄃ^·로 ·남。ᄉ^·바·하,·낙·하·낙·하。·살·바·노·짜。ᄇ^·라。·노·짜·남。ᄉ^·바·하， 바자바자。·살·바ᄇ^·라。·딜·턱가， ᄇ^·라:댜·미。ᄃ^·라·남.:예:마·마。ᄉ^·바·하, :아:혜。:데:시·나,<50ㄱ-ㄴ>

② 오대진언 한역: 賀曩賀曩 薩嚩 設咄^嚕喃 娑^嚩賀(四) 娜賀娜賀 薩嚩訥瑟^吒 鉢^囉 訥瑟^吒(引)喃 娑^嚩賀(五) 跋左跋左 薩嚩鉢^囉 窒剔迦(六) 鉢^囉底^也弭(引) 怛^囉喃(引) 曳麽麽 娑^嚩賀(七) 阿(上)呬(引) 帝(引)史拏(八)<50ㄱ-ㄴ>

③ 이선이·강향숙 음역: 하나 하나 사르바 샤뜨루남 스바하 다하 다하 스바두슈따 쁘라두슈따남 스바하 빠짜 빠짜 사르바 쁘라띠야르티까 쁘라띠 아미뜨람 에바마 스바하 아히떼시 나하

④ 오대진언 음역의 현대화: 하나하나 살바 샤드로남 스바하 낙하 낙하 살바노스다 브라 노스다담 스바하 바자바자 살바브라 딜턱가 브라댜미 드라남 예마마 스바하 아헤 데시나

⑤ 현대어역(이선이·강향숙): 죽여라, 죽여라, 모든 적들을, 스바하. 태워라, 태워라, 자신의 죄와 중죄를. 스바하. 태워라, 태워라. 모든 반대자와 적을, 저에게 이익 되지 않은 것을, 스

바하.

① 오대진언 음역: :뎨·삼。·살:볘·삼。·샤 :리:람, :스^:바라:야。·노
싸, ·짇·다·남。 스^·바·하, :스^:바:리。·다:야。 스^·바·하,
브^·라。스^:바:리。·다:야。 스^·바·하, ·닙·다 :스^:바라 :
야。 스^·바·하, ·삼:만·다。:스^:바·라:야。 스^·바·하, ·마·
니· ·바:느^·라:야。 스^·바·하, ·볼·나 ·바:느^·라:야。 스^·
바·하, :마·하。·가라:야。 스^·바·하, ·마드^:리。:아·나:야。
스^·바·하,<50ㄴ-51ㄴ>

② 오대진언 한역: 帝釤(六) 薩吠釤(引) 設哩﨟(九) 入^嚩攞野 訥瑟^
吒 唧跢喃(引) 娑^嚩賀(四十) 入^嚩里 跢野 娑^嚩賀(一) 鉢^
囉 入^嚩里 跢野 娑^嚩賀(二) 捻跛^跢 入^嚩攞野 娑^嚩賀(三)
三滿哆(引) 入^嚩攞野 娑^嚩賀(四) 麼抳 跋捺^囉野 娑^嚩賀
(五) 布囉^拏 跋捺^囉野 娑^嚩賀(六) 麼賀 迦攞野 娑^嚩賀
(七) 麼(引)底^哩 誐拏野 娑^嚩賀(八)<50ㄴ-51ㄴ>

③ 이선이·강향숙 음역: 떼샴 사르베샴 샤리람 즈발라야 두슈따 찌
따남 스바하 즈발리따야 스바하 쁘라즈발리따야 스바하 딥
따 즈발라야 스바하 사만따 즈발라야 스바하 마니바드라야
스바하 뿌르나바드라야 스바하 마하깔라야 스바하 마뜨르
가나야 스바하

④ 오대진언 음역의 현대화: 데삼 살베삼 샤리람 즈바라야 노스다
짇다남 스바하 즈바리 다야 스바하 브라 즈바리 다야 스바
하 닙다 즈바라야 스바하 삼만다 즈바라야 스바하 마니 바
느라야 스바하 볼나 바느라야 스바하 마하 가라야 스바하

마드리 가나야 스바하

⑤ 현대어역(이선이·강향숙): 그들의 모든 몸과 번뇌와 마음을 태우소서 스바하. 광명에게 스바하. 화염에게 스바하. 빛나는 화염에게 스바하. 보변 화염에게 스바하. 마니바드라에게 스바하. 뿌라나바드라에게 스바하. 마하깔라에게 스바하. 마뜨르가나에게 스바하.

① 오대진언 음역: ·약·시·니·남。ㅅ^·봐·하, ·락사:시·남。ㅅ^·봐·하, ·아·가·샤·마듴^·리·남。ㅅ^·봐·하, ·삼·모·ᄂ^·라。바:시·니·남。ㅅ^·봐·하, ·라듴^·리。자·라·남。ㅅ^·봐·하, :니:바·사·자·라·남。ㅅ^·봐·하, 듴^·리:산:댜·자·라·남。ㅅ^·봐 ·하, :베·라·자·라·남。ㅅ^·봐·하, :아:베·라·자·라·남。ㅅ^·봐·하, ·알·바·하。:례·뱍·ㅅ^·봐·하, ·알·바·:산·다·라·니。ㅅ^·봐·하,<51ㄴ-52ㄴ>

② 오대진언 한역: 藥乞^史抳喃 娑^嚩賀(九) 囉乞^灑枲喃 娑^嚩賀(五十) 阿迦(去)捨 麽(去)底^哩喃 娑^嚩賀(一) 三(去)母捺^囉 嚩枲顙喃 娑^嚩賀(二) 囉(引)底^哩 尢囉喃 娑^嚩賀(三) 伱嚩 娑(上) 尢囉喃 娑^嚩賀(四) 底^哩散地^野 尢囉(引)喃 娑^嚩賀(五) 吠邏 尢囉(引)喃 娑^嚩賀(六) 阿(上)吠邏 尢囉(引)喃 娑^嚩賀(七) 蘗婆賀 嚇毗^藥 娑^嚩賀(八) 蘗婆 散跢囉抳 娑^嚩賀(九)<51ㄴ-52ㄴ>

③ 이선이·강향숙 음역: 약시니남 스바하 락샤시남 스바하 아까샤 마뜨리남 스바하 사무드라 바시니남 스바하 라뜨리짜라남 스바하 디바사짜라남 스바하 뜨리삼다야짜라남 스바하 벨

라짜라남 스바하 아벨라짜라남 스바하 가르바 하레바야하 스바하 가르바 삼다리니 스바하

④ 오대진언 음역의 현대화: 약시니맘 스바하 락사시남 스바하 아가샤 마드리남 스바하 삼모느라 바시남 스바하 라드리 자라남 스바하 니바사 자라남 스바하 드리산댜 자라남 스바하 베라 자라남 스바하 아베라 자라남 스바하 갈바하 레뱌 스바하 갈바 산다리니 스바하

⑤ 현대어역(이선이·강향숙): 야차녀들에게 스바하. 나찰녀들에게 스바하. 허공모들에게 스바하. 바다의 주재자들에게 스바하. 밤의 비행자들에게 스바하. 낮의 비행자들에게 스바하. 삼시의 비행자들에게 스바하. 시간의 비행자들에게 스바하. 비시간의 비행자들에게 스바하. 식태귀(食胎鬼)에게 스바하. 가르바 삼다라니에게 스바하.

① 오대진언 음역: ·호·로 ·호·로。 스ᄼ·바·하, :옴。 스ᄼ·바·하, ·쌕。 스ᄼ·바·하, ·복。 스ᄼ·바·하, :보·박。 스ᄼ·바·하, :옴。 볼:보·박。·쌕。 스ᄼ·바·하,<52ㄴ>

② 오대진언 한역: 護嚕護嚕 娑ᄼ嚩賀(六十) 唵 娑ᄼ嚩賀(一) 娑ᄼ嚩 娑ᄼ嚩賀(二) 僕娑ᄼ嚩賀(三) 部嚩(入) 娑ᄼ嚩賀(四) 唵 部囉ᄼ部嚩(入) 娑ᄼ嚩(入) 娑ᄼ嚩賀(五)<52ㄴ>

③ 이선이·강향숙 음역: 후루 후루 스바하 옴 스바하 스와 스바하 브흐 스바하 브흐바하 스바하 옴 부르 브흐바하 스바하

④ 오대진언 음역의 현대화: 호로호로 스바하 옴 스바하 스박 스바하 복 스바하 보박 스바하 옴 볼보박 스박 스바하

⑤ 현대어역(이선이·강향숙): 후루 후루 스바하. 옴 스바하. 재보어 스바하. 땅이여 스바하. 땅들이여 스바하. 옴 땅과 땅들이여 스바하.

① 오대진언 음역: :지:티 :지:티。스ᄼ·바·하, ·미:티·미:티。스ᄼ·바·하, ·다·라·니。·다·라·니。스ᄼ·바·하, :아:ᅌᆞᄼ·니。예。스ᄼ·바·하, :데:슈:바:보。스ᄼ·바·하,<52ㄴ-53ㄱ>
② 오대진언 한역: 喞置 喞置 娑^嚩賀(六) 尾置尾置 娑^嚩賀(七) 馱囉抳 馱囉抳 娑^嚩賀(八) 阿疼^顎曳(丹) 娑^嚩賀(九) 帝孺嚩補 娑^嚩賀(七十)<52ㄴ-53ㄱ>
③ 이선이·강향숙 음역: 찌띠 찌띠 스바하 비띠 비띠 스바하 다라니히 다라니 스바하 아그니에 스바하 떼조바뿌후 스바하
④ **오대진언 음역의 현대화: 지티 지티 스바하 미티미티 스바하 다라니 다라니 스바하 아그니예 스바하 데주바보 스바하**
⑤ 현대어역(이선이·강향숙): 찌띠 찌띠 스바하. 비띠 비띠 스바하. 다라니히 다라니 스바하. 아그니여 스바하. 아름다운 광명이여 스바하.

① 오대진언 음역: :지·리·지·리。스ᄼ·바·하, :시:리:시:리。스ᄼ·바, ·몯:댜·몯:댜, 스ᄼ·바·하, ·싣·댜·싣 :댜。스ᄼ·바·하,<53ㄱ-ㄴ>
② 오대진언 한역: 喞哩喞哩 娑^嚩賀(一) 悉哩悉哩 娑^嚩賀(二) 沒地^野沒地^野 娑^嚩賀(三) 悉地^野悉地^野 娑^嚩賀(四)<53ㄱ-ㄴ>

③ 이선이·강향숙 음역: 찌리 찌리 스바하 시리 시리 스바하 붇다
야 붇다야 스바하 싣다야 싣다야 스바하
④ **오대진언 음역의 현대화**: 지리지리 스바하 시리시리 스바하 몯
다몯댜 스바하 싣댜싣댜 스바하
⑤ 현대어역(이선이·강향숙): 찌리 찌리 스바하 시리 시리 스바하
깨달아라, 깨달아아, 스바하. 성취하라, 성취하라, 스바하.

① 오대진언 음역: :만:나라。·싣:뎨。ㅅㆍ·바·하, :만:나라。:만:뎨。
ㅅㆍ·바·하, ·시·마。:만·다·니。ㅅㆍ·바·하,<53ㄴ>
② 오대진언 한역: 滿拏攞 悉弟 娑^嚩賀(五) 滿拏(上)攞 滿弟 娑^嚩
賀(六) 枲麽(去) 滿馱顎 娑^嚩賀(七)<53ㄴ>
③ 이선이·강향숙 음역: 만다라 싣데 스바하 만다라 반데 스바하
시마 반데 스바하 시마 만다니 스바하
④ **오대진언 음역의 현대화**: 만나다 싣데 스바하 만나라 만데 스
바하 시마 만다니 스바하
⑤ 현대어역(이선이·강향숙): 만다라 성취에 스바하. 만다라 결합
에 스바하. 결계 결합에 스바하.

① 오대진언 음역: ·살·바。·샤두ㆍ·로·남。ㅅㆍ·바·하, :삼·바:삼·
바。ㅅㆍ·바·하, :쌈:바·야。:쌈:바:야。ㅅㆍ·바·하, ·친:나·친:
나。ㅅㆍ·바·하, ·빈:나·빈:나。ㅅㆍ·바·하, ·반·ᄉᆞ·반·ᄉᆞ。ㅅㆍ·
바·하, :만·다·만·다。ㅅㆍ·바·하, ·모·하:야。·모·하:야。ㅅㆍ·
바·하,<53ㄴ-54ㄱ>
② 오대진언 한역: 薩嚩(引) 設咄^嚕喃 娑^嚩賀(八) 外^日婆外^日婆

娑^嚩賀(九) 娑^膽婆(上)野 娑^膽婆(上)野 娑^嚩賀(八十) 嘌(去)娜嘌娜 娑^嚩賀(一) 枇娜枇娜 娑^嚩賀(二) 畔惹畔惹 娑^嚩賀(三) 滿馱滿馱 娑^嚩賀(四) 謨賀野 謨賀野 娑^嚩賀(五)<53ㄴ-54ㄱ>

③ 이선이·강향숙 음역: 샤르바 샤뜨루남 잠바 잠바 스바하 스땀바야 스땀바야 스바하 친나 친나 스바하 빈나 빈나 스바하 반자 반자 스바하 반다 반다 스바하 모하야 모하야 스바하

④ **오대진언 음역의 현대화: 살바 샤드로남 스바하 잠바잠바 스바하 스담바야 스담바야 스바하 친나친나 스바하 빈나빈나 스바하 반자반자 스바하 만다만다 스바하 모하야 모하야 스바하**

⑤ 현대어역(이선이·강향숙): 모든 원적을 삼켜라 삼켜라 스바하. 멈춰라 멈춰라 스바하. 파괴하라 파괴하라 스바하. 깨뜨려라 깨뜨려라 스바하. 구속하라 구속하라 스바하. 혼란시켜라 혼란시켜라 스바하.

① 오대진언 음역::마·니。미·슌:데, 스^·바·하, ·솔:에·솔:에·솔:야。·미·슌:데。·미·슈·다·니 스^·바·하, :잔:느^:례。·소:잔:느^:례。볼·나。잔:느^:례 스^·바·하,<54ㄱ-ㄴ>

② 오대진언 한역: 麼抳 尾戌弟 娑^嚩賀(六) 素哩^曳素哩^曳 素哩^野 尾秫弟 尾戌馱顙 娑^嚩賀(七) 讚捺^嚟 素讚捺^嚟 布羅^拏 讚捺^嚟 娑^嚩賀(八)<54ㄱ-ㄴ>

③ 이선이·강향숙 음역: 마니 미슌데 스바하 수리에 수리에 수리야 비슌데 비슌데 스바하 짠드레 수짠드레 뿌르나 짠드레 스

바하

④ 오대진언 음역의 현대화: 마니 미슌데 스바하 소레소레 소라 미슌데 미슈다니 스바하 잔느레 소잔느레 볼나 잔느레 스바하

⑤ 현대어역(이선이·강향숙): 마니 청정 여존이여, 스바하. 태양이여, 태양이여, 청청 태양 여존이여, 스바하. 달이여, 아름다운 달이여, 만월이여, 스바하.

① 오대진언 음역: ·으ᄼ·라:혜·뱍 ᄉᆞ·바·하, ·낙사, 드ᄼ·레·뱍。 ᄉᆞ·바·하, :시:볘。ᄉᆞ·바·하, :션·디。ᄉᆞ·바·하, ·썍쌰: 야·니。ᄉᆞ·바·하,<54ㄴ-55ㄱ>

② 오대진언 한역: 疙^囉係毗^藥 娑^嚩賀(九) 諾乞^灑 怛^嘯毗^藥 娑^嚩賀(九十) 始吠 娑^嚩賀(一) 扇底 娑^嚩賀(二) 娑^嚩娑^ 底^也野顙 娑^嚩賀(三)<54ㄴ-55ㄱ>

③ 이선이·강향숙 음역: 그라헤바야하 스바하 낙샤뜨레바야하 스바하 시바이히 스바하 샨띠히 스바하 스바스띠야야니 스바하

④ 오대진언 음역의 현대화: 그라헤뱌 스바하 낙사 드레뱌 스바하 시볘 스바하 션디 스바하 스박스댜야니 스바하

⑤ 현대어역(이선이·강향숙): 일식에 스바하. 성좌에 스바하. 상서로움에 스바하. 평화로움에 스바하. 평화로운 길에 스바하.

① 오대진언 음역: ·시:밤가:리, :션·디가:리, ·봇:티가:리, :마라·말·다·니。ᄉᆞ·바·하, ·싀ᄼ·리가:리。ᄉᆞ·바·하, ·싀ᄼ·리: 야。·말·다·니。ᄉᆞ·바·하, ·싀ᄼ·리:야。:ᅀᆞ:바라·니。ᄉᆞ

바·하, ·나·모 ᄉᆞ·바·하, :마·로:지。ᄉᆞ·바·하, :베:아:바·디。ᄉᆞ·바·하<55ㄱ-ㄴ>

② 오대진언 한역: 始鑁迦哩(四) 扇底迦哩(五) 補瑟^置迦哩(六) 麼擺沫馱顙 娑^嚩賀(七) 室^哩迦哩 娑^嚩賀(八) 室^哩野 沫馱顙 娑^嚩賀(九) 室^哩野 入^嚩擺顙 娑^嚩賀(九) 曩謨 呰 娑^嚩賀(一) 麼嚕呰 娑^嚩賀(二) 吠誐嚩底 娑^嚩賀<55ㄱ-ㄴ>

③ 이선이·강향숙 음역: 시밤 까리 샨띠히 까리 뿌슈띠 까리 마라 마다니히 스바하 슈리 까리 스바하 슈리야 마다니 스바하 알라바르다니 스바하 슈리야 즈발리니 스바하 나무찌 스바하 마루띠 스바하 베가바띠 스바하 베가바디 스바하

④ **오대진언 음역의 현대화: 시밤가리 션디가리 보스티가리 마라 말다니 스바하 스이리가리 스바하 스이리야 말다니 스바하 스이리야 즈바라니 스바하 나모 스바하 마로지 스바하 베가바디 스바하**

⑤ 현대어역(이선이·강향숙): 길조를 성취한 여론이여, 평화를 성취한 여존이여, 번역을 성취한 여존이여, 심을 중장시키는 여존이여, 스바하. 번영을 주는 여존이여, 스바하. 행운을 중장시키는 여존이여, 스바하. 행운 화엽 여존이여, 스바하. 나무찌여 스바하. 마루띠여 스바하. 베가바띠여 스바하.

(2) 일체여래심진언(一切如來心眞言)

① 오대진언 음역: :옴, ·살·바。다·타:아·다·남。·몰·디, ᄇᆞ^·라:바·라。미:아다。·바:야, ·샤 :마:야。ᄉᆞ^:바:명, ·바:아:바

디, ·살·바。·바:볘·뱍, ·쌔·썰, ·바:바·도, ·모·니·모·니。·
미·모·니。·미·모·니, 자:레·자라·니, ·바:야。·미:아·뎨, ·바
:야。·하·라·니, ·모·디·모·디, ·모·다:야·모다야 몯디리
몯·디:리, ·살·바。다·타:아·다, ·ᇹ^:리나야 쇼쎠。 스바하
<55ㄴ-56ㄴ>

② 오대진언 한역: 唵(一) 薩嚩 怛他蘖多喃 沒㗚^底(二) 鉢^囉嚩囉
尾誐多婆野(三) 捨麽野 娑^嚩銘(四) 婆誐嚩底(五) 薩嚩 播閞
毗^藥(六) 沙^嚩娑^底(七) 囉^婆嚩覩(八) 母你母你 尾母你 尾
母你(九) 左嚇 左擺顙(十) 婆(去)野 尾誐帝(一) 婆(去)野 賀囉
抳(二) 冒地冒地(三) 冒馱野 冒馱野(四) 沒地里 沒地哩(五)
薩嚩 怛他蘖多(引六) 紇^哩乃野 足瑟^齒^來 娑^嚩賀<55ㄴ
-56ㄴ>

③ 이선이·강향숙 음역: 옴 사르바따가따남 무르띠 쁘라바라비가
따바야 샤마야 스바얌 바가바띠 사르바빠뻬바야하 스바스
띠르 바바뚜 무니 무니 비무니 비무니 짤레 짤라니 바야비
가떼 바야하라니 보디 보디 보드하야 보드하야 붇디르 붇
디히 사르바따타가따흐르 다야쥬스테 스바하

④ 오대진언 음역의 현대화: 옴 살바 다타가다남 몰디 브라바라 미
가다 바야 샤마야 스바명 바가바디 살바 바볘뱍 스바스딜
바바도 모니모니 미모니 미모니 자레 자라니 바야 미가데
바야 하라니 모디모디 모다야 모다야 몬디리 몬디리 살바
다타가다 흐리나야 조스드이 스바하

⑤ 현대어역(이선이·강향숙): 옴 일체여래들의 화신이여, 공포를
여읜 가장 뛰어난 자여, 존귀한 자여, 저 자신의 모든 죄업

으로부터 안락함이 있게 하소서. 성자여, 성자여, 두 분의 성자여, 두 분의 성자여, 짤라여, 짤라니여, 공포를 여읜 자여, 공포를 제거한 자여, 지혜여, 지혜여, 깨닫게 하라, 깨닫게 하라, 지성이여, 지성이여, 일체여래의 심장(마음)을 기쁘게 하는 자여, 스바하.

(3) 일체여래심인진언(一切如來心印眞言)

① 오대진언 음역: :옴, :바:ᄉᆞ^·라。:바:디, :바:ᄉᆞ^·라。브·라。·디:쎠다。·슌:데, ·살·바·다·타:아다。·모:ᄂᆞ^·라。·디싸·나·디:쎠:데, :마·하。·모:ᄂᆞ^:례。ᄉᆞ^·바·하<57ㄱ>
② 오대진언 한역: 唵 嚩日^囉 嚩底(二) 嚩日^囉 鉢^囉 底瑟^恥多 秫第(三) 薩嚩 怛他誐多 母捺^囉 地瑟^姹曩。地瑟^恥帝(四) 麽賀 母㘑^嚇 娑^嚩賀<57ㄱ>
③ 이선이·강향숙 음역: 옴 바즈라바띠 바즈라 쁘라띠슈티따 슌데 사르바 따타가따 무드라 아디슈따나 디슈띠떼 마하 누나레 스바하
④ **오대진언 음역의 현대화: 옴 바즈라 바디 바즈라 브라 디스티다 슌데 살바 다타가다 모느라 디스다나 디스티데 마하 모느레 스바하**
⑤ 현대어역(이선이·강향숙): 옴 금강을 지닌 자여, 금강을 성취한 자여, 청정함이여, 일체여래인에 머무는 자여, 최상의 존재여, 스바하.

(4) 일체여래관정진언(一切如來灌頂眞言)

① 오대진언 음역: :옴, ·모·니·모·니, ·모·니:바:례, :아:비。:션쟈:도·맘, ·살·바。다·타:아다, ·살·바·미·냐。:비:새:계。:마·하。:바:ᅀᆞ·라가。:바쟈, ·모:ᄂᆞ^·라, ·모:ᄂᆞ^:리:듸 살바 다타아·다。·ᄒᆞ^:리:나:야, ·디:쪄다。:바:ᅀᆞ^:례, ᄉᆞ^·뱌·하<57ㄱ-ㄴ>

② 오대진언 한역: 唵(一) 母䭾母䭾(二) 母䭾嚩隷(三) 阿鼻 詵左覩 牟^含(引四) 薩嚩(引) 怛蘖多(五) 薩嚩尾伱^也 鼻曬罽(六) 麼賀 嚩日^囉迦 嚩左(七) 母捺^囉 母捺^哩帶(八) 薩嚩(引) 怛 他誐多(引) 紇^哩乃野(九) 地瑟^耻多 嚩日^嚇(十) 娑^嚩賀(十一)<57ㄱ-ㄴ>

③ 이선이·강향숙 음역: 옴 무니 무니 무니바레 아비신짠뚜 맘 사르바따타가타 사르바비드야비세까이히 마하바즈라까바짜 무드라무드리따이히 사르바따타가따흐르다야디슈띠따바즈레 스바하

④ **오대진언 음역의 현대화: 옴 모니모니 모니바레 아비 션자도맘 살바 다타가다 살바미냐 비사이거이 마하 바즈라가 바자 모느라 모느리드이 살바 다타가다 흐리나야 디스티다 바즈레 스바하**

⑤ 현대어역(이선이·강향숙): 옴 성자여, 성자여, 최상의 성자여, 일체 여래들은 일체지관정과 대금강갑옷인으로 저를 관정해 주소서. 일체여래의 심장에 확고한 금강이여, 스바하.

(5) 일체여래관정인진언(一切如來灌頂印眞言)

① 오대진언 음역: :옴, :아·ᄆᆞ^·리다。·바·례, :바·라·바·라, ᄇ^·라·바리。·미·슌·뎨, :훔:훔, 바·탁바·탁, 스^·바·하<57ㄴ-58ㄱ>
② 오대진언 한역: 唵(一) 阿密^哩多 嚩隸(二) 嚩囉嚩囉(三) 鉢^囉嚩囉 尾秫弟(四) 吽吽(五) 發吒發吒(六) 娑^嚩賀<57ㄴ-58ㄱ>
③ 이선이·강향숙 음역: 옴 아므리따바레 바라 바라 쁘라바라 비슌데 훔 훔 팟 팟 스바하
④ **오대진언 음역의 현대화: 옴 아므리다 바레 바라바라 브라바리 미슌데 훔훔 바탁바탁 스바하**
⑤ 현대어역(이선이·강향숙): 옴 최상의 감로여, 최상이여, 최상이여, 최상 청정 여존이여, 훔 훔 팟 팟 스바하.

(6) 일체여래결계진언(一切如來結界眞言)

① 오대진언 음역: :옴, :아·ᄆᆞ^·리다。·미:로:기·니, ·알바 싱락사니, 아·갈사·니, :훔:훔, 바·탁바·탁, 스^·바·하<58ㄱ-ㄴ>
② 오대진언 한역: 唵(一) 阿密^哩多 尾路枳顎(二) 蘖婆 僧囉乞^灑抳 (三) 阿羯灑抳(四) 吽吽(五) 發吒發吒 娑^嚩賀(七)<58ㄱ-ㄴ>
③ 이선이·강향숙 음역: 옴 마르리따비로끼니 가르바삼락사니 아깔시니 훔 훔 팟 팟 스바하
④ **오대진언 음역의 현대화: 옴 아므리다 미로기니 갈바 싱락사니 아갈사니 훔훔 바탁바탁 스바하**
⑤ 현대어역(이선이·강향숙): 옴 아므리따비로끼니여, 태장을 모두

보호하는 자여, 끌어당기는 자여, 훔 훔 팟 팟 스바하.

(7) 일체여래중심진언(一切如來心中心眞言)

① 오대진언 음역: :옴, ·미:마:례, :ᄉᆞ:야:바:례, :아:ᄆᆞ^:리:뎨, :훔:훔。:훔:훔, 바·탁바·탁。바·탁바·탁, ᄉ^·바·하<58ㄴ>
② 오대진언 한역: 唵(一) 尾麽黎(二) 惹野嚩嚇(三) 阿蜜^哩帝(四) 吽吽 吽吽(五) 發吒發吒 發吒發吒(六) 娑^嚩賀<58ㄴ>
③ 이선이·강향숙 음역: 옴 비마레 자야바레 아므리떼 훔 훔 훔 훔 팟 팟 팟 팟 스바하
④ **오대진언 음역의 현대화: 옴 미마레 자야바레 아므리데 훔훔 훔 훔 바탁바탁 바탁바탁 스바하**
⑤ 현대어역(이선이·강향숙): 옴 무구(無垢)여, 최상의 승리자여, 불사여, 훔 훔 훔 훔 팟 팟 팟 팟 스바하.

(8) 일체여래수심진언(一切如來隨心眞言)

① 오대진언 음역: :옴, ·바·라·바·라, ·삼·바·라。·삼·바·라, ·인:ᄂᆞ^·리:야。·미·슈·다·니, :훔:훔, ·로·로자:례, ᄉ^·바·하<59ㄱ>
② 오대진언 한역: 唵(一) 跛囉跛囉(二) 三婆囉 三婆囉(三) 印捺^哩野 尾戍䭾顎(四) 吽吽(五) 嚕嚕𠰏黎(六) 娑^嚩賀(七)<59ㄱ>
③ 이선이·강향숙 음역: 옴 바라 바라 삼바라 인드리야비쇼다니 훔 훔 루 루 짤레 스바하

④ 오대진언 음역의 현대화: 옴 바라바라 삼바라 삼바라 인느리야 미슈다니 훔훔 로로자레 스바하

⑤ 현대어역(이선이·강향숙): 옴 낳는 분이여, 낳는 분이여, 함께 낳는 분이여, 감각 청정 여존이여, 훔 훔 루 루 짤라여, 스바하.

제5장 『오대진언집』 '영험약초'의 서사 재편과 수구다라니 신앙

오대혁 동국대학교

1. 머리말
2. 『오대진언집』의 구성과 저경(底經)
3. '영험약초'의 서사 재편 양상
4. '영험약초'의 서사적 특징과 수구즉득다라니
5. 맺음말
   〈참고문헌〉

요약문

『오대진언집(五大眞言集)』은 한국 밀교의 특성을 고스란히 보여주는 매우 흥미로운 경전이다. 이 경전은 한국의 밀교 전통을 바탕으로 중요 진언들과 영험 설화들을 일정한 기준에 따라 재편한 것이다. 『오대진언집』은 밀교 의례를 위해 계청(啓請)과 다라니[眞言]를 짝으로 하여 5종의 진언을 제시하고, 그 다라니들의 영험을 4종류의 설화로 엮은 '영험약초(靈驗略抄)'가 합철된 것이다. 첫 번째 다라니는 사십이수진언으로 신밀(身密)·구밀(口密)·의밀(意密)의 삼밀(三密)을 모두 갖춘 것으로 맨 앞에 배치되었고, 계청과 다라니가 짝을 이룬 신묘장구대다라니

(神妙長句大陀羅尼), 수구다라니(隨求陀羅尼), 대불정다라니(大佛頂陀羅尼), 불정존승다라니(佛頂尊勝陀羅尼)가 순서대로 배치되었다. 이 다라니들은 출세간과 세간에서 깨달음을 얻고, 재앙을 제거하기 위한 최고의 수단으로 여겨졌으며, 왕실과 민간에서 밀교 의례 행위에 널리 이용되었다.

『오대진언집』의 '영험약초'는 '경운(經云)'이라 하며 네 개의 경전을 언급하고, 네 종류의 설화들을 이야기하고 있다. 처음에 배치된 〈천수천안관세음보살 연기 설화〉는 일종의 불보살 연기설화 형식을 띠면서 대비심주를 지송한 덕분에 천수천안관세음보살이 되어 중생을 구제한다는 것을 서사의 핵심으로 삼은 설화이다. 두 번째 제시된 수구즉득다라니의 영험 설화인 〈구박 바라문 영험 설화〉는 중죄자가 아비지옥에 떨어지더라도 수구즉득다라니 한 글자라도 해골에 닿으면 죄를 멸하고 극락왕생함을 서사의 핵심으로 삼으면서, 수구즉득다라니의 영험성을 극대화하고 있다. 그리고 수구즉득다라니의 또 다른 영험으로 제시된 〈죄수의 생명 구제 영험 설화〉는 출전이 되는 경전 속 8편 설화 가운데 선택된 설화라는 특이점을 갖는 작품이다. 『오대진언집』의 편찬자는 신성하고 고귀한 신분의 존재를 주인공으로 선택하지 않고 목숨이 경각에 달린 죄수를 선택하여 최악의 상황에서도 수구즉득다라니만 지니면 고난에서 벗어날 수 있다는 메시지를 강하게 전달하려 했다. 세 번째로 제시된 〈대불정다라니 영험 설화〉는 세간과 출세간의 일체 존재가 대불정다라니를 외우거나 사경, 소지하면 재난에서 벗어나고, 성불할 수 있음을 핵심 서사로 삼고 있다. 네 번째로 배치된 〈선주 천자 영험 설화〉는 삼십삼천 천상의 존재가 축생도, 지옥, 장애를 갖는 인간으로 살아야 함을 말하여 사후에 악도 윤회하는 고통에서 벗어나려면 불정존승다라니가 영험하다는 것을 서사의 핵심으로 삼았다.

이 설화들은 편찬자의 일정한 의도를 반영된 것이다. 보살, 승려, 사형수, 불보살과 중생, 삼십삼천의 천자 등의 인물이 불계(佛界), 출세간계(出世間界), 지하계(地下界), 죄를 짓고 사형수가 등장하는 인간계, 제석이 다스리는 천계(天界) 등 불교에서 상상할 수 있는 공간을 일정하게 안배하고 있다. 기존의 설화를 어떻게 배치해야 불교 신앙인들의 신심을 불러일으킬 수 있는지 깊이 고려한 편집이다. 전체적으로 '영험약초' 설화들은 독자의 '절실(切實)한 심정'에 호소하면서 밀교 진언의 영험성을 드러내고자 한 작품들이라 보는 것이 적절할 것이다.

필자는 '영험약초'에서 2편의 설화를 제시하면서 다라니의 중요성을 직접적으로 드러내고 있는 수구즉득다라니에 주목했다. 밀교의 역사에서 한국에 가장 영향력이 컸던 불공(不空)은 수구다라니와 대불정다라니를 강조하였다. 그리고 수구다라니와 짚신 한 켤레를 갖추어서 시신 근처에 두어야 한다는 『인연시왕경(因緣十王經)』의 기록은 수구다라니에 대한 신앙이 오랜 기간 중국과 한국의 불교계에 이어져 왔음을 확인할 수 있게 한다. 우리나라에서 수구다라니는 『삼국유사』의 보천(寶川)태자 설화와 의상의 『투사례』에도 나타난다. 조선시대까지 수구다라니를 합(盒)이나 탑 등에 넣어 시신과 함께 매장하는 풍습이 있었고, 목판으로 인쇄하여 유통하기도 했다. 그리고 영평사본 『오대진언집』 묵서에서 발견되는 '낙화법'은 수구다라니와 관련된 밀교 의례이며, 민간의 '낙화놀이' 역시 이 낙화법(落火法)에 기반을 둔 것으로 추정된다.

1. 머리말

한국 불교에서 밀교는 고려시대까지 전해지다가 조선시대 들어 사라져 버릴 위기에 내몰렸다. 세조를 제외하고 태종 때부터 모든 임금이 불교를 배척하고 사찰이나 사찰 토지를 몰수했다. 태종 17년(1417)에는 진언을 담은 경전이나 밀교 관계 서적을 불살라버리게 했다. 고려시대 밀교 종파인 신인종(神印宗)과 총지종(摠持宗)은 조선 초에 선교 양종에 통폐합되면서 독립된 종단 자체가 보이지 않는다. 이런 이유로 밀교가 종적을 감춘 것처럼 보였지만, 실제 밀교는 선교 양종과 회통하는 과정을 거치며 내면화하였다.[1] 중종 이후 강력한 억불정책에 따라 수륙재(水陸齋)로 대표되는 국가 공식의 밀교 의례는 민중의 품으로 스며들었다.[2] 밀교는 실제 왕실 여인들을 중심으로 하여 현세 기복적이며 주술적인 의례로 지속되었고, 관련된 의례집들이 계속 간행·유포되었다. 교학의 부진 상태에서 불교의 이념보다는 신앙 실천 지향성이 강해지면서 밀교가 민중화되어 갔던 것이다.『오대진언(五大眞言)』에 포함되어 현재까지도 불교 의례로 독송되는 천수대다라니(千手大陀羅尼)는 밀교 민중화의 살아 있는 증거이다. 또한 위없는 주문이며 무엇과도 견줄 수 없는 주문이라는 반야바라밀다주(般若波羅蜜多呪)를 담은『반야심경(般若心經)』도 한국 밀교의 민중화에 기반을 두

---

[1] 정태혁(1981),「한국불교의 밀교적 성격에 대한 고찰」,『불교학보』제18집, 동국대 불교문화연구원, pp.50-54.
[2] 한성자(2024),「실록을 통해 본 조선왕조의 불교관: 밀교 의례를 중심으로」,『불교학밀교학연구』제5권, 한국밀교학회, p.153.

고 이어져 온 것이라 할 수 있다.

　조선시대 간행되어 유포된 진언집류인 『오대진언집』은 중국에서 밀교 승려인 불공(不空, 705-774)에 의해 한역된 수구즉득다라니(隨求卽得陁羅尼), 대불정다라니(大佛頂陀羅尼) 등 여러 다라니를 활용하여 새로운 형식으로 간행한 문헌으로, 한국 밀교의 전통과 특징을 잘 드러내 준다. 이러한 이유로 『오대진언집』은 불교학과 밀교학 연구의 중요한 대상이 되어왔다. 물론, 실담(悉曇)·정음·한자 표기로 진언(眞言)을 기록하고 있는 까닭에 국어학에서도 중요한 연구 대상으로 다루어왔다. 『오대진언집』이나 천수다라니 신앙을 대상으로 한 연구는 매우 다양하다.[3] 그러나 안타깝게도 한국문학 연구자들은 『오대진언집』에 대해 별다른 관심을 두지 않았다. 『오대진언집』에 합철되어 있는 '영험약초(靈驗略抄)' 설화들이 한국에서 창작된 작품이 아니며, 불교 영험의 단순한 서술이라는 인식, 밀교에 대한 이해 부족 등으로 접근을

---

[3] 관련 논문이 적지 않다. 그 가운데 몇 편의 논문들을 들어보면 다음과 같다.
安秉禧(1987), 「한글판 五大眞言에 대하여」, 『국어국문학』 95집, 국어국문학회.
남경란(1999), 「『五大眞言』靈驗略抄의 국어학적 연구」, 『韓國傳統文化硏究』 13집, 대구가톨릭대학교 인문과학연구소.
안주호(2004), 「<오대진언>에 나타난 표기의 특징 연구-성암본과 상원사본을 중심으로」, 『한국어학』 25, 한국어학회.
김무봉(2011), 「『영험약초언해(靈驗略抄諺解)』 연구」, 『동악어문학』 57집, 동악어문학회.
강대현(2013), 「『오대진언(五大眞言)』에 나타난 사십이수인(四十二手印)에 관한 연구」, 『밀교학보』 14집, 밀교문화연구원.
김수아(2016), 「왕실발원판 『오대진언집』과 관음신앙의 형성」, 『문학과 종교』 21(1)집, 한국문학과종교학회.
문상련(정각)·김연미(2021), 「관음(觀音) 42수주(手呪) 및 『오대진언』의 성립과 전개」, 『불교미술사학』 제31집, 불교미술사학회.
이선이·강향숙(2021), 『불교의례 낙화법(落火法)의 기원과 형성과정』, 경인문화사.

꺼렸을 것이다.

그런데 『오대진언집』의 '영험약초' 설화들은 밀교 다라니의 영험을 설하기 위해 천수천안관자재보살의 탄생을 이야기하는 불보살 연기 설화, 아비지옥에 떨어진 중죄인의 극락왕생담, 다라니를 소지한 사형수가 목숨을 부지하고 귀인이 되었다는 영험 설화 등 불교 설화의 전형적인 서사 형태를 담아내고 있다. 불교 설화의 중요한 서사적 특징들은 당대 사부대중의 의식에 영향을 끼쳤으며, 한국의 불교 설화의 양식화(stylization)나 문학적 관습(convention)에도 적잖은 영향을 끼쳤을 것이다. 이러한 점을 고려하여 『오대진언집』의 구성 형태, '영험약초' 설화의 서사 변화 등을 살필 필요가 있다.

이 글은 한국불교의 밀교적 특성을 잘 드러내며 당대의 언어 속에 들어있는 사상과 언어 의식을 잘 반영하고 있는 『오대진언집』을 분석하고 있다. 먼저 『오대진언집』의 구성과 저경(底經)을 밝힌다. 어떠한 원리를 기반으로 다섯 진언이 하나의 밀교 의례집으로 엮이고 있는지 그 구성을 들여다보고, 그렇게 새로운 형태를 띠고 있는 『오대진언집』이 실제 바탕으로 삼은 경전들이 무엇인지를 살핀다. 다음으로 『오대진언집』에 합철된 '영험약초' 설화의 구조와 서사적 특징을 살피고 있다. '영험약초'의 설화들이 앞서 제시한 '오대진언'의 순서에 맞춰 네 유형의 설화들을 제시하되, 그 설화들이 어떤 유기적 관계 속에 서사화되었는지를 밝힌다. 그리고 그 설화들이 보여주는 불교 신앙적 특성과 '수구즉즉다라니'에 대한 신앙도 들여다본다.

2. 『오대진언집』의 구성과 저경(底經)

1) 『오대진언집』의 편찬 의도

'영험약초'는 조선시대 발간되어 전해진 『오대진언집』에 합철된 불교 영험 설화집이다. 지금까지 조사된 『오대진언집』의 판본 대부분은 인수대비(仁粹大妃, 1437-1504)가 발원하고 학조(學祖, 1431-1514)가 쓴 발문이 붙은 왕실본 『오대진언집』(1485)을 저본으로 한 것으로 파악된다.[4] 1346년 9월에 조성된 서산 문수사 금동여래좌상 복장유물 중에 낱장 기록을 통해 『오대진언집』의 형성 흔적이 보이지만[5] 온전한 『오대진언집』의 형태를 취한 것은 이 왕실본 『오대진언집』이 처음

---

[4] 『오대진언집』의 판본 현황에 대한 자세한 해설은 정왕근(2021), 「수기(手記) 낙화법과 『오대진언집(五大眞言集)』」(『불교의례 낙화법의 기원과 형성과정』, 경인문화사, pp.114-128.)에 나와 있다. 그는 조선시대 간행된 『오대진언집』의 판본 계통을 ① 한글이 없이 실담(悉曇)·한문본으로 구성하여 간행한 1484년 원통암본, ② 실담·한문·한글본으로 1485년 인수대비의 발원으로 간행된 왕실본 등으로 나누고 있다. 이전 논의 가운데 우진웅(2011), 「한국 밀교경전의 판화본에 관한 연구」(경북대 박사학위논문, pp.125-135.)는 『오대진언』의 판본과 수록된 판화의 고찰을 통해 "五大眞言은 圓通菴版(1484)을 제외하고는 모두 仁粹大妃 發願版(1485)을 底本으로 하는 飜刻本 계통이다."라는 결론을 내렸다.

[5] 문상련(정각)·김연미(2021)는 「관음(觀音) 42수주(手呪) 및 『오대진언』의 성립과 전개」(『불교미술사학』 제31집, 불교미술사학회.)에서 고려 충목왕(忠穆王) 당시 1346년 9월에 조성된 서산 문수사 금동여래좌상 복장유물 중 낱장의 「진언, 다라니」에 범자로 쓴 수주(手呪)와 수인도가 있는 5종의 진언, '五大'라고 쓰인 판심제(板心題), '五'라는 면수가 판각된 것을 바탕으로 『오대진언』이 이때 이미 성립되었을 것이라 주장한다. 이후에 조선 초인 1476년 42수주를 한글로 번역한 언해본 『천수천안관자재보살광대원만무애대비심다라니』의 수인도, 그리고 1484년 팔공산 원통암(圓通庵)에서 중간된 『오대진언합부(五大眞言合部)』, 1485년 왕실본 『오대진언집』의 수인도와 거의 일치하고 있음을 밝혔다.

이다.

'영험약초'가 『오대진언집』과 분리되어 '언해본 형태로 독립 발간되기도 했지만, 애초에 『오대진언집』을 찬술할 때 이 '영험약초'를 포함하고 있었던 것으로 추정된다.[6] 왜냐하면 '영험약초'가 분리되어 전하는, 풍기 철암에서 간행된 『영험약초언해(靈驗略抄諺解)』(1550)만 보더라도 판심(版心) 서명이 『오대진언집』과 같이 '오대(五大)'라고 쓰여 있고[7], 『오대진언집』에서 다루어지는 다라니의 영험 설화들이 약초(略抄)되어 있기 때문이다.

먼저, 정본이라 할 왕실본에 있는 학조의 발문을 통해 『오대진언집』의 편찬 의도를 살펴보자.

우리 인수왕대비(仁粹王大妃) 전하께서는 세상의 도(道)가 야박하게 되고, 시류(時流)가 급박하게 되는 것을 민망하게 여기시고 이러한 시절에 절실히 필요하고 사람들을 이롭게 하는 것으로 오대진언(五大眞言)만 한 것이 없다고 여기셨습니다. 선정(禪定)에 전념할 필요도 없고, (경전의) 의미[義理]를 탐구함도 없이, 다만 수지 독송하는 것만으로도 경전을 한 번 독송하는 것과 같은 복덕을 성취하게 되니, 말세(末世)에 사람들을 이익 되게 하는 것 가운데 이보다 더 좋은 가르침

---

6 언해본은 『오대진언집』에서 '영험약초'만을 떼어내 한문 원문과 언해문을 함께 묶어 단행본의 복각본 형태를 취한 것, 언해문 부분만 묶어 단행본으로 복각된 것이 존재한다. 언해문만을 제시한 경우는 '嘉靖二十九年庚戌四月日慶尙道豊基地小伯山哲菴開板(성종 21년(1550년) 4월 일 경상도 풍기지 소백산 철암에서 판각본을 내다.)'이라는 간기를 붙인 소백산(小伯山) 철암(哲菴) 판본이 존재한다(동국대 소장). (김무봉(2011), 「『영험약초언해(靈驗略抄諺解)』 연구」 『한국어문학연구』 제57집, 동악어문학회, p.10.)
7 안병희(1979), 「中世語의 한글 資料에 대한 綜合的 考察」 『규장각』 제3집, pp.128-129.

은 없다고 하셨습니다. 그러나 이 경전은 범어나 한문의 기이한 문자로 되어 있어서 읽는 이들이 어려움을 겪어 왔습니다. 이에 당본(唐本) 주석서를 구해 언해(諺解)를 첨가하여 거듭 인간(印刊)을 하고, 백성들이 널리 베풀어 외우고 익히기에 편리하게 하였습니다. 영리하고 어리석음의 차이가 없고, 쉽게 몸에 지니고 다닐 수 있으니, 귀천(貴賤)의 차이가 없게 되었습니다. 경건한 마음으로 받들어 지님이 이보다 더한 것이 없으며, 그리하여 그윽한 자질을 지니게 되면 모두 다 개개가 나아갈 바의 분수를 얻게 되고, 사람마다 깨달음의 언덕에 이르게 되어 사생(四生)이 해탈의 경지에 오르게 되는 견문(見聞)을 입혀주게 될 것입니다.(밑줄 필자)[8]

학조가 쓴 왕실본 『오대진언집』의 발문이다. 수많은 불서를 간행했던 인수대비[9]는 세상의 도가 야박해지고 시류가 급박하게 되는 것을 보며 당시에 '절실히 필요한 것'이며 사람에게 이익이 되는 것, 또는 말세의 사람들에게 이익이 되고 더 높은 가르침을 받을 만한 것으로 '오대진언'만 한 것이 없다고 했다. 그리고 범어나 한문의 기이한 문자가 어려우므로 당본(唐本) 주석서를 구해 언해본을 간행함으로써 백성들에게 널리 베풀어 외우고 익히기에 편리하게 했다고 한다.

이미 인수대비는 세조의 맏며느리로 역경 사업에 직접 참여하기도

---

8 『五大眞言』(왕실본) 跋文, "仁粹王大妃殿下 愍世道之薄倿 時流之急思 所以切於時 而利於人者 無偕於五大眞言 不專禪定 不探義理 而但令持誦 則獲福一如經說 叔世利人之方 莫斯爲最也 然此經梵漢奇奧 讀者病之 於是求得唐本註 諺重刊印而施之庶 使便於誦習而無利鈍之差 逸於佩守 而莫貴賤之異 奉持猶簡 而寘資則悉均箇箇得趣向之分 人人違菩提之岸功 被四生見聞躋解脫之境德."
9 인수대비가 발원하여 간행 또는 간행 참여 불서들을 보면 대승경전류 10종, 다라니·진언집류 3종, 의식집류 9종, 장소류 4종, 선서류 12종 등으로 나타난다. (기윤혜(2012), 「朝鮮 前期 仁粹大妃 刊行 佛書의 분석」, 경북대학교 석사학위논문, 참조)

했고,[10] 왕실본『오대진언집』에 담고 있는『대불정다라니수능엄경』[11]을 성종(成宗) 3년(1472) 6월에 언해본으로 간행하기도 했다. 또『오대진언집』을 편찬한 성종 16년(1485) 여름[孟夏] 이전인 2월에는 성종의 연수(延壽)를 빌고, 마원(魔怨)을 없애기 위해『불정심다라니경』도 간행했다. 이러한 사실은 인수대비의 불교 신앙과 불서에 대한 전문성을 짐작게 한다. 인수대비는 학조와 함께『오대진언집』을 발간하면서 당본(唐本)을 구해 참고하고, 새로운 구성 형태에 진언의 실담·한글·한자 기록 등을 더함으로써 체계적인 불교 신앙 활동을 도우려 했던 것이다.

2) 『오대진언집』의 다섯 진언과 구성

인수대비의 발원이 담긴 왕실본『오대진언집』은 어떻게 구성된 것일까? 이에 대한 논란은 '다섯 개의 진언'이 무엇인지를 정하는 문제와 연결된다. 연구의 선편을 잡은 안병희(1979)는 "사십이수진언(四十二手眞言), 신묘장구대다라니(神妙章句大陀羅尼), 수구즉득대다라니(隨救則得大陀羅尼), 대불정다라니(大佛頂陀羅尼), 불정존승다라니(佛頂尊勝陀羅尼)의 다섯 가지 진언(眞言)을 오대진언(五大眞言)이라 하는데, 이 책은 진언(眞言)을 범자(梵字)로 적고 한글, 한자(漢字)로 음역(音譯)한 것"[12]이라고 하여 문헌에 나타나는 5개의 진언 형태를 가리키고 있는 것이라고 했다. 그런데 '신묘장구대다라니' 다음에 붙어 있는 불공

---

10 기윤혜(2012), 위의 글, p.11.
11 원래 서명은『대불정여래밀인수증료의제보살만행수릉엄경(大佛頂如來密因修證了義諸菩薩萬行首楞嚴經)』이다.
12 안병희(1979), 위의 글, p.128.

(不空) 한역의 '천수천안관자재보살근본다라니'[13]를 언급하지 않았다. 김무봉(2011)은 그 점을 문제 삼으면서, '천수천안관자재보살근본다라니'까지 포함하면 6개의 다라니를 담고 있다고 주장했다.[14] 김수아(2016)는 사십이수진언신묘장구대다라니라고 하여 두 진언이 모두 658년 가범달마(伽梵達摩)가 한역한 『천수천안관세음보살광대원만무애대비심다라니경』을 기반으로 한 것이므로 두 진언을 하나로 묶어 명칭을 단 것으로 보아 ① 사십이수진언신묘장구대다라니, ② 근본다라니, ③ 수구즉득다라니, ④ 대불정다라니, ⑤ 불정존승다라니 등 "관세음보살신앙과 각종 재해로부터 보호하는 목적을 가진 다섯 가지 진언을 한 권으로 묶어 간행한 것"이라고 주장했다.[15] 김무봉(2011)이 제시한 '근본다라니'를 따로 독립시키고, 사십이수진언과 신묘장구대다라니를 같은 계통으로 묶음으로써 오대진언이라는 명칭의 기원을 말하려 한 것이다.

그런데 지금까지의 논의들은 『오대진언집』이 불교 의례에 따라 원래의 경전 속 다라니들을 편찬자가 새롭게 구성했다는 점을 간과한 것으로 보인다. 고려 조선시대에 편찬된 밀교 의례를 담은 경전들이 다라니를 청하는 계청(啓請)과 다라니(진언)가 짝을 지어 제시되고 있

---

13 인수대비 발원으로 간행된 왕실본에는 29장 앞면 5행~32장 앞면 6행 부분에 불공 한역의 '천수천안관자재보살근본다라니(千手天眼觀自在菩薩根本陀羅尼)'가 실려 있다.
14 김무봉(2011), 위의 글, p.12. 이진웅(2011)도 다섯 가지 진언을 모았다고 하면서 실제 판본 설명에서는 김무봉과 같이 6개의 진언을 제시했다. '오대진언'이라 할 때 '천수천안관자재보살근본다라니'를 제외하여 말하는 것이라는 진술에는 왜 그래야 하는지에 대해서는 언급이 없다.
15 김수아(2016), 「왕실발원판 『오대진언집』과 관음신앙의 형성」, 『문학과 종교』 제21(1)집, 한국문학과종교학회, p.92.

다는 점을 고려하지 않음으로써 문제를 일으킨 것이다. 이는 법석 의례 가운데 '계청법식'이라 하겠다. 예컨대 조선 전기에 편찬된 안심사 『육경합부(六經合部)』(1424)나 간경도감 『금강경』(1464)만 하더라도 이런 특징을 잘 보여준다. 『육경합부』의 경우 『금강반야바라밀경』을 중심으로 전후반부에 계청과 다라니를 놓아 의궤의 성격을 갖추고 있으며[16], 간경도감 『금강경』에서는 경전을 염송하려면 먼저 여덟 금강과 네 보살의 명호로 계청(啓請)하라고도 한다.[17] 『오대진언집』역시 그와 같이 계청과 다라니가 짝을 이루며 구성되고 있음을 확인할 수 있다. 여기에 대비심다라니, 수구즉득다라니, 대불정다라니, 불정존승다라니 4종 다라니의 영험을 드러내는 '영험약초'가 합철되면서 『오대진언집』이 구성된 것으로 볼 수 있다.

표 1 『오대진언집』의 계청과 다라니의 구성

	계청(啓請)	진언(眞言)	한역(漢譯)	특징
①	천수천안관세음보살광대원만무애대비심다라니(千手千眼觀世音菩薩廣大圓滿無碍大悲心陀羅尼) 계청(啓請)	*관세음보살사십이수진언(觀世音菩薩四十二手眞言)	불공(不空)	삼밀(三密) 갖춤
②	-십일존보살마하살 천수천안관자재보살광대원만무애대비심신묘장구대다라니(千手千眼觀世音菩薩廣大圓滿無碍大悲心神妙章句大陀羅尼) 왈(曰)	*신묘장구대다라니(神妙章句大陀羅尼) -천수천안관자재보살근본다라니(千手眼觀自在菩薩根本陀羅尼) 왈(曰) - 근본다라니(根本陀羅尼)	불공(不空)	*계청을 대신한 11존보살 마하살

---

16 이선이(2023), 「『육경합부(六經合部)』의 육경(六經)과 진언의 관계성 연구」, 『불교학밀교학연구』 제4집, 한국밀교학회.
17 『梁朝傅大士頌金剛經』, T85, p.1a. "若有人受持金剛經者 先須至心念淨口業眞言 然後啓請八金剛四菩薩名(號) 所在之處 常常擁護"

	계청(啓請)	진언(眞言)	한역(漢譯)	특징
③	불설금강정유가최승비밀성불구즉득신변가지성취다라니(佛說金剛頂瑜伽最勝祕密成佛隨求即得神變加持成就陀羅尼) 계청(啓請)	불설일체여래보편광명염만청정치성사유여의보인심무능승총지대수구대명왕다라니(佛說一切如來普遍光明焰滿清淨熾盛思惟如意寶印心無能勝總持大隨求大明王陀羅尼) 왈(曰) - *수구다라니(隨求陀羅尼)	불공(不空)	
④	대불정다라니(大佛頂陀羅尼) 계청(啓請)	불설대불정여래광방광명취현대백산개편복삼천대천세계마하실다다발달라금륜불정왕제유라시일체대명왕총집불가설백천선다라니십방여래청정해안미묘비밀대불정다라니(佛說大佛頂如來廣放光明聚現大白傘蓋徧覆三千大千世界摩訶悉跢多鉢怛囉金剛無㝵道場最勝無比大威德都攝金輪佛頂王帝殊囉試一切大明王揔集不可說百千旋陀羅尼十方如來清淨海眼微妙祕密大佛頂陀羅尼) 왈(曰) - *대불정다라니(大佛頂陀羅尼)	불공(不空)	
⑤	불정존승다라니(佛頂尊勝陀羅尼) 계청(啓請)	불정존승다라니(佛頂尊勝陀羅尼) 왈(曰) - *불정존승다라니(佛頂尊勝陀羅尼)	불타파리(佛陀波利)	

위의 도표에서 보듯 계청과 다라니가 짝을 이루어 5개의 진언을 제시했다. 그런데 자세히 들여다보면 따로 계청이 존재하지 않는 '신묘장구대다라니'와 '천수천안관자재보살근본다라니'를 어떻게 보아야 할 것인지가 문제로 다가선다.

이에 대해 이선이(2024)는 "42화천수와 신묘장구대다라니는 같은 경전 계열이지만, 다른 성격을 지니고 있다. 42화천수는 신구의 삼밀이 갖추어져 있고, 나머지 4종류의 다라니는 수인(手印)을 포함하지 않고 있다."라는 것을 근거로 ① 사십이수진언과 ② 신묘장구대다라니를 구분했다.[18] 사십이수진언은 신밀(身密, kāya-guhya)이라 할 42개의 수인(手印), 구밀(口密, vāg-guhya)이라 할 진언, 의밀(意密, mano-guhya)이라 할 마음으로 관세음보살을 관(觀)하는 행위 등 삼밀(三密)을 모두 보여준다고 볼 수 있고, 나머지 신묘장구대다라니를 비롯한 4가지 진언은 신밀 형태인 수인이 빠져 구밀과 의밀만 보여주는 것으로 보았다. 그리고 계청이 빠진 것으로 보이는 신묘장구대다라니도 그 앞에 '십일존보살마하살'이라는 귀의문을 갖춤으로써 계청문을 대신하고 있다고 말한다.

그리고 신묘장구대다라니 바로 뒤에 천수천안관자재보살근본다라니를 두었다. 아마도 편찬자는 한역자가 불공(不空)으로 같다는 점, 진언의 성격이 신묘장구대다라니와 부합한다고 여겨 따로 천수천안관자재보살근본다라니의 계청을 두지 않고 신묘장구대다라니에 바로 부속시켰을 것으로 보인다.

> 대자비한 마음이 곧 다라니의 모양이며 평등한 마음이며 무위(無爲)의 마음이며 염착(染着)이 없는 마음이며 공관(空觀)의 마음이며, 공경스러운 마음이며 낮추는 마음[鼻下心]이며 잡되고 어지러움이 없는 마음이며, 괴롭히거나 해치는 일이 없는 마음이며 잘못된 소견이나 집착이 없는 마음이며 가장 훌륭한 보리의 마음이니 이러한 마음들이 곧 이 다라니의 형상임을 알아야 한다. 그대들은 반드시 이에 의지하여 수행하여라....(중략)...이 신주를 지송하는 이는 세간의 8만

---

18 이선이(2024), 「불교의례 낙화법 용어의 통일안 연구」, 『수구즉득다라니와 낙화』 (세종특별자치시 무형유산 '세종 불교 낙화법' 2024년 1차 학술세미나(2024.12.6.)), p.9.

4천 가지 귀책과 질병이 모두 치료되고 또 모든 귀신을 부리며, 모든 천마를 항복시키고 모든 외도를 제압하리라.[19]

관세음보살이 신묘장구대다라니를 통해 얻을 수 있는 마음으로 설한 내용이다. 이는 뒤에 밝히고 있다시피, 천수천안관자재보살근본다라니가 가져다준다는 식재(息災)·증익(增益)·항복(降伏)·경애(敬愛)·구소(鉤召) 등과 마찬가지로 신묘장구대다라니가 세간과 출세간의 이익을 만들어 줌을 설한 것이다. 편찬자는 이러한 점을 의식하여 신묘장구대다라니와 천수천안관자재보살근본다라니를 함께 제시했던 것으로 추정된다.

이와 같은 점들을 종합해 보았을 때 『오대진언집』은 계청과 다라니를 짝으로 하여 밀교 의례를 위해 엮은 진언집으로, 5종류의 진언에는 ① 사십이수진언(四十二手眞言), ② 신묘장구대다라니, ③ 수구즉득대다라니, ④ 대불정다라니, ⑤ 불정존승다라니 등을 내세우고 있다는 결론을 내릴 수 있다.

3) 『오대진언집』의 저경

그런데 『오대진언집』이 저경으로 삼은 경전들을 그대로 옮긴 것은 아니다. 지금까지 많은 연구자가 『오대진언집』을 언급해 왔지만, 그것을 구성하고 있는 저경의 내용이나 성격에 대해 자세히 언급한 경우는 눈에 띄지 않는다. 저경을 밝히는 일은 『오대진언집』이 그와 같은 구성을 취하게 된 이유를 파악하기 위해 반드시 고려되어야 할 지점이다.

---

19 『불설천수천안관세음보살광대원만무애대비심다라니경』 1권(ABC, K0294 v11, p.966a01)(불교학술원아카이브 http://www.tripitaka.or.kr/)

표 2 『오대진언집』의 저경

제시 경전	실제 인용 경전	진언	한역(漢譯)	비고
천수천안관세음보살광대원만무애대비심다라니(千手千眼觀世音菩薩廣大圓滿無碍大悲心陀羅尼)	천수천안관세음보살대비심다라니(千手千眼觀世音菩薩大悲心陀羅尼)	① 사십이수진언(四十二手眞言)	불공(不空)	*제시 경전 제목은 가범달마 한역본 *실제는 불공 한역
		② 신묘장구대다라니(神妙章句大陀羅尼)		
	금강정유가천수천안관자재보살수행의궤경(金剛頂瑜伽千手千眼觀自在菩薩修行儀軌經)	② 천수천안관자재보살 근본다라니(根本陀羅尼)	불공(不空)	*경전 이름이 없이 근본다라니 제시 *신묘장구대다라니의 부속
불설금강정유가최승비밀성불수구즉득신변가지성취다라니(佛說金剛頂瑜伽最勝祕密成佛隨求卽得神變加持成就陀羅尼)	불설금강정유가최승비밀성불수구즉득신변가지성취다라니의궤(佛說金剛頂瑜伽最勝祕密成佛隨求卽得神變加持成就陀羅尼儀軌)	③ 불설보편염만청정치성사유보인심무능승지대구대명왕다라니(佛說普遍焰滿清淨熾盛思惟寶印心無能勝總持大隨求陀羅尼)	불공(不空)	*진언의 명칭이 제시되지 않음 *수구즉득다라니의 7진언도 포함
대불정다라니(大佛頂陀羅尼)	대불정여래밀인수증요의제보살만행수능엄경(大佛頂如來密因修證了義諸菩薩萬行首楞嚴經)	④ 인도나란타만다라관정금강대도량신주(印度那蘭陀曼荼羅灌頂金剛大道場神呪)	불공(不空)	
불정존승다라니(佛頂尊勝陀羅尼)	불정존승다라니경(佛頂尊勝陀羅尼經)	⑤ 불정존승다라니주(佛頂尊勝陀羅尼呪)	불타파리(佛陀波利)	

세존이시여, 저에게 대비심다라니주(大悲心陀羅尼呪)가 있어서 지금 말하고자 하오니 중생들이 안락을 얻고, 모든 병을 제거하고 수명(壽命)을 얻고, 풍요함을 얻으며, 모든 악업과 무거운 죄를 없애고, 장애와 어려움을 멀리 여의게 하고, 모든 청정한 법과 공덕이 늘어나고, 온갖 선근(善根)을 성취하게 하고, 온갖 모든 두려움을 멀리 여의게 하고, 온갖 모든 희망과 서원을 빨리 얻어 만족하게 하기 위해서이옵니다.[20]

---

20 伽梵達摩, 『千手千眼觀世音菩薩廣大圓滿無碍大悲心陀羅尼』, "世尊！我有大悲心陀羅尼呪, 今當欲說. 爲諸衆生得安樂故, 除一切病故, 得壽命故, 得富饒故, 滅除一切惡業, 重罪故, 離障難故, 增長一切白法諸功德故, 成就一切諸善種故, 遠離一切諸怖畏故,

가범달마가 한역한 『천수천안관세음보살광대원만무애대비심다라니』에서 대비심다라니주(大悲心陁羅尼呪)는 위와 같은 10가지 목적을 성취할 수 있게 한다고 했다. 중생의 안락, 치병, 장수, 풍요, 악업과 죄악 제거 등 현실적 문제들을 타개하는 데 그 목적이 있음을 밝히고 있다. 그런데 이 목적은 『오대진언집』의 앞부분에 배치되지 않고 생략되었다. 가범달마 한역본의 제목이 제시된 후에 불공(不空)이 번역했다는 『천수천안관세음보살대비심다라니』의 관세음보살을 청하는 계청(啓請)이 나온다. 여기에 '나무대비관세음'으로 시작하는 십대원(十大願)과 '아약향도산 도산자최절(我若向刀山 刀山自摧折)'로 시작하는 육향(六向)이 더해지는데, 이는 가범달마 번역과 동일하다.

『오대진언집』에서는 그다음에 관세음보살 사십이수진언을 제시했다. 이는 가범달마 한역의 『천수천안관세음보살광대원만무애대비심다라니』나 불공 한역의 『천수천안관세음보살대비심다라니』에 제시된 진언과 달리 앞뒤가 뒤바뀐 순서다. 두 경전은 모두 신묘장구대다라니를 먼저 제시하고 사십이수진언을 뒤에 제시했는데 『오대진언집』의 편찬자는 이를 뒤바꾸어 놓고 있음을 확인할 수 있다. 이는 앞서 제시했듯 삼밀(三密)을 잘 갖춘 사십이수진언을 맨 앞에 제시하고, 나머지 4개의 진언을 수인이 빠지고 계청과 다라니 짝을 이룬 형태로 뒤에 배치하면서 나타난 결과로 보인다.

『오대진언집』에서 사십이수진언 상단에는 수인도(手印圖)를 수록했다. 그런데 이는 가범달마가 번역한 『천수천안관세음보살광대원만

速能滿足."
(불교학술원아카이브 http://www.tripitaka.or.kr/)

무애대비심다라니경』의 사십수인이나 불공이 번역한 『천수천안관세음보살대비심다라니』의 사십일수인과 다른 모습이다. 가범달마 한역의 사십수인의 명칭과 순서를 그대로 따르면서 불공 한역의 '감로수인(甘露水印)'을 더하고, 두 경전에 나타나지 않는 '총섭천비(摠攝千臂)' 수인을 지통(智通) 한역의 『천안천비관세음보살다라니신주경』 또는 보리유지(菩提流志) 한역의 『천수천안관세음보살모다라니신경』에서 가져온 것이다.21 이는 『오대진언집』의 사십이수진언이 한반도의 천수관음 신앙과 관련하여 특수한 전개 과정을 통해 형성되었음을 짐작하게 하는 대목이다.

사십이수진언은 중생의 현실적 문제를 타개하는 것을 중요한 목적으로 삼는다. 물론 "시방세계의 모든 부처님을 직접 뵈려거든 자련화수(紫蓮花手) 진언을 송하라"22와 같이 불교 신앙적 측면의 진언도 없지 않으나, 대체로 "만일 부유해서 갖가지 재물과 값진 세간[資具]을 얻으려거든 여의주수진언(如意珠手眞言)을 송하고, 만일 갖가지 불안(不安)이 있어 편안함을 얻으려거든 견삭수(羂索手) 진언을 송하고, 만일 뱃속에 갖가지 병이 있는 이는 보발수(寶鉢手) 진언을 송하라"23와 같이 현실 구복적 성격이 강한 진언이다.

두 번째 다라니로 제시된 불공의 『천수천안관세음보살대비심다라

---

21 강대현(2013), 「『오대진언(五大眞言)』에 나타난 사십이수인(四十二手印)에 관한 연구」, 『밀교학보』14, 위덕대학교 밀교문화연구원, p.278.
22 伽梵達摩, 위의 책, "若爲欲得面見十方一切諸佛者, 當於紫蓮花手." (불교학술원아카이브 http://www.tripitaka.or.kr/)
23 伽梵達摩, 위의 책, "若爲富饒種種珍財, 資具者, 當於如意珠手. 若爲種種不安求安隱者, 當於羂索手. 若爲腹中種種病者, 當於寶鉢手."(불교학술원아카이브 http://www.tripitaka.or.kr/)

니』의 또 다른 진언인 '신묘장구대다라니'는 관세음보살을 찬탄하면서 속히 악업을 그치고, 탐진치와 번뇌를 제거해 달라는 내용으로 짜여 있다.[24] 현실적 어려움을 구체화하지 않았지만 현실 구복의 성격에서 완전히 벗어나 있다고는 말할 수 없다. 나머지 진언의 목적도 불보살을 찬탄하면서 불교 신앙적 깨달음과 현실적 문제 해결을 소망하는 내용에서 벗어나지 않는다.

신묘장구대다라니에 부속된 것으로 처리된 천수천안관자재보살근본다라니는 불공이 746년에서 774년 사이에 한역한 『금강정유가천수천안관자재보살수행의궤경』 속에 들어 있는 진언이다. 『금강정경(金剛頂經)』의 입장에서 『천수경(千手經)』의 다라니를 수용하여 증득하는 의궤 절차를 설명하고 있는 다라니인데[25] 기존의 논의에서는 이 진언의 수록 문헌에 대한 고찰이 보이지 않는다.[26]

『금강정유가천수천안관자재보살수행의궤경』은 내용상 세 부분으로 나누어진다. 첫째 부분에서 십바라밀을 상징하는 수인을 맺는 법을

---

24 안병홍(2018), 「신묘장구 대 다라니 해설」, 『한국교수불자연합학회지』 제24권 제1호, 사단법인한국교수불자연합회.
25 「금강정유가천수천안관자재보살수행의궤경(金剛頂瑜伽千手千眼觀自在菩薩修行儀軌經) 해제」(불교학술원아카이브 http://www.tripitaka.or.kr/). 여기서 『천수경』이라고 한 표현은 매우 조심스럽게 사용해야 한다. 『천수경』이란 경명은 조선 후기 한국불교에 만 나타나고, 한국불교의 고유성을 보여주는 경전명이다. 조선중기 이전 자료를 분석할 때는 『천수경』은 '신묘장구대다라니'의 천수주를 지칭하는 경우가 많다. 그리고 진언집류에서는 '千手云云'이라고 하는 경우에 해당함으로 천수주를 설명하는 경전류라고 이해하는 것이 옳을 듯하다.
26 『한국민족문화대백과사전』의 「오대진언(五大眞言)」이나 「오대진언집(五大眞言集)」에 "가장 널리 유통된 5대 다라니를 모아서 범문(梵文)과 한문, 한글의 음역(音譯)을 대비하여 편집한 것"이라 해설하면서도 불공의 『천수천안관자재보살근본다라니(千手天眼觀自在菩薩根本陀羅尼)』는 생략하고 있다.

설하고 있고, 둘째 부분은 관자재보살 근본인(根本印)을 짓고 '대비심다라니'를 외우도록 설하고 있다. 그리고 셋째 부분에 『오대진언집』에 수록된 '천수천안관자재보살근본다라니'를 실어 놓았다. 십바라밀과 같은 불교적 가르침을 설하고 있는 앞선 두 부분과 달리 셋째 부분은 근본인을 짓고 다라니를 지송하여 식재·증익·항복·경애·구소(鉤召) 등 네 가지 성취를 이루는 것을 설하였다.[27]

이 다라니를 일곱 번 염송하고 나서 정수리 위에서 인(印)을 푼다. 근본인을 결하여 이 다라니를 염송하게 되면 네 가지 일을 성취할 수 있다. 첫째는 식재(息災)이며, 둘째는 증익(增益), 셋째는 항복(降伏), 넷째는 경애(敬愛) 구소(鉤召) 등 모든 희망하는 세간·출세간의 과보를 원하는 대로 채울 수 있을 것이다. 본 가르침 가운데서 말하지 못한 성취의 법은 연화부의 법으로써 이 상(像)의 앞에서 상대하여 지으면 반드시 성취할 것이다.[28]

금강합장[29]을 한 후 근본다라니를 송하게 되면 재앙이 소멸되고[息災], 이익이 점점 더 많아지며[增益], 마군을 항복시키고[降伏], 공경하고 사랑하는 마음을 생겨나게 하고[敬愛], 중생을 불법으로 인도하는 [鉤召] 등 세간·출세간의 과보를 원하는 대로 채울 수 있게 한다고 했

---

27 「금강정유가천수천안관자재보살수행의궤경(金剛頂瑜伽千手千眼觀自在菩薩修行儀軌經) 해제」(불교학술원아카이브 http://www.tripitaka.or.kr/)
28 不空, 『金剛頂瑜伽千手千眼觀自在菩薩修行儀軌經』, "頂上散印, 由結根本印誦此陁羅尼, 能作四種成就事. 一者息災, 二者增益, 三者降伏, 四者敬愛鉤召等所有希望. 世間出世間果報, 皆得滿願. 本教中所不說成就法者, 用蓮花部中法, 對此像前, 作必獲成就."(불교학술원아카이브 http://www.tripitaka.or.kr/)
29 금강합장은 합장차수(合掌叉手)라 하여 양 손가락 사이사이를 서로 엇갈리게 교차하는 것이다.

다. 이 다섯 가지는 고대 인도의 브라만교 성전인 아타르바베다(Atharva Veda)에서부터 이미 보이는 밀교의 외호마(外護摩) 의식인 5종호마법(五種護摩法)이다. 업을 태워 없앰으로써 해탈을 목적으로 하는 내호마(內護摩)와 달리, 이 외호마는 세간의 행복을 추구하는 것이라 한다. 호마단(護摩壇)을 설치하고 땅에 화로를 만들어서 치성으로 불을 붙이고 우유, 소, 꿀 등을 바른 유목(乳木)을 던져 넣는 의식을 통해 재앙이나 악업 따위를 불태워 없애는 의식이다.[30] 그런데 『오대진언집』의 편찬자는 이 경전의 의례 형태를 모두 떼어내고 '천수천안관세음보살근본다라니'만을 '신묘장구대다라니'에 부속시켜 다루었다.

『오대진언집』 가운데 '불설금강정유가최승비밀성불수구즉득신변가지성취다라니'가 제목으로 나와 있는데, 실제 서명은 '의궤'라는 표현이 덧붙은 『불설금강정유가최승비밀성불수구즉득신변가지성취다라니의궤』이다. 진언의 제목을 '불설일체여래보편광명염만청정치성사유보인심무능승총지대수구대명왕대다라니'라 했지만, 대장경 원문을 뒤져 보면 '불설보편염만청정치성사유보인심무능총지대수구대명왕다라니'라 했다.

『수구즉득신변가지성취다라니의궤』에서 부처님은 멸취악보살(滅惡趣菩薩)에게 대수구대명왕다라니가 멸죄(滅罪)와 성불(成佛)에서 으뜸이라 했다. 이 진언의 제목을 듣거나 제목만 외운 이와 가까이하더라도, 또 제목을 읊은 이와 한곳에 모여 살더라도 일체의 천마와 귀신, 선신왕(善神王)이 모두 수호한다고 할 정도로 그 효험이 크다고 했다. 그리고 악업을 짓고 지극히 무거운 죄를 짓는 상황을 열거하면서, 그

---

30 강태자(2023), 「密敎 護摩法 硏究」, 위덕대학교대학원 박사학위논문, pp.19-22.

런 모든 죄를 대수구대명왕다라니가 해결할 것이라고 했다. 그 죄의 형태는 오신채·생선·고기를 먹는 행위, 자매·일체 여자·축생 등에 대하여 행하는 모든 율법에 어긋난 행위, 부모나 나한을 죽이는 행위, 화합된 승단을 깨뜨리는 행위, 부처님 몸에 피를 내고, 경전과 불상을 태우며 가람을 더럽히는 행위, 모든 사람을 비방하고 불법을 헐뜯는 행위 등과 같은 것[31]이다.

진언 제목의 한 글자 두 글자, 나아가서는 열 글자이거나 진언 본문의 한 구절, 두 구절, 나아가서는 열 구절을 한 번만 외우거나, 금·은·유리·옥함에 진언을 넣어 정대(頂戴)하면, 이 사람은 비록 단에 들어가지 않았더라도 즉석에서 일체 단에 들어간 공덕이 이루어져서 단에 든 이와 똑같은 수행이 이루어질 것이며, 모든 부처님과 똑같아서 나쁜 꿈을 꾸지 않고, 무거운 죄가 모두 소멸하리라.[32]

진언을 여러 방식으로 외우는 행위, 금함 같은 곳에 진언을 넣어 머리에 얹는 정대(頂戴) 같은 것을 하면 중죄를 멸할 수 있다고 했다. 최근에 발견된 8-9세기 통일신라 때의 필사 수구다라니와 이를 넣은 금동제 경합(經盒)[33]은 『수구즉득신변가지성취다라니의궤』의 가르침을 그대로 행한 결과이며, 수구다라니 신앙이 얼마나 오랜 기간 이어

---

31 不空, 『佛說金剛頂瑜伽最勝祕密成佛隨求即得神變加持成就陀羅尼』
(불교학술원아카이브 http://www.tripitaka.or.kr/)
32 不空, 위의 책, "若是眞言題名若一字二字乃至十字, 若眞言之一句二句乃至十句亦一遍, 金銀瑠璃玉中入眞言頂戴, 是人雖未入壇, 即成入一切壇. 與入壇者成其同行, 等同諸佛無異, 不作惡夢, 重罪消滅. 若有起惡心來相向者, 不能爲害, 一切所作皆成就."
33 국립경주박물관(2023), 『통일신라 수구다라니(2023년 국립경주박물관 학술조사 연구자료집)』.

져 왔는지를 잘 보여준다.

『오대진언집』에는 불공의 계청과 437구의 대불정다라니가 제시되고 있다. 진언 부분은 705년(唐 神龍 1)에 반나밀제(般刺密諦)가 한역한 『대불정여래밀인수증요의제보살만행수능엄경』(이하 『수능엄경』)의 '인도나란타만다라관정금강대도량신주(印度那蘭陀曼荼羅灌頂金剛大道場神呪)'와 겹친다. 이 진언의 영험 역시 불교적 수행이나 현실 구복을 언급하고 있다. 진언을 염송하면 모든 부처님과 한 곳에 태어나 수행하게 된다고도 하고, 파계한 사람을 청정케 하고, 정진하지 못하는 사람을 정진케 하는 등 수행자를 위한 진언이라 한다.[34] 그리고 진언이 잉태, 장수와 같은 소원을 들어주고, 흉년과 전염병, 군사의 난리와 같은 온갖 재앙을 소멸할 수 있다고 한다. 우리나라에서는 의천(義天)이 『신편제종교장총록』 가운데 28종의 『능엄경』 주석서를 정리했다고 하며, 고려대장경에도 『수능엄경』을 수록하고 있다.[35] 의천이 선종(宣宗) 2년(1085) 송나라를 유학한 것을 계기로 당시 유행하던 『수능엄경』에 깊은 관심을 갖게 된 결과 그와 같은 국내의 유통이 가능했던 것으로 추정된다. 고려시대에 불공이 한역한 진언만을 묶은 서적을 간행하거나 석탑을 장엄하는 데도 진언류가 사용되었다.[36] 그러한 국

---

34 般刺蜜諦, 『大佛頂如來密因修證了義諸菩薩萬行首楞嚴經卷』第七, "此諸衆生縱其自身不作福業, 十方如來所有功德悉與此人, 由是得於恒河沙阿僧祇不可說不可說劫, 常與諸佛同生一處, 無量功德如惡叉聚, 同處熏修永無分散. 是故能令破戒之人戒根淸淨, 未得戒者令其得戒, 未精進者令得精進, 無智慧者令得智慧, 不淸淨者速得淸淨, 不持齋戒自成齋戒."(불교학술원아카이브 http://www.tripitaka.or.kr/)
35 조명제(1988), 「高麗後期 戒環解 楞嚴經의 盛行과 思想史의 意義」, 『釜大史學』12, 부산대학교 사학회.
36 옥나영(2018), 「고려시대 대불정다라니(大佛頂陀羅尼) 신앙과 석당(石幢) 조성의 의미」, 『韓國思想史學』제60집, 한국사상사학회.

내 흐름 속에서 대불정다라니가 『오대진언집』에 수록되어 불교 신앙적 깨달음과 현실적 문제를 해결하기 위한 다라니로 기능하였음을 확인할 수 있게 한다.

『오대진언집』에서 불타파리(佛陀波利) 한역의 『불정존승다라니경』을 불정존승다라니라 한 다음에 '불정존승다라니주'를 제시했다. 『불정존승다라니』는 중국 당(唐)나라 때 두행의(杜行顗)가 683년에 한역한 것으로, 이역본으로 의정(義淨)이 한역한 『불설불정존승다라니경』, 불타파리가 한역한 『불정존승다라니경』, 지바하라(地婆訶羅)가 한역한 『불정최승다라니경』과 『최승불정다라니정제업장주경』, 법천(法天)이 한역한 『최승불정다라니경』이 전한다.[37] 『오대진언집』은 이들 가운데 불타파리의 한역본을 취했다. 이 경전은 진언을 통해 현세적 공덕, 고난을 여읜 해탈, 일체 업장을 제거한 청정, 악도에서 생사 고뇌의 제거 등 세간·출세간의 실지(悉地) 모두를 설하고 있다.[38] 그 가운데서도 『오대진언집』의 '영험약초'에 제시된 선주(善住) 천자의 파지옥(破地獄) 설화를 핵심 공덕으로 삼았다.

지금까지의 고찰을 통해 다음과 같은 『오대진언집』의 특징을 확인할 수 있었다.

첫째, 『오대진언집』은 계청과 다라니의 짝으로 이루어진 의례집으로 ① 사십이수진언, ② 신묘장구대다라니, ③ 수구즉득다라니, ④ 대불정다라니, ⑤ 불정존승다라니를 제시하고 있다. ①은 수인(手印)까

---

37 「불정존승다라니경(佛頂尊勝陀羅尼經) 해제」(불교학술원아카이브 https://kabc.dongguk.edu).
38 김영덕(1999), 「불정존승다라니경에 관한 연구」, 『한국불교학』 제25권, 한국불교학회, p.310.

지 갖춘 삼밀(三密) 형태로 맨 먼저 제시하고, 나머지는 계청과 다라니를 짝으로 하여 구성하였다.

둘째, 그러한 다라니 구성의 저경으로 삼은 경전은 『천수천안관세음보살대비심다라니』, 『금강정유가천수천안관자재보살수행의궤경』, 『불설금강정유가최승비밀성불수구즉득신변가지성취다라니의궤』, 『대불정여래밀인수증요의제보살만행수능엄경』, 『불정존승다라니경』 등이며, 인수대비의 발원에 의한 『오대진언집』이 편찬되던 당시까지 가장 많이 유통되던 것이었다.

셋째, 이들 경전은 세간의 현세 구복과 출세간의 불교 신앙적 측면을 아우르고 있다. 중생의 안락, 치병, 장수, 풍요, 악업과 죄악 제거를 비롯하여 수행자의 고난 극복 방법 등을 세밀하게 언급하고 있는 경전이다.

넷째, '영험약초'를 뺀 『오대진언집』은 경명과 계청, 진언으로만 구성되어 있어 밀교 경전의 진언을 통해 구현하고자 하는 목적이나 영험 등을 파악할 수 없다. 불보살의 영험을 설하며 그를 청하는 계청이 있지만 '영험약초'가 없다면 다라니의 성격이나 진언의 영험 등을 파악할 수는 없는 구조인 것이다.

이는 『오대진언집』이 밀교 의례를 위한 경전으로 기존 경전을 새롭게 구성한 결과다. 따라서 다음에 다루게 될 '영험약초'는 진언의 성격을 밝히고, 영험성을 구현하기 위해 반드시 필요한 부분이었다고 볼 수 있다.

3. '영험약초'의 서사 재편 양상

『오대진언집』은 다양한 밀교 경전을 수용하되, 의례에 적합한 구성을 취하고자 한 결과물이다. 삼밀을 잘 갖춘 사십이수진언을 맨 먼저 배치하고, 나머지 4개는 계청과 다라니가 짝을 이룬 배치를 보여주게 된 것이다. 그런데 그것은 경전을 그대로 옮기는 것이 아니라 구성을 새롭게 하면서, 핵심적 내용, 즉 다라니 신앙을 고양하기에 적합한 설화들을 취택하고 배제하는 작업을 수행해야 했다. 여기에서는 다라니의 영험을 담아내려 한 '영험약초'에 등장하는 설화들이 어떤 경전을 기반에 두고, 어떤 설화들을 취택·배제하는 과정을 거쳐 서사 재편을 시도했는지 그 양상을 짚어보려 한다.

『오대진언집』의 '영험약초'는 '경운(經云)'이라 하며 네 개의 경전을 언급하고, 네 종류의 설화들을 이야기하고 있다. 그런데 자세히 들여다보면 수구 경전 계열에서 가져온 설화는 『금강정유가최승비밀성불수구즉득신변가지성취다라니의궤』의 설화 외에 『보편광명청정치성여의보인심무능승대명왕대수구다라니경』의 <죄수의 생명 구제 영험 설화>가 더해진 영험 설화가 실려 있음을 확인할 수 있다. 이는 편찬자가 <구박 바라문 영험 설화>와 <죄수의 생명 구제 영험 설화>가 수구즉득다라니의 영험이라는 점에서는 다르지 않다고 여겨 하나의 설화로 묶은 데서 비롯된 결과로 보인다.

표 3 〈영험약초에 인용된 경전과 영험 설화〉

영험약초 제시 경명	실제 영험 설화를 인용한 경전	한역	설화
『대비심다라니(大悲心陀羅尼)』	『천수천안관세음보살광대원만무애대비심다라니(千手千眼觀世音菩薩廣大圓滿無碍大悲心陀羅尼)』	가범달마(伽梵達磨)	<천수천안관세음보살 연기 설화>
『수구즉득다라니(隨求卽得陀羅尼)』	『금강정유가최승비밀성불수구즉득신변가지성취다라니의궤(金剛頂瑜伽最勝祕密成佛隨求卽得神變加持成就陀羅尼儀軌)』	불공(不空)	<구박 바라문 영험 설화>
	『보편광명청정치성여의보인심무능승대명왕대수구다라니경(普遍光明淸淨熾盛如意寶印心無能勝大明王大隨求陀羅尼經)』	불공(不空)	<죄수의 생명 구제 영험 설화>
『대불정다라니수능엄경(大佛頂陀羅尼首楞嚴經)』	『대불정여래밀인수증요의제보살만행수능엄경(大佛頂如來密因修證了義諸菩薩萬行首楞嚴經)』	반나밀제(般剌蜜帝)	<대불정다라니 영험 설화>
『불정존승다라니(佛頂尊勝陀羅尼)』	『불정존승다라니경(佛頂尊勝陀羅尼經)』	불타파리(佛陀波利)	<선주 천자 영험 설화>

'표 3'이 보여주는 것처럼 '영험약초'는 앞서 제시한 다라니의 영험을 설화로 증명하려 한 것이다. 앞서 다룬 진언의 배치와 같은 순서를 따르되 불공의 『금강정유가천수천안관자재보살수행의궤경』의 영험 설화는 존재하지 않는다. 경전이 영험 설화를 포함하고 있지 않기 때문에 천수천안관자재보살의 연기 설화를 『천수천안관세음보살광대원만무애대비심다라니』에서 끌어온 것이다. 수구즉득다라니의 영험을 드러내는 설화로 『금강정유가최승비밀성불수구즉득신변가지성취다라니의궤』의 설화 이외에 같은 수구다라니 계통인 불공의 『보편광명청정치성여의보인심무능승대명왕대수구다라니경』의 설화를 새롭게 배치하였다. 먼저 각 설화가 어떤 내용과 형식으로 서술되었는지를 살펴보고, 전체적인 특징을 조망해 보자.

1) 대비심다라니 출처의 첫 번째 설화인 <천수천안관세음보살 연기(緣起) 설화>는 가범달마가 번역한 『천수천안관세음보살광대원만무애대비심다라니경』에서 다라니를 설하는 목적 다음에 제시되고 있는데, 서사 단락은 다음과 같다.

① 관세음보살이 부처님께 자신이 과거 억겁 전에 천광왕정주여래(千光王靜住如來) 응공[應]이 대비심주(大悲心呪)를 지니고 미래 중생을 위해 공덕을 지으라 했다고 말한다.
② 그때 관세음보살은 초지(初地)에 머물렀다가 이 주문을 듣고 바로 제8지(第八地)로 뛰어올랐고, 중생을 위해 천수천안(千手千眼)의 몸으로 태어나기를 발원했다고 한다.
③ 발원으로 관세음보살은 천수천안을 구족하고 대지가 진동했으며, 모든 부처님께서 자신을 향해 광명을 자신에게 비추셨다고 한다.
④ 관세음보살은 사람들이 대비심(大悲心)을 일으켜 다라니신주의 장구(章句)를 하루 다섯 번 지송하면 중죄가 소멸하고 임종할 때 부처님들이 찾아와 주시고 극락왕생할 것이라 한다.
⑤ 관세음보살은 중생이 대비심주를 지송하여 얻는 이익을 자세히 설한다.
⑥ 관세음보살이 이 다라니를 설할 때 수많은 중생이 혹 사과(四果)를 얻고, 지위(地位)도 증(證)하였다.

①~③은 천수천안관세음보살의 전생담(前生談)으로 과거 억겁 전에 천광왕정주여래 응공이 대비심주를 통해 중생을 위해 공덕을 지으라는 가르침, 그리고 대비심주를 통해 초지(初地)에서 제8지(八地)까지 오를 수 있었음을 이야기하고 있다. 초지나 제8지는 『화엄경』 등에서

설해진 것으로 깨달음의 경지에 도달하여 기뻐하는 초지[환희지(歡喜地)]의 단계에서 대비심주를 듣게 되어, 수행의 완성을 뜻하는 제8지[부동지(不動地)]의 단계까지 뛰어오를 수 있었고, 중생을 위해 천수천안(千手千眼)의 몸을 발원함으로써 천수천안관세음보살이 되었다는 보살의 연기 설화를 보여주고 있다. 이는 모든 경궤에서 관세음보살의 전생담을 과거구원겁(過去久遠劫)에 이미 부처였음을 강조하는 내용[39]과 일치하며, 관세음보살이 이미 성불한 부처님으로 중생을 구제하는 데 전심전력하는 보살임을 드러낸다. 천수천안관세음보살의 전생담에도 대비심주가 있어 부처가 될 수 있었음을 강조함으로써, 대비심주의 위대성을 강조한다.

④는 다라니신주 장구를 하루 다섯 번만 지송하더라도 중죄를 소멸할 수 있으며, 극락왕생의 기반이 됨을 설하며, 역시 대비심주의 위대성과 지송 방법을 설하고 있는 대목이다. ⑤는 대비심주 지송을 통한 이익을 자세히 설한 부분인데, 천수천안관세음보살 연기 서사보다 이 부분을 오히려 더 많이 서사화하여 다라니의 영험성을 강조하려 했다. 그리고 앞에 제시한 진언 부분에 그 영험성을 서술하고 있지 않아 부득이 여기에서 장황한 영험 서술이 있을 수밖에 없었다고도 볼 수 있다. ⑥은 앞에서 설한 영험성이 구체적으로 이루어졌음을 밝힌 부분으로 짧게 서술되었다. 결국 <천수천안관세음보살 연기 설화>는 대비심주를 지송한 덕분에 천수천안관세음보살이 되어 중생을 구제한다는 것을 서사의 핵심(Nuklearform der Geschichte)[40]으로 삼은 설화라

---

39 김영덕(2002), 「密敎經軌를 통해 본 觀世音菩薩」, 『천태학연구』 제4권, 천태불교문화연구원, p.632.
40 '서사의 핵심'이라는 표현은 소설을 요약해 들어갈 때 맨 나중에 남는 뼈대를 가

하겠다.

2) 수구다라니의 영험은 두 경전에서 가지고 왔다.

2-1) 첫 번째는 『금강정유가최승비밀성불수구즉득신변가지성취다라니의궤』의 <구박(俱博) 바라문 영험 설화>이다. 경전 내용은 진언이 없었다면 부처님도 성불치 못했으며, 외도나 바라문이 이 진언을 들으면 빨리 부처가 될 수 있다는 부처님의 말씀을 길게 서술한다. 그리고 그 뒤에 다음 설화를 제시하였다. 그 서사 단락은 다음과 같다.

① 부처님이 멸악취보살에게 수구즉득다라니로 성불할 수 있음을 말한다.
② 옛날 마갈타국의 구박 바라문이 죄를 많이 짓고 염라왕 앞에 이르렀다.
③ 염라왕이 제석에게 구박의 처분에 대해 여쭈니 아비지옥으로 보내라고 했다.
④ 옥졸들이 구박을 아비지옥에 던졌는데 그 지옥이 갑자기 정토로 바뀌었다.
⑤ 이를 본 염라왕은 제석에게 구박이 죄인이 아니라고 이른다.
⑥ 제석은 구박이 어떤 선행으로 그와 같은 신통 변화가 있는지를 부처님께 여쭈었다.
⑦ 부처님은 구박의 무덤 근처의 탑에 있는 진언의 한 글자가 바람에 날려 그의 해골에 붙었기 때문에 지옥이 그와 같이 바뀌었다고 답했다.

리키는 '이야기의 핵'이라는 슐테 자세/베르너의 표현과 같은 것이다. 이를 스탠튼은 '이야기의 척추(backbone of a story)'라고 한다.(김천혜(1990), 『소설 구조의 이론』, 문학과지성사, p.174.)

⑧ 새와 축생이 진언을 귓전으로만 들어도 다시 중생으로 태어나지 않는다고 설한다.

①은 수구즉득다라니를 통해 성불할 수 있음을 길게 서술하는 부분이다. 계청과 진언만으로 이루어진 앞부분에 대한 사상적 배경을 핵심적으로 보여주면서 다음에 제시되는 영험 설화의 경전상 근거를 제공하고 있다. "(이 다라니를) 외우고 지닌 사람은 비록 온갖 종류의 죄를 지었더라도 지옥에 떨어지지 않을 것이요, 오직 성불이 가까워진 이는 이 진언 외우는 소리를 들으려니와, 성불이 아직 먼 이는 이 진언 외우는 소리를 듣지 못하리라. 만약 이 진언의 한 글자 두 글자 내지 한 구절, 한 번만이라도 두루 외우거나, 정대[41]한 사람은 모든 부처님과 똑같을 것이다."[42]라는 서술은 제시되는 설화의 영험이 결코 허위가 아님을 증명하는 근거가 된다. 이 부분에 제시되지 않았지만 뒤에 제시되는 "만일 어떤 사람이 이미 온갖 극중한 죄업을 지어서 목숨이 마치자, 그 악업 때문에 응당 지옥에 떨어지거나, 혹은 축생이나 염라왕계에 떨어지거나, 혹은 아귀에 떨어지거나, 나아가서는 대아비지옥에 떨어지거나, 혹은 물속의 무리나 혹은 금수 등 이류의 몸을 받게 되었더라도, 이 진언의 제목 중 단 한 글자만이라도 귓전에 스친 이는

---

41 정대(頂戴): 머리에 올려 놓는다는 뜻으로, 상대에게 최고의 경의를 드러냄을 이르는 말. 물건을 주거나 받을 때 그 물건을 이마에 갖다 대며 상대편에게 경의를 나타낸다.
42 不空, 『金剛頂瑜伽最勝祕密成佛隨求即得神變加持成就陀羅尼儀軌』, "誦持之人, 雖作極重種種之罪, 不墮地獄, 唯成佛近人, 方聽是眞言, 成佛遠人, 世世不聽, 若是眞言. 一字二字乃至, 一句一遍, 頂戴者, 是人諸佛無異."(불교학술원아카이브 http://www.tripitaka.or.kr/)

이러한 고통을 다시는 받지 않고, 업장이 모두 소멸하여 속히 부처님 세계에 태어나리라."⁴³라는 진술과도 관련을 맺고 있다. 이러한 수구즉득다라니의 영험을 증명하는 설화가 그다음에 제시되어 일종의 액자식 구성을 취한다.

②~⑦의 서사 단락이 수구즉득다라니의 영험을 증명하는 <구박(俱博) 바라문 영험 설화>다. 구박은 바라문(婆羅門), 곧 승려로 부처님을 뵙지도 않고, 불법을 듣지도 않았으며, 날마다 돼지·양·곰·사슴 등을 잡아먹다가 죽어서 염라왕 앞에 이른다. 그의 죄는 아비지옥(阿鼻地獄, 무간지옥)에 던져 넣어지는 것이었다. 그런데 그가 도달한 지옥은 "갑자기 꽃 연못으로 변하고, 팔공덕수⁴⁴가 철철 넘치고, 그 안에는 여러 연꽃이 피었고, 그 위에는 각기 죄인들이 앉았는데 아무런 고통도 없는"⁴⁵ 정토로 변한다. 두 생 동안에 어떠한 선행도 한 적이 없는 구박 바라문의 상황을 이해할 수 없었던 제석은 석가모니 부처님께 그의 선행이 무엇이기에 신통 변화가 이러한지를 묻는다. 석가모니 부처님이 그의 해골을 보라고 하여 그의 무덤 주변을 살피게 된다.

---

43 不空, 위의 책, "若人先造一切極重罪業, 遂即命乘斯惡業應墮地獄, 或墮畜生, 閻羅王界, 或墮餓鬼乃至墮大阿鼻地獄, 或生水中, 若禽獸異類之身, 聞此真言題名乃至一字一經於耳, 如是等苦更不受, 業障皆悉消滅, 速生佛界."
44 여덟 가지의 공덕을 갖추고 있는 물. 극락에 있는 못에 가득 차 있으며, 징정(澄淨), 청랭(淸冷), 감미(甘美), 경연(輕軟), 윤택(潤澤), 안화(安和), 제기갈(除饑渴), 장양제근(長養諸根)의 여덟 가지 공덕이 있다고 한다. 또 수미산을 에워싸고 있는 일곱 바다에도 이 물이 가득하다고 하는데, 이 물을 마시면 목이 부드러워지고 먹은 뒤에는 배 속이 편안하다고 한다.
45 『五大眞言集』(영평사 소장본), "其地獄忽爲花池, 八功德水弥滿, 其中所在諸蓮花. 上各坐罪人, 無諸之苦."

부처님께서 이르시기를, '오직 그 인간의 해골만은 볼 만할 것이니라.' 하였느니라. 제석이 구박의 무덤 서쪽 일 리쯤에 있는 졸도파를 보았다. 그 안에는 진언이 있었는데, 글자 하나가 바람에 날려 구박의 해골에 붙어 있었느니라. 제석이 돌아와서 여덟 지옥에 옮겨다 놓으니, 모든 지옥이 모두 그와 같이 되었느니라. 그때 구박과 모든 죄인이 모두 다 삼십이상과 팔십종호를 갖추고, 부처님과 보살이 되시니, 상방의 무구불(無垢佛)이 바로 구박 바라문이었느니라. 운운(云云) 날아다니는 새들과 축생 등이 이 진언을 한번 슬쩍 귓전으로 들어도 이 몸이 다한 뒤에 다시 중생으로 태어나지 않느니라.[46]

구박 바라문이 묻힌 무덤의 서쪽 1리쯤 되는 곳에 졸도파 곧 탑[47]이 있었고, 그 안의 다라니의 글자 하나가 바람에 날려 구박의 해골에 붙은 인연으로 그의 모든 죄는 소멸하였다고 한다. 이는 "만약 이 수구즉득다라니가 유포된 곳이 있다면 모든 유정이 이것을 알고 나서 마땅히 가장 미묘한 향·꽃·당기·개(蓋) 등 갖가지로 공양하고, 반드시 훌륭하게 채색한 비단으로 경협(經夾)을 묶어 탑에 놓아두거나 혹은 당찰에 놓아두고, 갖가지 음악과 노래로 찬탄하며 돌면서 공양하고 경건한 마음으로 예배하면 그 유정들이 마음속으로 생각하고 바라고 원하는 것을 모두 만족하게 얻을 것이니라."[48]에 보이는 다라니 의궤를

---

46 『五大眞言集』(영평사 소장본), "佛言: '惟可見人間之骸骨.' 帝釋徃見, 俱愽葬所西去一里有窣堵婆, 其中所在朽此眞言. 一字随風被俱愽骸上. 帝釋來歸, 移置八地獄, 每地獄如是, 變成. 于時俱愽與諸罪人, 皆具三十二相八十種好, 同成佛菩薩, 上方無垢佛是俱愽也. 云云. 諸飛鳥畜生之類, 聞此眞言一經於耳, 盡此一身不復更受."
47 산스크리트어 스투파(स्तूप)를 음역해 졸도파(卒堵波), 탑파(塔婆)라 하고 이를 더 줄여 탑이라 한다.
48 不空, 『普遍光明淸淨熾盛如意寶印心無能勝大明王大隨求陀羅尼經』, "若有流布此大隨求陀羅尼之處. 是諸有情既知是已, 當以上妙香花幢蓋種種供養, 應以殊勝繒綵, 纏

배경으로 하여 서사화되었음을 보여준다. 결국, 중죄자가 아비지옥에 떨어지더라도 수구즉득다라니의 한 글자라도 해골에 닿으면 죄를 멸하고 극락왕생함을 서사의 핵심으로 삼으면서, 수구즉득다라니의 영험성을 극대화하는 설화라 하겠다.

2-2) 수구다라니의 영험을 다룬 두 번째 영험 설화로 불공이 한역한 『보편광명청정치성여의보인심무능승대명왕대수구다라니경』(이하 『대수구다라니경』)의 <죄수의 생명 구제 영험 설화>가 제시되고 있다. 편찬자는 『대수구다라니경』에 진언이 존재하는데도 앞선 진언류에 제시하지 않은 채 '영험약초'에 이 설화만을 끌어온 것이다. 『대수구다라니경』은 석가세존[49]이 대금강삼마지(大金剛三摩地)에 머무시며 보살과 대성문, 비구, 비구니 등 수많은 이들에게 이 수구다라니를 통해 모든 죄가 소멸하고 모든 병에서 벗어날 수 있음을 설한 경전이다. 이 경전은 석가세존이 대중에게 설법하는 장소와 등장인물들을 제시하고, 게송을 통해 경전의 위대함을 노래한 후 한자로 다라니를 싣고 있다. 그리고 경전 마지막에 수구다라니의 영험 설화 8편을 실었는데, 『오대진언집』에서는 이들 설화 가운데 <죄수의 생명 구제 영험 설화>만을 취했다.

裹經夾安於塔中, 或置幢刹, 以種種音樂歌詠讚歎, 旋繞供養虔誠禮拜. 彼等有情心所思惟, 所希求願, 皆得滿足."(불교학술원아카이브 http://www.tripitaka.or.kr/)
[49] 원문은 '婆伽梵(바가범)'으로 나와 있는데, 이는 산스크리트어 'भगव' 팔리어 'bhagavā'의 음역 표현이다. 불경에서 이 용어는 박가범(薄伽梵)·박아범(薄阿梵)·바가범(婆伽梵)·바가반(婆伽伴)·바아부저(婆誐嚩底)·바아부제(婆誐嚩帝)·박가발제(薄伽跋帝) 등으로 음역되어 나타나며 석가세존을 가리킨다.

표 4 『대수구다라니경』의 영험 설화

번호	장애 주체	장애	영험 내용	장애 극복 행위	수록 문헌
1	라후라/ 야수다라	불	불구덩이가 식고, 연꽃 연못으로 변화	다라니 염송	『대수구다라니경』 상권
2	풍재 장자 아들	독용	한 우바이가 용에게 물린 풍재장자의 아들의 독을 제거	다라니 기도	
3	범시왕	전쟁	적진에 들어가 적국의 항복을 받아냄	다라니를 몸에 지님	
4	비구	병, 윤회	고뇌 극복, 아비지옥의 불길 소멸, 삼십삼천 세계에 재생	다라니 사경, 시신 위에 올려놓음	
5	미미라상거 장자	풍랑, 해일 등	바다에서 풍랑을 만났을 때 다라니 사경하여 돛대에 놓으니 배가 무사함	다라니를 사경해 돛대에 놓음	
6	시원수왕	무자 (無子)	전생 다라니 공양과 가난한 이들의 복 빈 인연으로 현생에서 원하던 아들을 얻음	다라니 공양 예배, 사경	
7	여래	마군 (魔軍)	여래가 성도하여 법륜을 굴리는데 마군이 장애를 일으키자 모공에서 나온 금강사자들에게 명령해 마군을 물리침	다라니를 일곱 번 염송	『대수구다라니경』 하권
8	중죄인	사형	중죄인이 다라니를 지닌 덕에 사형을 면하고, 야차 굴속과 강물에 버려졌어도 살아났다.	다라니를 몸에 지님	

'표 4'에서 확인할 수 있듯 8편의 설화는 수구다라니의 염송, 기도, 소지(所持), 사경(寫經) 등의 행위를 통해 화재(火災), 독(毒), 적국의 침범, 중병(重病), 지옥(地獄), 풍랑과 해일(海溢), 무자(無子), 마군(魔軍), 사형 등의 문제를 해결하고 있다. 설화 전후에 "만약 이 다라니를 독송하고 마음속에 받아 지니면 이 사람은 금강처럼 견고한 몸을 얻어 불로 태울 수 없고 칼로도 해칠 수 없으며 독으로도 중독 시킬 수 없음을 알아야 한다. 대범이여, 불로 태울 수 없는 것을 어떻게 알 수 있는가?"[50]와 같이 불설(佛說)로 다라니 영험을 서술하고 그에 따른 예증으로 8편의 설화를 제시한 것이다. 『오대진언집』의 '영험약초'에서

는 이런 『대수구다라니경』의 영험 설화 가운데 〈죄수의 생명 구제 영험 설화〉만을 취했는데, 서사 단락은 다음과 같다.

① 범시왕이 중죄를 저지른 자를 망나니에게 산속에서 죽이라 명령한다.
② 망나니가 산의 굴로 죄수를 데리고 가 칼로 쳐 죽이려 한다.
③ 죄수가 수구다라니를 지니고 기억, 염송하니 칼이 산산조각이 난다.
④ 왕이 이 소식을 듣고 죄수를 야차굴로 보낸다.
⑤ 죄수를 잡아먹으려던 야차들이 죄수의 몸에서 나오는 광명에 놀라 예를 올린다.
⑥ 왕이 망나니에게 죄수를 강물 속에 던져 버리라고 한다.
⑦ 죄수가 들어간 강물이 말라버린다.
⑧ 왕이 죄수에게 그런 기적이 일어난 이유를 물으니 수구다라니를 지녔을 따름이라 한다.
⑨ 왕은 찬탄, 게송을 읊고 예배하고, 비단으로 죄수의 머리를 묶어 관정하고, 성주로 책봉한다.

이 설화는 사형을 당하는 죄수라 하더라도 수구다라니를 소지하기만 하면 목숨을 구하고 귀인이 된다는 것을 서사의 핵심으로 삼고 있다. 왕에게 중죄를 저지른 죄수는 마땅히 사형을 당해야 할 존재로 상정되는데, 그것을 거스르는 3가지 사건이 설화의 흥미를 자아낸다. 죄수를 죽이려던 망나니의 칼이 산산조각이 나고, 모질고 사나운 귀신

---

50 不空, 『普遍光明淸淨熾盛如意寶印心無能勝大明王大隨求陀羅尼經』, "若能讀誦受持在心, 當知是人卽是金剛堅固之身, 火不能燒, 刀不能害, 毒不能中. 大梵, 云何得知火不能燒？"(불교학술원아카이브 http://www.tripitaka.or.kr/)

야차(夜叉)가 죄수를 잡아먹으려다 몸에서 솟아나는 밝은 빛에 놀라 죄수에게 예를 올린다. 죄수가 깊은 강물 속에 던져졌지만, 강이 곧바로 말라버리는 기적이 벌어진다. 사형을 당할 정도의 중죄가 무엇인지는 중요하지 않다. 서사는 목숨을 잃을 수밖에 없는 상황이 세 번씩 이어지는데도 기적이 일어나며 죄수의 목숨을 구해내는 이유에 집중하게 한다. 결국 그런 기적은 수구다라니를 지닌 데서 비롯되었고, 왕이 찬탄하고 게송을 읊고 예배하게 한다. 그리고 비단으로 죄수의 머리카락을 묶고 관정(灌頂), 곧 물이나 향수를 뿌리는 의식을 거행하게 만든다.[51]

편찬자는 8편의 영험 설화 가운데서 하필이면 왜 이 죄수 설화를 선택한 것일까? 장애를 겪는 주인공들을 보면 ① 가비라대성(迦毘羅大城) 석가족의 여인인 야수다라(耶輸陀羅)와 그의 태(胎) 속에 있던 라후라 동자, ② 선유성(善遊城)에 풍재(豐才) 장자의 아들, ③ 바라나사성(筏羅捺斯城)의 범시왕(梵施王), ④ 비구, ⑤ 형우미단성(形愚未壇城)의 미마라상거(尾麼羅商佉) 장자, ⑥ 마가다국의 시원수왕(施願手王), ⑦ 광박미소면마니금보광염조요고용왕여래(廣博微笑面摩尼金寶光焰照曜高勇王如來), ⑧ 죄수 등으로 나타난다. 『오대진언집』의 편찬자는 여래, 비구, 왕, 왕녀, 장자 등 신성하고 고귀한 신분의 존재를 선택하지 않고 목숨이 경각에 달린 죄수를 선택했다. 그러면서 그런 최악의 상황에서도 대불정다라니만 지니면 고난에서 벗어날 수 있다는 메시지를 강하게 전달하려 했던 것이다.

---

51 『오대진언집』의 편찬자는 "오천축국(五天竺國)의 법은 관직을 줄 때에 모두 비단으로 머리를 묶고, 관정을 내린 후에 그 관직을 주었다."라는 협주를 달아놓음으로써 독자들의 궁금증을 해소토록 한다.

3) 세 번째 『대불정다라니수능엄경』의 영험 설화로 반나밀제가 한역한 『대불정여래밀인수증요의제보살만행수능엄경』(이하 『수능엄경』)의 〈대불정다라니 영험 설화〉가 제시되고 있다. 다른 설화들과 달리 주인공이 대불정다라니라 볼 수 있는 서술을 하고 있다. 이 다라니에서 영험을 경험하는 주체는 부처, 말세의 수행자, 말세의 중생 등 모든 세간과 출세간의 존재인데, 그 서사 단락을 보면 다음과 같다.

① 불정광취미묘장구(佛頂光聚微妙章句)가 시방의 모든 부처님을 낳는다.
② 주문은 마군을 항복시키고 법륜을 굴려 수기를 내리고 온갖 괴로움을 없앤다.
③ 주문은 지옥·아귀·축생 등의 괴로움, 온갖 신체적 장애, 난리, 가뭄, 흉년, 가난 등 현실적 재액(災厄)을 없앤다.
④ 주문은 수행자들이 선지식을 섬기며 깨달음을 얻고 대열반에 들게 하며, 열반 뒤에도 불법을 유지하게 한다.
⑤ 주문의 신비로운 영험과 공덕은 다 설할 수 없다.
⑥ 말세 중생이 주문을 외우면 독에 해를 입지 않고, 독이 감로의 맛으로 변한다.
⑦ 오역중죄를 지었어도 이 주문을 외우면 그 죄가 남지 않는다.
⑧ 참회 없이도 이 주문을 읽고 외우고 쓰고, 사경 수지하고 주택에 모시면 업장은 사라진다.
⑨ 말세의 수행자가 이 주문의 비밀 심인을 지니면 의심과 후회가 없다.

세간과 출세간의 일체 존재가 대불정다라니를 외우거나 사경, 소지하는 등의 행위를 통해 재난에서 벗어나고, 성불할 수 있다는 내용을 서사의 핵심으로 삼고 있다. 그런데 흥미로운 설화적 전개가 아니며, 다라니의 영험을 직접적으로 표현했다. 구체적 인물의 서사적 움직임을 보여주는, 흥미로운 설화가 『수능엄경』에 존재하지 않았던 까닭에 편찬자는 가능한 한 다라니의 영험을 드러내는 표현들을 찾아 세밀하게 서술되는 부분들을 간략하게 줄이고 있다.

4) 네 번째 영험 설화로 불타파리가 한역한 『불정존승다라니경』의 〈선주 천자 영험 설화〉가 제시되고 있다. 앞에서 사형을 당하는 죄수를 다룬 설화가 있었는데, 여기서는 사후에 악도 윤회하는 고통에서 벗어나는 데 불정존승다라니가 영험이 있음을 드러내려는 것을 서사의 목적으로 한 것으로 보인다. 서사 단락을 보면 다음과 같다.

① 삼십삼천의 선주 천자가 천녀(天女)들과 함께 놀러 다닌다.
② 선주 천자가 7일 후 죽어 7번 축생의 몸으로 지옥에 떨어져 고통받게 된다는 소리를 듣는다.
③ 선주 천자가 제석천에게 어찌하면 고통에서 벗어날 수 있는지를 묻는다.
④ 제석천이 선정에 들어 선주 천자가 일곱 번 축생 악도의 몸으로 변화하는 모습을 관(觀)한다.
⑤ 제석천이 부처님께 선주 천자가 악도의 몸을 받지 않을 방도를 여쭌다.
⑥ 부처님은 임종 시 불정존승다라니를 독송하면 고통이 소멸하고, 불국토에 간다고 일러준다.
⑦ 부처님이 사천왕에게 다라니 지니는 법을 설한다.
⑧ 부처님이 제석천에게 선주 천자가 불정존승다라니를 잘 지니도록 하라고 부탁한다.

⑨ 제석천이 선주 천자에게 다라니법을 준다.
⑩ 선주천자가 다라니를 6일간 법답게 지녀 악도에서 벗어나고, 보리에 머물러 수명이 늘어난다.
⑪ 7일째 부처님은 선주 천자의 정수리를 어루만지시고 보리의 수기(授記)를 준다.

이 설화는 『불정존승다라니경』 원전의 전체적인 구성에서 중요한 위치를 점하고 있다. 전체 구성을 보면 여시아문(如是我聞)이 언급되고, 부처님께서 급고독원에서 비구, 보살승과 함께 계셨다는 상투적인 불경의 첫 대목이 제시된 다음에 선주 천자의 영험 설화가 이어진다. ① 단락에서 ⑥ 단락까지 이어지며, 마지막에 "모름지기 이 다라니를 생각하여 염(念)하면 도로 목숨을 더하여 삼업(三業)이 깨끗해질 것이라고 하시고, 바로 주(呪)를 이르셨다."[52]라고 한 다음에 불정존승다라니를 길게 제시한다. 그리고 다라니의 유통, 염마라법왕(閻魔羅法王)이 다라니를 받아 지니고 독송하는 사람을 수호하겠다고 부처님께 다짐하는 대목, 그리로 영험 설화의 ⑦ 단락이 제시된다. 그다음에 치병, 망자 천도, 극락왕생이라는 다라니의 영험이 설해지고, 다라니의 염송법이 설해진다. 그리고 영험 설화의 ⑧~⑪단락이 제시된다. 서사의 중간에 불정존승다라니, 유통, 영험, 염송법 등이 끼어들어 있는 구조다. 『오대진언집』의 앞부분에서 다라니를 제시했으므로, 유통이나 염송법 등도 제시할 만한데 설화 자체의 서사성을 해치지 않도록 그 부분들을 과감하게 생략했다.

---

52 『五大眞言集』(영평사 소장본), "若人命將欲盡, 須史憶念此陁羅尼, 還得增壽三業淸淨. 卽說呪曰."

①~② 단락은 사건이 벌어지는 공간, 등장인물, 사건의 성격을 주의해서 보아야 할 부분이다. 장애를 겪게 되는 주인공으로 삼십삼천(三十三天) 선법당(善法堂)의 선주(善住) 천자(天子)가 등장한다. 욕계에 해당하는 삼십삼천은 도리천이라고도 하는데, 수미산 위 중앙에 제석천이 있고 사방으로 8명의 천인(天人)이 있어 합하여 33개가 되는 하늘이 있는, 신의 세계다. 선법당은 제석천의 궁전에 있는 강당을 가리키고, 그곳의 천주(天主)는 제석이다. 천자는 그 제석천을 제외한 32천의 한 존재로 설화의 주인공이며, 이름이 선주다. 결국 공간이나 인물이 비현실계다.

　그런데 그곳에서 "선주는 7일 후면 목숨이 다할 것이며, 이후에 섬부주(贍部洲)[53]에 태어나 일곱 번 축생의 몸을 받다가 지옥에 떨어지리라. 지옥에서 나온 뒤로는 비천한 집에 태어날 것이며, 태 속에서부터 두 눈이 없으리라."[54]라는 소리를 듣는다. 그는 무슨 잘못을 저지른 것인가? '영험약초'의 서술은 "천녀들과 함께 놀러 다녔다[與諸天女 共相娛樂]"라고만 표현하고 있어 문제의 심각성을 느끼기 어렵다. 원문을 들여다보니 "대천(大天)들과 함께 동산에서 유희하였고, 그들로부터 존귀한 대접을 받았으며, 천녀들에게 앞뒤로 둘러싸여 기쁘게 노닐면서 갖가지 음악으로 서로 즐기며 모든 쾌락을 누렸다."[55]라고 나온다.

53　원문은 '섬부주(贍部洲)'라 되어 있다. 섬부주는 남섬부주, 염부(浮洲), 염부주(閻浮州) 등으로도 불린다. 사주(四洲)의 하나로 수미산 남쪽에 있다는 대륙이다. 저승이 아니라 인간들이 사는 곳이며, 여러 부처가 나타나는 곳은 사주(四洲) 가운데 이곳뿐이라고 했다.
54　『五大眞言集』(영평사 소장본), "善住, 却後七日, 命終之後, 生贍部洲, 受七返畜生, 卽墮地獄, 從地獄出生於貧賤處, 於母胎, 卽無兩目."
55　佛陀波利, 『佛頂尊勝陀羅尼經』, "與諸大天, 遊於園觀. 又與大天受勝尊貴, 與諸天女, 前

삼십삼천에서도 신들은 남녀 구별이 있고, 음욕이 여전하지만 바람기는 오래 가지 않고 번뇌도 심하지 않은 곳이라 한다.56 그런데 선주천자는 천녀들과 지나치게 음악을 즐기고, 남녀 간 모든 쾌락을 누렸다고 했다. 속세의 욕망에서 완전히 벗어나지 못한 삼십삼천의 천자가 과도한 쾌락을 누렸기에 7번의 축생 윤회전생, 지옥, 장애 등의 고통을 받아야 했던 것이다. 천녀들과 놀러다녔다는 '영험약초'의 간략한 서술만으로 그런 고통을 설명하기에는 서사 전개의 설득력이 떨어진다. 하지만 설화는 그다음의 윤회전생에 초점을 맞춘다.

③ 단락에서 선주가 악도의 몸을 받지 않을 방도를 삼십삼천 최고의 신 제석천에게 묻는다. ④ 단락에서 제석천은 선주가 7번 축생의 윤회전생 모습을 관한다. 제석천은 돼지 → 개 → 여우 → 원숭이 → 뱀 → 까마귀 → 솔개로 변화하는 선주의 미래를 본다. 여기서 돼지는 『서유기(西遊記)』 속 저팔계(豬八戒)와 같이 평소 맛있는 음식이나 여성에 대해 강한 집착을 갖는 존재를 상징하고 있다. 선주 태자가 잘 대접받고, 천녀들과 온갖 쾌락을 즐겼다는 점은 돼지로의 전생을 이끈 것이다. 개는 충성심이나 희생 등의 긍정적 이미지가 없지 않지만 이 설화 맥락으로는 비천한 습성과 관련을 맺고 있다고 봐야 할 것이다. 여우, 원숭이, 뱀, 까마귀, 솔개 등도 부정적으로 그려지는 대상이라 봐야 할 것이다. 그런데 그것은 악도 즉 악업을 지어서 죽은 뒤에 가야 하는 육도 윤회 중 축생도로 끔찍하게 여겨지는 세계다. 삼십삼천 천상의 존재가 축생도, 지옥, 장애를 갖는 인간으로 살아야 한다는 것이다.

後圍繞, 歡喜遊戲, 種種音樂, 共相娛樂, 受諸快樂."(불교학술원아카이브 http://www.tripitaka.or.kr/)

56 「천(天)」, 『한국민족문화대백과사전』(https://encykorea.aks.ac.kr/Article/E0055756)

이의 해결을 ⑤~⑥ 단락에서 보여주는바, 임종 시 불정존승다라니를 독송하기만 하면 온갖 고통이 소멸하고, 불국토로 갈 수 있다고 부처님이 제석천에게 일러준다. "능히 일체 생사 고뇌를 깨끗하게 하느니, 만약 사람이 한 번만 귀로 듣더라도 선세(先世)에 지은 일체 지옥 악업이 모두 사라질 것이다. 천제(天帝)여, 만약 사람의 목숨이 장차 다하려 할 때 모름지기 이 다라니를 생각하여 염(念)하면 도로 목숨을 더하여 삼업이 깨끗해질 것이다."[57] 이 설화의 서사적 핵심은 이 진술에 있다. ⑨~⑪ 단락은 이의 실천을 통해 악도에서 벗어나고 수명까지 연장된다는 결과를 보여준다. 그리고 불정존승다라니가 지닌 밀교 의례적 특징을 ⑨ 단락에서 제시하고 있다. 주의해서 살펴야 할 부분이다.

"너희는 이제 잘 들어라. 내가 너희를 위하여 다라니 지니는 법을 자세히 이르며, 또한 목숨이 짧은 중생을 위하여 이를 것이다. 마땅히 먼저 목욕하고 깨끗한 새 옷을 갈아입고 달이 둥근 보름날 재계(齋戒)하고 이 다라니를 염송해야 하며, 천 번을 채우면 명이 짧은 중생이 도로 목숨이 더하여지고, 영원히 병의 고난을 여의게 되며, 만약 큰 모진 병을 만나도 이 다라니를 들으면 곧 영원히 여읠 것이다. 만약 어떤 사람이 일찍이 극히 무거운 악업을 짓고 목숨을 다하여 삼악도(三惡道)[58]에 떨어질 사람이라면 망자(亡者) 몸의 뼈를 가져다가 흙 한 움큼에 이 다라니 스물한 편을 외워 망자의 뼈 위에 흩으면 곧 하늘에 태어날 것이다."[59]

---

57 『五大眞言集』(영평사 소장본), "能淨一切生死苦惱. 若有人聞一經於耳, 先世所造一切地獄惡業. 皆悉消滅. 天帝! 若人命將欲盡, 須史憶念此陁羅尼, 還得增壽三業清淨."
58 삼악도는 악인(惡人)이 죽어서 가는 세 가지의 괴로운 세계(世界)를 말하는데, 지옥도(地獄道), 축생도(畜生道), 아귀도(餓鬼道)가 그것이다.
59 『五大眞言集』(영평사 소장본), "汝今諦聽, 我當爲汝宣說持陁羅尼法, 亦爲短命諸衆

목욕재계하고 보름날 불정존승다라니를 염송하라. 그리하면 장수와 치병이 이루어지고, 삼악도에 떨어질 사람이라면 망자 몸의 뼈를 가져다 흙 한 움큼을 두고 21번 다라니를 외운 후 망자의 뼈에 흩으면 천상에 태어난다. 원래의 설화를 줄여 서술하되, 다라니의 영험과 의궤까지 정확히 보여주고 있는 작품이 <선주 천자 영험 설화>라는 것을 확인할 수 있다.

4. '영험약초'의 서사적 특징과 수구즉득다라니

'영험약초'의 설화는 네 다라니의 영험을 드러내기 위한 것이다. 이번에는 이 작품들의 배치와 서사구조 및 서사 표현, 불교 서사적 지향점에서 몇 가지 특징들을 살펴보고자 한다.

아래 <표 5>에서 확인할 수 있듯 설화의 배치가 일정한 의도를 가지고 이루어졌음을 짐작할 수 있다. 서사의 가장 중요한 부분이라 할 인물인 주인공으로 천수천안관세음보살이라는 보살, 구박 바라문이라는 승려, 사형수인 속인, 불보살과 중생 전체, 삼십삼천 하늘나라의 선주 천자 등이 등장했다. 그리고 사건이 벌어지는 공간은 불보살의 세계인 불계(佛界), 수행자들의 세계인 출세간계(出世間界), 염라대왕이 등장하는 저승이라는 지하계(地下界), 죄를 짓고 사형수가 등장하는 인간계, 제석이 다스리는 삼십삼천의 천계(天界) 등 불교에서 상상할

生說. 當先洗浴, 着新淨衣, 白月滿日, 持齋誦此陁羅尼, 滿其千遍, 令短命衆生, 還得增壽, 永離病苦. 若遇大惡病, 聞此陁羅尼, 卽得求離. 若人造一切極重罪業命終, 應墮三惡道者, 取亡者身分骨, 以土一把, 誦此陁羅尼二十一遍, 散亡者骨上, 則得生天."

252 낙화법과 수구즉득다라니

수 있는 공간을 일정하게 안배하였음을 알 수 있다.

표 5. 〈영험약초 설화의 서사구성 요소〉

설화	주인공	공간 배경	사건 성격	서사의 핵심
① 〈천수천안관세음 보살 연기 설화〉	천수관음 (보살)	불계 (佛界)	비현실	'대비심주'를 지송한 덕분에 천수천안관세음보살이 되어 중생을 구제한다.
② 〈구박 바라문 영험 설화〉	구박 (승려)	저승 (地下界)	비현실	중죄자가 아비지옥에 떨어져도 수구즉득다라니의 한 글자라도 해골에 닿으면 멸죄, 극락왕생한다.
③ 〈죄수의 생명 구제 영험 설화〉	죄수 (속인)	오선나성 (인간계)	현실	사형을 당하는 죄수라 하더라도 『대수구다라니경』을 소지하기만 하면 목숨을 구하고 귀인이 된다.
④ 〈대불정다라니 영험 설화〉	불보살 중생	불계/지하계/ 출세간계/ 세간	현실 비현실	일체 존재가 대불정다라니를 암송, 사경, 소지하면 재난에서 벗어나고, 성불할 수 있다.
⑤ 〈선주 천자 영험 설화〉	선주 (천자)	삼십삼천 (天界)	비현실	임종 시 불정존승다라니를 독송하기만 하면 온갖 고통이 소멸하고, 불국토로 갈 수 있다.

그러한 공간을 배경으로 주인공들은 위기에 봉착한다. 대비심주를 지니고 미래의 중생을 위해 공덕을 지으라는 부처님의 말씀에 따라 중생을 위해 천수천안의 몸으로 태어나기를 발원하여 천수천안관세음보살이 되었다는 불보살 연기인 ① 〈천수천안관세음보살 연기 설화〉에는 커다란 위기가 보이지 않는다. 이는 간결한 서술로 많은 여백을 지닐 수 있는 설화의 특성 때문에 그런 것처럼 보일 수 있다. 그런데 자세히 들여다보면 관세음보살에게도 위기는 존재했다. 관세음보살이 처음에는 중생을 위한 공덕 쌓기를 생각지 않은 것은 아니었지만 초지에 머물러 있었을 따름이다. 초지는 보리를 얻어 중생들의 깨달음을

얻게 하겠다는 십대원(十大願)을 세워 보시바라밀을 실천하는 단계라 할 수 있다.60 그 단계는 아직 수행, 실천이 무르익지 않은 때이므로 위기의 순간이 아닐 수 없다. 그런데 부처님의 가르침에 따라 대비심주를 듣고 바로 제8지로 뛰어올라 중생을 위한 천수천안의 몸으로 태어나기를 발원하기에 이른다. 제8지는 지혜가 움직임이 없어 깨뜨릴 수 없는 단계로, 초지의 십대원이 여기에서 열매를 맺어 십자재(十自在)를 얻게 된다.61 그리하여 대비심주 덕분에 관세음보살은 중생을 구제할 수 있는 보살이 될 수 있었다는 것을 설화가 밝힌 것이다.

②〈구박 바라문 영험 설화〉나 ③〈죄수의 생명 구제 영험 설화〉는 수구즉득다라니의 영험을 함께 드러내는 설화로 묶여, 사부대중이 최악의 상황이라 여겼음 직한 순간을 초점화하고 있다. 구박 바라문은 부처님을 뵙지도 않고, 불법도 듣지 않았으며, 날마다 살생하다가 염라왕 앞에 이르러 아비지옥 형이 내려지게 된다. 왕에게 무거운 죄를 저지른 죄수가 사형 집행을 당할 위기를 맞이한다. ②는 출세간의 존재, ③은 세간의 존재가 더 이상 희망을 지닐 수 없는 시련(ordeal)과 위기(crisis)의 순간으로 독자 또는 청자에게 불안감과 긴장감을 유발하는 사건을 상정한 것이다. ②는 불교 신앙자가 상상할 수 있는 최악의 상황이고, ③은 경전의 화재나 독(毒), 적국의 침범, 중병과 같은 위기의 사건들 가운데 현실적으로 닥칠 수 있는 최악의 상황을 상정함으로써 독자 또는 청자가 그 위기를 어떻게 모면할 수 있을지 기대하게 만든다. 그때 설화들은 수구즉득다라니와 대수구다라니가 해결의

---

60 김상건(2010), 「菩薩十地思想 硏究」, 동국대 박사학위논문, pp.120-121.
61 김상건(2010), 위의 글, p.123.

열쇠임을 이야기한다. 심지어 ②는 수구즉득다라니를 다 외우는 정도도 아니고 다라니의 한 글자가 바람에 날려 해골에 붙기만 하여도 지옥을 벗어난다고 한다. 물론 ③은 산속, 야차 굴, 강물 등 시련과 위기의 공간이 바뀌면서 죽음을 유예하며 긴장감을 강화하지만 모든 문제의 해결책은 대수구다라니를 몸에 지니는 것이다. 『오대진언집』의 편찬자는 "모든 극악하고 무거운 죄도 / 이 수구다라니를 듣자마자 / 이 다라니를 따라 구하면 / 모든 죄가 소멸되어 / 모든 유정을 편안하고 즐겁게 하며 / 모든 병에서 벗어나게 하네."62라는 부처님 게송을 증명하는 사건으로 이 설화만 한 것이 없다고 판단했던 것이다.

④ 〈대불정다라니 영험 설화〉는 일정한 사건을 제시하기보다 온갖 위기의 순간들을 다 쓸어 담는 서사 전략을 취하고 있다. 지옥·아귀·축생 등의 괴로움, 온갖 신체적 장애와 난리, 가뭄, 흉년, 가난 등 현실적 재액(災厄)이라는 위기, 독에 의한 해, 오역중죄 등의 위기를 구체적 사건 없이 서술하면서 그 위기를 모면하려면 '대불정다라니'의 수지, 독송이 해결해 줄 것이라고 한다. 편찬자는 서사성이 떨어지지만는 다라니의 영험을 다각적으로 보여준다는 점에서 그 의의를 지녔다고 판단했으리라.

⑤ 〈선주 천자 영험 설화〉는 제석신이 다스리는 삼십삼천이라는 환상적 시공간을 제시하고, 거기에서 선주 천자라는 존재가 직면하게 되는 윤회전생의 위기를 상정하고 있다. 『불정존승다라니경』은 아주 짧은 경전인 데다가 그 내용이 선주 천자가 영험 설화 중간에 다라니

---

62 不空, 『普遍光明淸淨熾盛如意寶印心無能勝大明王大隨求陀羅尼經』, "諸極惡重罪 若得纔聞此隨求陀羅尼 一切罪消滅 安樂諸有情解脫一切病"(불교학술원아카이브 http://www.tripitaka.or.kr/)

의 영험성을 진술하는 형태를 띠고 있다. 그리고 앞에서 제시한 진언들의 순서에 맞춰 설화들을 배치해야 했으므로 『불정존승다라니경』의 유일한 설화인 〈선주 천자 영험 설화〉를 제시할 수밖에 없었을지도 모른다.

그런데 삼십삼천의 세계는 발원자 인수대비의 눈에 왕실과 관련을 맺는 것으로 여겨졌을 가능성도 있다. 선주 천자가 천녀들과 함께 놀러 다닌 죄 정도로만 간략하게 표현되었지만, 그것은 발원자 인수대비가 경험했던 왕실의 비극적 사건을 연상케 한다. 인수대비의 둘째 아들인 성종 주변에서는 왕실의 여성 문제가 적지 않았다. 첫째 며느리인 공혜왕후가 성종 5년(1474) 4월에 후사 없이 사망하고, 성종 4년(1473) 3월에 후궁이 된 윤씨가 연산군을 낳고 성종 7년(1476) 8월에 왕비가 되었다가 8개월 만에 폐비가 되어 쫓겨난다. 그리고 성종 13년(1482) 8월에 사약을 받고 사사(賜死)된다.[63] 성종 6년(1475)에 여성에 대한 가르침을 담은 『내훈(內訓)』까지 썼던 인수대비에게 벌어진 사건들은 성종 16년(1485)에 편찬하는 『오대진언집』 '영험약초'의 〈선주 천자 영험 설화〉와 연결되면서 한 나라의 왕이 여성들에게 둘러싸여 쾌락에 빠져 있다가는 축생도, 지옥도와 같은 곳을 윤회하는 고통을 받게 된다는 가르침을 간접적으로 전달하고 싶었을지도 모르는 일이다.

그리고 '영험약초'의 표현에서 가장 눈에 띄는 것은 기존 경전의 설화를 그대로 싣지 않고 전체적인 맥락을 고려하여 압축하고 있다는

---

63 이경하(2006), 「15세기 최고의 여성 지식인, 인수대비」, 『한국고전여성문학연구』 제12집, 한국고전여성문학회.

점이다. 대표적으로 〈대불정다라니 영험 설화〉를 보면 아래와 같이 편찬자는 길게 서술되고 있는 (가)『수능엄경』원전 대목을 (나) '영험약초'의 한 대목으로 줄이면서 과감하게 선택·배제했다.

(가)『수능엄경』원전

若我滅後, 末世衆生有能自誦, 若教他誦, 當知如是誦持衆生, 火不能燒水不能溺, 大毒小毒所不能害, 如是乃至龍天鬼神, 精祇魔魅所有惡呪, 皆不能著, 心得正受. 一切呪咀, 魘蠱, 毒藥, 金毒, 銀毒, 草木虫蛇萬物毒氣, 入此人口成甘露味, 一切惡星幷諸鬼神磣毒心人, 於如是人不能起惡. 毘那夜迦諸惡鬼王幷其眷屬, 皆領深恩常加守護. 阿難! 當知是呪常有八萬四千那由他恒河沙俱胝金剛藏王菩薩種族, 一一皆有諸金剛衆而爲眷屬, 設有衆生於散亂心非三摩地心憶口持, 是金剛王常隨從彼諸善男子, 何況決定菩提心者.

[번역] 만약 내가 열반한 뒤에 말세(末世) 중생이 자신이 외우면서 남에게 외우게 한다면, 마땅히 알라. 이처럼 외워서 지니는 중생은 불에 타지 않고, 물에 빠지지 않고, 크고 작은 독에 해를 입지 않으며, 이처럼 용과 하늘과 귀신과 정령의 토지 신[精祇]과 악마의 도깨비[魔魅]들이 나쁜 주문을 하더라도 모두 범접할 수 없느니라. 또 이 주문은 마음에 삼매를 얻게 하므로, 어떤 저주[呪詛]도 양밥의 독벌레[厭蠱]도 독약(毒藥)과 금독(金毒)과 은독(銀毒)도, 풀, 나무, 벌레, 뱀 등이 지닌 만물의 독한 기운[毒氣]이 이 사람의 입에 들어가면 감로(甘露)의 맛으로 변하느니라. 모든 나쁜 별[惡星]과 온갖 귀신들과 마음속에 독을 품은 사람일지라도, 이처럼 주문을 지닌 사람에게는 악을 일으킬 수 없으며, 빈나야가(頻那夜迦)에 사는 온갖 귀신 왕과 그 권속들은 모두 이 주문에 깊은 은혜를 입어 (주문을 지닌 사람을) 항상 수호하느니라. 아난아, 마땅히 알아야 한다. 이 주문에는 항상 팔만 사천 나유타 항하사 구지(俱胝)의 금강장왕보살(金剛藏王菩薩) 종족이 있어서, 그들 낱낱이 권속으로 거느린 금강신중(金剛神衆)들이 밤낮으

로 따라다니면서 모시느니라. 가령 어떤 중생이 마음이 산란하여 삼마지(三摩地)에 들지 못하고, 마음으로 생각하고 입으로 외울지라도, 이 금강왕(金剛王)들은 언제나 저 선남자들을 따라다니는데, 더욱이 보리의 마음을 결정한 사람을 일러 무엇하겠느냐?

(나) '영험약초'의 약초(略抄)

末世眾生有能自誦, 若敎他誦, 大毒小毒所不能害, 萬物毒氣, 入此人口成甘露味. 設有眾生於散亂心, 心憶口持, 諸金剛王常隨侍從, 何況決定菩提心者.

[번역] 말세(末世) 중생이 자신이 외우면서 남에게도 외우게 한다면, 크고 작은 독에 해를 입지 않으며, 만물의 독한 기운[毒氣]이 이 사람의 입에 들어가면 감로(甘露)의 맛으로 변하느니라. 가령 어떤 중생이 산란한 마음으로 생각하고 입으로 외우더라도 금강왕(金剛王)들이 언제나 따라다니며 모시는데, 보리의 마음을 결정한 사람이야 일러 무엇하겠느냐?

다라니를 외우면 불에 타지 않고, 물에 빠지지 않는다는 사항은 생략하고, 독에 해를 입지 않는다는 영험만 제시한 후 그에 맞추어 독이 감로의 맛으로 변한다고 했다. 그렇다고 아무런 논리가 없는 것은 아니다. 편찬자는 저주도 독이고, 귀신들이 내뱉는 저주도 독이며, 주술사의 독벌레[厭蠱]와 독약·금독·은독도 독이고, 풀·나무· 벌레·뱀 등이 지닌 독도 모두 '독(毒)'이라는 단어로 포괄된다고 판단한 것이다. 편찬자는 그와 같은 인식에 기반을 두고 영험의 서사를 줄이면서 인과성, 논리성도 고려하여 '대불정다라니'의 영험을 서사화했다.

그렇다면 '영험약초' 설화들, 나아가 『오대진언집』은 어떤 불교적 지향점을 지녔을까? 이 설화들은 모두가 독자들의 '절실한 심정'에 호소하고 있다. 밀교 진언의 영험성을 드러내고자 사람들이 처하게 될 최악의 상황을 상정하고 그에 대한 극복의 절실함을 자극하고 있는 것이다. 이는 발원자인 인수대비가 세상의 도가 야박하게 되고, 시류가 급박하게 되는 것을 가엾이 여겨[愍世道之薄後 時流之急思] 절실히 필요한 것이『오대진언집』이라 밝힌 내용과 연결된다.『오대진언집』의 구성에서 '영험약초'는 불교 신앙인들의 절실함을 어떻게 풀어가야 할 것인지를 설화 작품들로 풀어 보여준 것이다.

편찬자는 그러한 '절실함'이나 '급박함' 등을 해결해 줄 다라니로 수구즉득다라니에 주목했던 것으로 여겨진다. 수구계 경전에서 말한다고 하고 2편의 설화를 제시하고 있다는 점, 절실함이나 급박함을 잘 드러내는 설화 내용, 그리고 다음과 같이 경전이 갖는 의의를 설화 제시 전에 밝히고 있다는 점 등이 다른 설화들과는 다른 지점이다.

부처님께서 말씀하셨다. "나에게 비밀한 법이 있으니, 세상에 매우 드문 것이요, 죄를 멸하고 성불케 하는 으뜸가는 법이니, 이름이 '수구'니라. 어떤 사람이 이 진언의 제목만 들었거나, 누군가가 이 진언의 제목만 외운 이에게 가까이하거나, 한곳에 모여 살면, 일체 천마와 귀신과 선신왕이 항상 따라와 수호하리라. …(중략)… 이 진언은 무수억 항하사수 부처님들의 지혜의 근본이며, 한량없는 부처님의 출생, 성불하신 것도 이 진언을 지녔기 때문이다. 그러므로 비로자나여래의 자체 법계 안에서 무수한 겁의 정진을 얻게 되는 것이다. 모든 부처님께서 이 진언을 만나지 못했으면 성불하지 못했을 것이며, 외도나 바라문이 이 진언을 얻으면 부처를 이룸이 빠르니라."[64]

---

64 『五大眞言集』(영평사 소장본), "我有秘密法, 爲世希有, 滅罪成佛㝡勝第一, 名曰隨求. 若有人纔聽是眞言題名, 若誦題名, 人親近. 一處住, 一切天魔惡鬼, 諸善神王恒隨守護.…중략…是眞言爲無數億恒河沙諸佛智根本, 無量諸佛出生, 成道由持是眞言. 故毗盧遮那如來自法界智中盡無數劫求得, 一切諸佛不得是眞言不成佛道, 外道婆羅門得

죄를 멸하게 하고 성불케 하는, 으뜸가는 법이라서 '수구(隨求)'라 했으며, 수많은 부처님 지혜의 근본이 되고, 한량없는 부처님의 출생과 성불도 모두 이 수구즉득다라니가 있었기에 가능했다고 한다. 다른 설화들이 다라니가 뛰어남을 설하지 않는 것은 아니지만 그것은 설화 속에서 진술됨에 비해 유독 수구즉득다라니만은 설화를 서술하기 전에 이러한 진술을 담아 수구즉득다라니가 구하는 것에 따라[隨求] 바로 성취함[卽得]을 강조하고 있음을 알 수 있다.

밀교 경전에서 다른 무엇보다도 수구다라니 또는 수구즉즉다라니를 강조하는 전통은 불공이 한역할 당시부터 시작되었고, 한반도에 전래된 후 조선시대까지 지속되었던 것으로 보인다. 불공이 수구다라니를 중요하게 여겼다는 것은 혜과(惠果 746-805)의 행적을 담은 「대당청룡사삼조공봉대덕행장(大唐靑龍寺三朝供奉大德行狀)」에 보인다. 혜과는 수구다라니와 대불정다라니를 불공에게 전수받았다고 했다. 공해(空海 774-835)가 지은 「대당신도청룡사고삼조국사관정아사리혜과화상지비(大唐神都靑龍寺故三朝國師灌頂阿闍梨惠果和尙之碑)」에는 혜과가 불공에게 대불정다라니와 대수구다라니를 전해 받았고, 불공이 보현행을 행하고 문수보살을 찬하면서 사람들이 개미 떼처럼 몰려들고 영험도 많았으며, 대종(代宗) 황제가 그 소식에 불공을 맞이했다[65]고 했다. 그리고 송대(宋代) 자은사(慈恩寺) 사문(沙門) 장천(藏川)이

是眞言速成佛道."
65 『定本弘法大師全集』 8, 「大唐神都靑龍寺故三朝國師灌頂阿闍梨惠果和尙之碑」, "昔髫齓之日 隨師見三藏 三藏一目 驚異不已 竊告之曰 我之法敎 汝其興之也 卽而視之如父 撫之如母 指其妙跡 敎其密藏 大佛頂大隨求 經耳持心 普賢行 文殊贊 聞聲止口 年登救蟻 靈驗處多 于時代宗皇帝聞之 有敕迎入."(옥나영(2018), 앞의 글, p.101. 재인용)

쓴 『불설지장보살발심인연시왕경(佛說地藏菩薩發心因緣十王經)』(이하 『인연시왕경』)을 들여다볼 필요가 있다.

　　그리하여 죽은 사람은 나무 아래 문[樹門]을 지나서 염마왕의 국경에 있는 사천산의 남문을 또 지나야 한다. 죽은 이가 지나갈 때 문의 양쪽 기둥에 맞물려 들어가 살이 터지고 베이며, 뼈가 부서지고 골수가 흘러내린다. 여기서 다시 한번 죽음을 겪는다고 하여 사천산(死天山)이라 한다. 이를 따라 죽은 이가 들어가게 되는 곳의 산은 험하고 비탈져 있어, 산길을 걸으려면 지팡이가 필요하고, 돌길이라 신발이 필요하다. 남녀를 장사 지낼 때 3척의 지팡이와 지장보살께 보내는 편지, '수구다라니', 짚신 한 켤레를 갖추어서 시신 근처에 두어야 한다.[66]

『인연시왕경』은 저승으로 가는 길의 모습을 그려주면서 남녀를 장사 지낼 때 3척의 지팡이와 지장보살께 보내는 편지, 수구다라니와 짚신 한 켤레를 갖추어서 시신 근처에 두어야 한다고 했다. 이처럼 수구다라니를 분묘에 납입하는 전통은 『인연시왕경』에도 나타난다.

　이렇게 수구다라니를 중요하게 여기는 전통 아래서 7-8세기에 중국의 불교 신앙인들은 한역된 수구다라니를 종이에 서사하거나 인쇄한 후 분묘에 합(盒)과 팔찌 등에 넣고 시신과 함께 부장함으로써 사후세계의 이익을 기원했다. 이는 물론 경전상의 지침에 따른 것이었다.

　우리나라에서는 보천 태자와 의상 스님이 수구다라니를 매우 중요

---

[66] 藏川, 『佛說地藏菩薩發心因緣十王經』, "然通樹門, 閻魔王國塊死天山南門. 亡人重過, 兩莖相逼破[勝-力+天]割[虎-儿+肉], 析骨漏髓, 死天重死, 故言死天. 從此亡人向入死, 山險坂尋杖, 路石願鞋. 然即男女於葬送, 具三尺杖頭, 書地藏狀并隨求陀羅尼, 具鞋一, 具置魄神邊(墓處名也)." (https://cbetaonline.dila.edu.tw/zh/X0020)

하게 여겼음을 알려주는 기록도 존재한다. 신라 31대 신문왕(神文王, 재위 681-692)의 둘째 아들인 보천(寶川)이 왕위를 사양하고, 수도에 전념하다가 만년에 울진국(蔚珍國) 장천굴(掌天窟)에서 수구즉득다라니를 염송하는 것을 과업(課業)으로 삼았다고 했다.

보천(寶川)은 항상 그 영동(靈洞)의 물을 길어다가 마시더니 만년(晩年)에는 육신(肉身)이 공중을 날아 유사강(流沙江) 밖 울진국(蔚珍國) 장천굴(掌天窟)에 이르러 쉬었으므로 여기에서 수구다라니를 외는 것으로 밤낮의 과업(課業)을 삼았다. 어느 날 장천굴의 굴신(窟神)이 현신(現身)하여 그에게 말했다. "내가 이 굴의 신이 된 지가 이미 2,000년이나 되었지만 오늘에야 비로소 수구의 진리를 들었습니다." 말을 마치자 신(神)은 보살계(菩薩戒) 받기를 청했다. 그가 계(戒)를 받고 나자 이튿날 굴도 또한 형체가 없어져 버렸다. 보천은 놀라고 이상히 여겨 그곳에 20일 동안이나 머물고 있다가 오대산 신성굴(神聖窟)로 돌아갔다.[67]

그리고 의상 스님의 『투사례(投師禮)』에 등장하는 다음 구절은 한국 밀교에서 중요하게 여긴 진언이 무엇이었는지를 드러내고 있다.

隨求准提大悲呪	수구주(隨求呪) 준제주(准提呪) 대비주(大悲呪)와
佛頂尊勝寶樓閣	불정존승주(佛頂尊勝呪) 보누각주(寶樓閣呪)여
我今志心歸命禮	제가 이제 지극한 마음으로 목숨을 바쳐 예를

---

[67] 一然, 『三國遺事』 卷 第三, 塔像 第四, 「臺山五萬眞身」, "寶川常汲服其靈洞之水, 故晚年肉身飛空到流沙江外蔚珍國, 掌天窟停止, 誦隨求陁羅尼日夕爲課, 窟神現身白云, 我爲窟神已二千年, 今日始聞隨求眞詮, 請受菩薩戒. 旣受已翌日窟亦無形. 寶川驚異留二十日, 乃還五臺山 神聖窟."

| 願持甚深秘密意 | 올리니
원하옵건대 깊고 깊은 비밀의 뜻을 수지하기를 바랍니다.[68] |

    밀교 경전 가운데 제일 앞에 수구다라니를 언급하고, 다음으로 준제관음다라니, 대비심다라니, 불정존승다라니, 보누각주를 언급했다. 보누각주는 불공의 『대보누각선주비밀다라니경』과 보리유지의 『광대보루각선주비밀다라니경』을 가리킨다. 『투사례』는 의상(605-702)의 사후에 지은 것으로 추정되어 작자의 시비가 없지 않다. 그렇지만 의상 이후에 지어진 것이라 하더라도 한국 밀교에서 중요하게 여기는 다라니를 확인하는 데는 문제가 없을 듯하다. 어쨌든 『투사례』에 『오대진언집』에 수록된 대비심다라니, 수구다라니, 불정존승다라니가 언급되어 한국 밀교의 전통을 짐작게 한다.

    위 기록에 보면 적어도 통일신라 무렵 우리나라에도 수구다라니는 전해졌고 그에 대한 신앙이 존재했음을 알 수 있다. 그리고 이 다라니를 합(盒)이나 탑 등에 넣어 시신과 함께 매장하는 풍습이 형성되었고, 목판인쇄 형태로 경전이 유통되었다. 최근까지 분묘와 불복장에서 수구다라니가 계속 발견되어 중국의 분묘 납입 전통이 그대로 이어졌음을 확인할 수 있다.[69] 『오대진언집』은 이러한 한반도의 불교 신앙 전통을 계승한 문헌인 것이다.

    한편 최근 보고된 17C에 판각되었으리라 추정되는 영평사 소장본

---

68 義湘, 「義湘和尙投師禮」(민영규 소장본).
69 김보민(2021), 「고려시대 隨求陀羅尼의 유형과 활용 양상」, 『美術史學研究』 제309호, 한국미술사학회.

『오대진언집』의 '영험약초'가 시작되기 전 앞면 여백에는 묵서로 수기(手記)된 불교 의례 낙화법(落火法)을 간략히 기록해 놓았는데, 여기 본의식에 '수구대명왕진언'을 넣고 있어 주의를 요한다. 낙화법의 소의경전은『오대진언집』의 수구즉득다라니 앞부분 진언으로 배치한 『불설금강정유가최승비밀성불수구즉득신변가지성취다라니의궤』와 '영험약초'의 또 다른 수구다라니 영험 설화 출전인『보편광명청정치성여의보인심무능승대명왕대수구다라니경』이다.[70] 수구즉득다라니에 보이는 다음과 같은 표현들은 '불[火]'에 대한 의식을 드러낸다.

> "화염 태장이여, 고통을 사라지게 하는 자여"
> "빛나는 정수리를 지닌 여존이여, 두루 널리 비추는 청정한 여존이여, 화염이여, 화염이여"
> "태워라, 태워라, 자신의 죄와 중죄를, 스바하. 태워라, 태워라, 모든 반대자와 적을, 저에게 이익 되지 않은 것을, 스바하."
> "그들의 모든 몸과 번뇌와 마음을 태우소서 스바하. /광명에게 스바하. 화염에게 스바하./ 빛나는 화염에게 스바하. 보변 화염에게 스바하."[71]

『오대진언집』에 실담 진언, 한글 음, 한문 음으로 되어 있는 것을 로마자로 음과 한글 음을 달고 번역을 시도한 것의 일부를 옮긴 것이다. 이는 민가에서 길게 줄을 드리우고 숯가루 봉지에 불을 질러 불꽃이 떨어지는 낙화놀이[72] 형태가 원래 불가의 연등회 말미를 장식하는

---

70 이선이·강향숙(2021),『불교의례 낙화법(落火法)의 기원과 형성과정』, 경인문화사, pp.25-37.
71 이선이·강향숙(2021), 위의 책, pp.147-168.

관화(觀火) 또는 관화희(觀火戲)·화산희(火山戲) 등에서 행해지던 '낙화법'에 기반한 것임을 알려주는 증거처럼 보인다. 그리고 불교의궤인 낙화법 가운데 수구즉득다라니가 있는 것이다. 이러한 낙화법이 어떻게 전개되어 왔는지에 대한 사적 고찰은 좀 더 진척될 필요가 있겠으나, 불가에서 밀교의궤로 낙화법을 선택하고 그를 통한 중생의 고통을 덜어 주려는 실천적 행위가 어느 때부터인가 존재했음을 영평사 소장본 『오대진언집』이 확고하게 증명하고 있다.

5. 맺음말

『오대진언집』은 한국 밀교의 특성을 고스란히 보여주는 매우 흥미로운 경전이다. 『오대진언집』은 수많은 경전 가운데 한국 밀교의 전통을 바탕으로 중요 진언들과 영험 설화들을 일정한 기준에 따라 재편한 것이다. 그런데 지금까지의 연구를 보면 『오대진언집』의 저경을 정확히 밝히지도 않은 채 문헌에 등장하는 경전들을 나열하고, 왜 5개의 진언인지도 명확히 합의해 놓지 못한 상황이다. 그런 가운데 국어학 쪽에서는 시간의 흐름에 따라 변화하는 진언의 한글 표기에 집중했고,

---

72 1927년 개성의 초파일 관등놀이 가운데 "第一놉흔 子男山에서는 落花라 하야 숫가루 봉지에 불을 질너서 불가루가 떨어지는 것도 대장관입니다."(開城南千石, 「내고장 風俗習慣」, 『동아일보』, 1927. 03. 20.)와 같은 기사에서 불교의 낙화법이 민간에서 널리 행해졌음을 보여주고 있다. 불 가루가 떨어지는 모습이 꽃잎이 떨어지는 것과 같다고 하여 '落花'로 쓴 것인데, 이러한 민간화된 낙화놀이 형태는 충북에서 정월대보름에, 경남에서는 사월 초파일 관등놀이 때 행해진다.(오대혁·백창호(2024), 『연등문화의 역사』, 담앤북스, pp.399-400.)

미술사학 쪽에서는 사십이수의 도상 변화에 집중했으며, 불교학·불교사학 쪽에서는 개별 경전의 특성과 사적 흐름에 집중했다. 개별 경전들이 『오대진언집』으로 결합되면서 어떤 화학 반응이 일어났는지에 대해서는 깊이 따져보지 않았다. 문학 쪽에서는 아예 관심도 두지 않았던 게 사실이다.

이러한 문제점을 의식하면서 필자는 먼저 『오대진언집』이 밀교 의례를 위한 구성으로 보았다. 그래서 신밀(身密)·구밀(口密)·의밀(意密) 등 삼밀(三密)을 모두 갖춘 사십이수진언을 맨 앞에 배치하고, 나머지는 계청과 다라니가 짝을 이룬 신묘장구대다라니, 수구다라니, 대불정다라니, 불정존승다라니를 배치했음을 밝혔다. 그리고 저경으로 한국불교의 전통 속에서 중요하게 인식되었던 『천수천안관세음보살광대원만무애대비심다라니경』, 『금강정유가천수천안관자재보살수행의궤경』, 『불설금강정유가최승비밀성불수구즉득신변가지성취다라니의궤』, 『대불정여래밀인수증요의제보살만행수능엄경』, 『불정존승다라니경』을 바탕으로 계청과 다라니가 짝을 이룬 5종 진언을 담은 의례집으로 구성했음을 밝혔다. 이제까지 문헌에 나온 대로 '천수천안관자재보살근본다라니'라고만 표현하던 진언은 그 출전이 『금강정유가천수천안관자재보살수행의궤경』임을 밝히고, 단을 설치하고 유목(乳木)을 던져 넣는 의식을 통해 재앙이나 악업 따위를 불태워 없애는 호마법(護摩法)에 이용되는 진언임을 확인하였다.

『오대진언집』의 '영험약초(靈驗略抄)'는 '경운(經云)'이라 하며 네 개의 경전을 언급하고, 네 종류의 설화들을 이야기하고 있다. 그런데 수구즉득다라니의 영험을 이야기하는 설화는 〈구박 바라문 영험 설화〉와 〈죄수의 생명 구제 영험 설화〉가 함께 제시되고 있음을 확인하였다.

처음에 배치된 〈천수천안관세음보살 연기 설화〉는 일종의 불보살 연기설화 형식을 띠면서 대비심주를 지송한 덕분에 천수천안관세음보살이 되어 중생을 구제한다는 것을 서사의 핵심으로 삼은 설화라 하였다.

두 번째 수구즉득다라니의 영험 설화로 배치된 〈구박 바라문 영험 설화〉는 중죄자가 아비지옥에 떨어지더라도 수구즉득다라니 한 글자라도 해골에 닿으면 죄를 멸하고 극락왕생함을 서사의 핵심으로 삼으면서, 수구즉득다라니의 영험성을 극대화하는 설화다. 그리고 수구즉득다라니의 또 다른 영험으로 제시된 〈죄수의 생명 구제 영험 설화〉는 출전이 되는 경전 속 8편 설화 가운데 선택된 설화이다. 『오대진언집』의 편찬자는 신성하고 고귀한 신분의 존재를 주인공으로 선택하지 않고 목숨이 경각에 달린 죄수를 선택하여 최악의 상황에서도 수구다라니만 지니면 고난에서 벗어날 수 있다는 메시지를 강하게 전달하려 했음을 확인할 수 있었다.

세 번째로 배치된 〈대불정다라니 영험 설화〉는 세간과 출세간의 일체 존재가 대불정다라니의 진언을 외우거나 사경, 소지하면 재난에서 벗어나고, 성불할 수 있다는 내용을 핵심 서사로 삼고 있는데, 다라니 영험을 직접적으로 진술하고 있어 일반적 설화 형태에서 많이 벗어나 있었다.

네 번째로 배치된 〈선주 천자 영험 설화〉는 삼십삼천 천상의 존재가 축생도, 지옥, 장애를 갖는 인간으로 살아야 함을 말하여 사후에 악도 윤회하는 고통에서 벗어나려면 불정존승다라니가 영험하다는 것을 서사의 핵심으로 삼고 있었다.

이 설화들은 편찬자의 일정한 의도를 반영된 것으로 파악되었다.

보살, 승려, 사형수, 불보살과 중생 전체, 삼십삼천의 천자 등의 인물들이 불계(佛界), 출세간계, 지하계, 죄를 짓고 사형수가 등장하는 인간계, 제석천이 다스리는 천계(天界) 등 불교에서 상상할 수 있는 공간을 일정하게 안배하고 있었다. 기존의 설화를 어떻게 배치해야 불교 신앙인들의 신심을 불러일으킬 수 있는지 깊이 고려한 편집으로 보인다. 그리고 '영험약초'의 표현에서 기존 경전의 설화를 그대로 싣지 않고 전체적인 맥락을 고려하고, 인과성이나 논리성을 고려하여 압축하고 있음을 알 수 있었다. 전체적으로 볼 때 '영험약초' 설화들은 독자의 '절실한 심정'에 호소하면서 밀교 진언의 영험성을 드러내고자 한 작품들이라 보는 것이 적절할 것이다.

마지막으로 필자는 '영험약초' 수구다라니 영험을 다룬 2편의 설화를 제시하면서 수구즉득다라니에 주목했다. 밀교를 한역하고, 『오대진언집』에도 가장 많이 수용된 인물은 불공이며 그는 수구다라니와 대불정다라니를 기반으로 밀교를 중흥시켰다. 그리고 수구다라니와 짚신 한 켤레를 갖추어서 시신 근처에 두어야 한다고 한 『인연시왕경』의 기록 등은 수구다라니에 대한 신앙이 오랜 기간 중국과 한국의 불교계에서 이어져 왔음을 확인할 수 있었다. 우리나라에서는 보천 태자 설화와 의상의 『투사례』의 언급 등에도 나타나고, 조선시대까지 수구다라니를 합(盒)이나 탑 등에 넣어 시신과 함께 매장하는 풍습, 목판인쇄 형태로 경전이 유통되었던 역사를 확인할 수 있었다.

그리고 영평사 소장본 『오대진언집』에서 발견되는 '낙화법'도 '수구즉득다라니'와 관련된 밀교 의례이다. 이 낙화법의 시작은 언제인지 정확히 알 수는 없지만, 민간의 '낙화놀이'도 불교 '낙화법'에 기반을 두었으리라 추정했다.

참고문헌

1. 원전자료

『五大眞言』(왕실본)

『五大眞言集』(영평사 소장본)

伽梵達摩, 『千手千眼觀世音菩薩廣大圓滿無碍大悲心陀羅尼』
　　　　(http://www.tripitaka.or.kr/)

不空, 『金剛頂瑜伽千手千眼觀自在菩薩修行儀軌經』
　　　　(http://www.tripitaka.or.kr/)

____, 『金剛頂瑜伽最勝祕密成佛隨求卽得神變加持成就陀羅尼儀軌』
　　　　(http://www.tripitaka.or.kr/)

____, 『大佛頂如來密因修證了義諸菩薩萬行首楞嚴經』
　　　　(http://www.tripitaka.or.kr/)

____, 『普遍光明淸淨熾盛如意寶印心無能勝大明王大隨求陀羅尼經』
　　　　(http://www.tripitaka.or.kr/)

____, 『佛說金剛頂瑜伽最勝祕密成佛隨求卽得神變加持成就陀羅尼』
　　　　(http://www.tripitaka.or.kr/)

佛陀波利, 『佛頂尊勝陀羅尼經』(http://www.tripitaka.or.kr/)

義湘, 「義湘和尙投師禮」(민영규 소장본)

一然, 『三國遺事』(『韓國佛敎全書』 6권)

藏川, 『佛說地藏菩薩發心因緣十王經』
　　　　(https://cbetaonline.dila.edu.tw/zh/X0020)

2. 단행본 및 논문

강대현(2013), 「『오대진언(五大眞言)』에 나타난 사십이수인(四十二手印)에 관한 연구」, 『밀교학보』 14집, 밀교문화연구원.

강태자(2023), 「密敎 護摩法 硏究」, 위덕대학교대학원 박사학위논문.

국립경주박물관(2023), 『통일신라 수구다라니(2023년 국립경주박물관 학술조사연구자료집)』.

기윤혜(2012), 「朝鮮 前期 仁粹大妃 刊行 佛書의 분석」, 경북대학교 석사학위논문.

김무봉(2011), 「『영험약초언해(靈驗略抄諺解)』 연구」, 『동악어문학』 57집, 동악어문학회.

김상건(2010), 「菩薩十地思想 硏究」, 동국대 박사학위논문.

김수아(2016), 「왕실발원판 『오대진언집』과 관음신앙의 형성」, 『문학과 종교』21(1)집, 한국문학과종교학회.

김영덕(1999), 「불정존승다라니경에 관한 연구」, 『한국불교학』 제25권, 한국불교학회.

_____(2002), 「密敎經軌를 통해 본 觀世音菩薩」, 『천태학연구』 제4권, 천대불교문화연구원.

문상련(정각)·김연미(2021), 「관음(觀音) 42수주(手呪) 및 『오대진언』의 성립과 전개」, 『불교미술사학』 제31집, 불교미술사학회.

안병홍(2018), 「신묘장구 대 다라니 해설」, 『한국교수불자연합학회지』 제24권 제1호, 사단법인한국교수불자연합회.

安秉禧(1987), 「한글판 五大眞言에 대하여」, 『국어국문학』 95집, 국어국문학회.

안주호(2004), 「<오대진언>에 나타난 표기의 특징 연구-성암본과 상원사본을 중심으로」, 『한국어학』 25, 한국어학회.

오대혁·백창호(2024), 『연등문화의 역사』, 담앤북스.

옥나영(2018), 「고려시대 대불정다라니(大佛頂陀羅尼) 신앙과 석당(石幢) 조성의 의미」, 『韓國思想史學』 제60집, 한국사상사학회.

우진웅(2011), 「한국 밀교경전의 판화본에 관한 연구」, 경북대 박사학위논문.

이경하(2006), 「15세기 최고의 여성 지식인, 인수대비」, 『한국고전여성문학연구』 제12집, 한국고전여성문학회.

이선이(2023), 「『육경합부(六經合部)』의 육경(六經)과 진언의 관계성 연구」, 『불교학밀교학연구』 제4집, 한국밀교학회.

이선이·강향숙(2021), 『불교의례 낙화법(落火法)의 기원과 형성과정』, 경인문화사.

정왕근(2021), 「수기(手記) 낙화법과 『오대진언집(五大眞言集)』」(『불교의례 낙화법의 기원과 형성과정』, 경인문화사.

정태혁(1981), 「한국불교의 밀교적 성격에 대한 고찰」, 『불교학보』 제18집, 동국대 불교문화연구원.

조명제(1988), 「高麗後期 戒環解 楞嚴經의 盛行과 思想史的 意義」, 『釜大史學』 12, 부산대학교 사학회.

한성자(2024), 「실록을 통해 본 조선왕조의 불교관: 밀교 의례를 중심으로」, 『불교학밀교학연구』 제5권, 한국밀교학회.

제6장 2024년 제1차 낙화법 학술세미나의 경과 및 내용

1. 학술세미나의 목적

2024년 2월 세종특별자치시에서 무형문화유산으로 지정한 '세종 불교 낙화법'은 낙화(落火)와 다라니 염송이라는 결합을 통해서 전승되는 국내 유일의 불교의례이다. 다라니 염송의 절차에 밀교의궤를 갖춘 수행절차이다. 전승은 관등(觀燈)과 관화(觀火)라는 고려 연등회에 연원을 두고 있으며, 조선에서 비로자나불의 불빛과 다라니의 공능이 결합하여 낙화법을 탄생시켰다. 연등회의 연원을 둔 관등과 관화의 변용 그리고 수구즉득다라니를 이용한 낙화의궤의 탄생은 한국불교의 고유성을 그대로 담아내고 있다.

관화의 역사적인 변화와 변용을 인지하지 못하고 낙화법을 설명하려고 할 때, 많은 문제점이 노출되고 있다. 낙화법은 수구즉득다라니를 염송하는 절차를 포함하고 있는 불교수행법이다.

2023년 10월 국립경주박물관에서는 「통일신라 수구다라니」라는 학술조사연구를 발표한다. 경주 남산에서 나온 것으로 전하며, 1919년 조선총독부에서 구입한 수구즉득다라니의 존재를 발표한 것이다. 그

리고 '수구다라니, 아주 오래된 비밀의 부적'이란 특별전을 개최하였다. 통일신라와 고려시대의 다라니신앙을 연구할 수 있는 의미있는 자료였다. 이 학술조사연구자료집에는 '수구다라니 현황과 조사', '수구다라니와 금동 경합', '수구다라니 조사와 복원'이라는 논고가 실려있다. 기초 조사에 참여한 연구진은 총 31명이었으며, 자문단은 사학과와 미술사학과 중심으로 구성되어 있으며 총 11명이나 된다. 하지만 이들 자문단의 전문연구 영역은 엄밀하게 말하면 다라니 신앙을 보조 수단으로 연구한다고 하는 것이 옳은 표현이다. 그 이유는 한국불교의례에서 사용하는 진언을 직접 읽고, 나아가 진언의 한국불교적인 변용과 구성 그리고 의미를 해독할 수 있는가에 대한 의문이 있기 때문이다.

어쨌든 위와 같은 연구조사를 기초로 2024년 6월에는 「통일신라 다라니」라는 학술심포지엄에서 통일신라 다라니 신앙과 수구다라니 연구 성과를 공개하였다. 발표 내용은 '1.신라의 사리장엄과 다라니, 2.신라의 다라니 신앙과 한자 수구다라니의 의미, 3.범자 수구다라니 구조 및 내용 분석, 4.수구즉득다라니의 금강신상 그리고 금동방형경합, 5.수구다라니의 보존처리와 복원, 6.금동 경합의 제작 방법과 형식'의 여섯 개의 주제로 진행되었다. 1번부터 4번까지의 발표 내용은 수구즉득다라니와 직접 관련이 있다. 다라니를 필사한 종이에 많은 손상이 있어 전체를 보여주지는 못하고 일부만이 확인되었다. 이 연구에서 아쉬운 점은 참고한 자료가 매우 제한적이란 것이다. 이미 수구즉득다라니의 한국 수용과 변용을 어느 정도 규명한 결과와 그리고 『오대진언집』의 수구즉득다라니를 국내에서 처음으로 로마나이즈하고 초역한 내용을 전혀 참고하지 않고 있다.

이번 낙화법 학술세미나에서는 수구즉득다라니의 번역에서 한발 더 나아가 15세기 훈민정음 다라니 표기법의 현대화 작업을 하였고, 판테온의 구성과 판테온 속에서 신들의 역할 그리고 『영험약초』 설화와 다라니의 유기적 관계를 밝힌 만큼 많은 참고가 될 수 있을 것이다. 통일신라의 수구즉득다라니와 『오대진언집』의 수구즉득다라니는 같은 수구경전 계열에서 쓰이는 동일한 다라니이다. 그러므로 수구즉득다라니는 한국불교의 다라니 신앙과 전승을 규명할 수 있는 좋은 자료인 것이다.

또 낙화법의 기원이 되는 연등회의 관화에 대한 빈약한 인식에서도 문제점은 찾아진다. 국가유산청 국가유산포털의 '세종 불교 낙화법'과 세종시문화관광재단의 '세종낙화축제'의 설명에서도 민간의 낙화놀이의 용어인 '낙화봉'을 그대로 쓰고 있다. 낙화법이나 낙화놀이에서 '낙화'를 만드는 일은 가장 큰 중심 활동이 된다. 낙화 제조방법으로 등록 특허된 5종의 설명에서도 모두 '낙화봉'으로 사용하고 있다.

낙화법은 수구즉득다라니를 염송하는 불교의궤인 만큼 사찰에서 필요할 때 언제나 행할 수 있다. 다만 전제 조건은 바른 표기로 된 다라니와 다라니염송 절차를 따라야 한다. 의궤이므로 반드시 절차에 따라 낙화로 만들어진 불빛을 바라보며, 불빛의 공능을 관상(觀想)하며 염송해야 한다. 용어를 혼동한 이해의 예를 들어보자. 최근 '전통 불꽃놀이, 낙화의 진수를 만나요'(2024년 10월 22일)라는 불교계 방송기사를 보면, "낙화놀이는 물 위에서 즐기는 전통 불꽃놀이를 뜻하며 조선시대 이전부터 사찰에서 행해지던 민속놀이로 줄을 타고 떨어지는 불꽃들이 마치 꽃과 같다고 해서 붙여진 이름입니다."라고 설명하고 있다. 그리고 낙화법을 봉행하기로 한다고 밝히며 '낙화봉'이라고 설명한다. 불교의례인 낙화법과 민속놀이인 낙화놀이를 섞어서 설명한 내용이다. 낙화법은 '줄을 타고 떨어진다'는 설명도 '물 위에서 즐기는 전통놀이'도 아니다. 불교의궤에서 낙화를 만드는 용기는 '봉'이라는 표현보다는 '봉지'라고 해야 더 좋다. 전승된 낙화법이 대중에게 바르게 알려지지 않았기 때문에 자의적인 생각대로 설명하면서 발생한 일이다. 이와 같은 경우는 아주 비일비재하다. 바른 용어를 사용할 수 있도록 용어의 개념을 정의할 필요가 생긴 것이다.

가장 먼저 표준화할 것이 염송하는 『오대진언집』 수구즉득다라니를 통일하고 낙화법 용어의 개념을 설명하는 것이다. 통일된 '낙화법 염송의궤 절차'로 지속 가능한 전승의 역사를 담보해 내야 하기 때문이다.

위와 같은 문제점으로 인하여, 낙화법에 대한 학문적인 기초작업의 필요성이 대두하였다. 기초작업을 통해서 이제까지 불교학계와 인접 학문에서 연구한 결과로 낙화법을 보완하고, 용어의 개념을 정하고, 다라니염송법의 표준화를 하는 작업이다.

세 가지 측면에서 학술세미나를 진행하기로 하였다.

하나는, 『오대진언집』의 역사적인 가치와 낙화법의 전승을 확인하는 것이다.

다른 하나는, 문제점을 해결하는 방향과 주제 설정이다. 낙화법의 전승은 영평사 주지 환성스님을 직접 대면하여 전승 과정을 인터뷰하여 명확하게 확인하는 것이다. 그리고 문제로 드러난 내용을 주제로 학술세미나를 개최하여 문제점을 해소하는 것이다.

나머지 하나는, 불교의례로서 격식을 갖춘 여법한 전승을 위한 '낙화법(落火法)'의 이미지를 창출하는 로드맵을 구축하는 것이었다. 즉 '불교 낙화법 보존회'의 지속 가능한 무형유산으로 정착시키기 위해 CI(Corporate Identity, 사찰의 정체성)와 BI(Brand Identity, 낙화법의 정체성)를 통합한 로고·색상·낙화 이미지 등의 내용으로 디자인하여 로드맵을 만드는 것이다. 낙화법의 고유성을 확보하기 위해 불교의례 낙화법을 브랜드화하는 기틀을 다지기 위한 작업이다.

이와 같은 목적을 설정하고 진행한 학술세미나에서 얻은 연구 결과는 다음과 같다. 전승의 확인과 학술세미나의 결과를 아래와 같이 정리하였다. 그리고 마지막에 이미지화한 표지작업에 대하여 낙화법의 브랜드화 방안으로 정리해 놓았다.

2. 낙화법의 전승

2024년 9월 21일 세종시 영평사에서 환성스님을 인터뷰한 결과 낙화법의 전승 내용은 다음과 같다.

전승의 때와 장소는 1975년도 서산 부석사 주지로 있을 때이다. 법명과 이름을 알 수 없는 평양노장에게 『오대진언집』과 낙화법을 함께 전승받았다. 낙화법은 사월초파일이나 대보름에 행한다. 낙화법을 위한 준비 과정은 다음과 같이 진행되었다. 낙화봉지를 만들 한지를 준비하고, 숯을 곱게 갈아 놓고, 쑥을 돌돌 말아 놓고, 소금과 향을 마련한다. 한지(다른 종이로 대체해도 됨) 위에 준비한 숯, 소금, 향을 펴

놓고, 그 위에 쑥을 놓고 말아서 낙화봉지를 만든다. 꼬아서 만든 낙화 봉지를 줄로 묶어서 매단다. 그리고 다라니를 염송하며 태운다.(p.300: 부록편: 5) 환성스님 인터뷰 참조)

전승된 위와 같은 내용은 여러 과정을 거치며, 현재는 '불교 낙화법 보존회'를 중심으로 전승 계승되고 있다.

3. 학술세미나의 주제 그리고 그 결과

학술세미나의 주제를 설정한 구체적인 방향은 다음과 같다.

가장 기본적인 목적은 낙화법에서 사용하는 용어와 낙화법에 들어 있는 구체적인 내용을 보여주어야 한다는 것이었다. 용어의 혼재를 방지하기 위한 개념과 의미를 설명하고, 수구즉득다라니의 내용이 무엇인지를 보여주고, 『오대진언집』에 근거한 염송집의 표준안을 만들며, 그리고 수구즉득다라니의 설화를 소의경전에 근거하여 자세하게 분석하고 설화의 역할이 무엇인지를 설명하는 것이다. 이러한 구체적인 주제를 통해서 낙화법이 어떠한 불교수행의 성격을 가지고 있는가를 보여주기로 하였다.

낙화법의 본질을 이해하려는 학술세미나는 다양한 인접 학문의 접근이 필요하였다. 불교사상과 의례, 설화를 연구하는 문학과 어학, 민속학과 인류학, 불교미술 등의 관점에서 그들의 입장으로 낙화법을 설명하려는 한계를 허무는 작업이 필요했다.

우선 각 분야에서 선정된 전공 발표자는 필요한 자료를 공유하여 선정된 주제에서 크게 상충되는 문제를 해결하기로 하였다. 그리고 자료의 공유와 함께 좌담회를 통하여 문제점을 미리 해소하려고 노력하였다. 발표 주제를 보다 더 명확하게 할 수 있도록 한 것이다. 이와 함께 중복되는 내용을 배제하도록 조정하였다. 학술세미나를 효율적으로 운용하고 바람직한 연구 결과를 도출하기 위한 방안이었다. 이것은 서로 무비판적인 용어의 사용을 자제하고 바른 개념을 사용하는 방안이기도 했다.

결정된 총 5개 분야의 주제는 용어의 개념, 판본의 서지적 가치, 수구즉득다라니의 내용 분석, 15세기 표기법의 현대화, 오대진언의 영험과 설화의 문학적 가치 등이었다. 학술세미나에서 주제별로 발표한 내용을 수정하고 보완하여 도출된 결과를 아래와 같이 최종 정리하였다. 요점만을 정리하였기에 자세한 내용은 본문의 해당 논문을 참조하면 좋다.

그리고 이준환선생님이 제시한 15세기 훈민정음을 현대화 결과물은 이선이(태경)와 강향숙선생님이 공동으로 실담자·로마나이즈·현대화 결과물을 교차 비교하고 수정하였다. 염송하기 편하도록 문단을 나누고, 문장을 끊고, 단어를 명확하게 하였다. 이 결과인 수구즉득다라니의 표준안을 부록에 실어 놓았다.(p.339: 부록편: Ⅶ. 2025년 5월 5일 (불기 2569년 을사해 음 4월 8일) '세종 불교 낙화법' 표준안) 그리고 별책으로 『세종 불교 낙화법 염송의궤 절차』를 제작하였다.

1) 용어에 대하여

첫 번째, 낙화법에 쓰이는 중요한 용어의 개념은 다음과 같다.

① 낙화법(落火法)
낙화법은 의궤에 따라 공양물을 공양하고, 다라니를 염송하며 관법

(觀法)으로 수행하는 법이다. 숯의 불빛을 매개로 하는 낙화는 비로자나불을 상징하는 광명이며, 염만으로 묘사된다. 이 불빛은 명왕으로 변현한 상징으로 수구즉득다라니를 염송하거나 불빛을 보는 이들을 모두 빛으로 정화시키고 가피의 과정에서 깨달음의 공덕으로 나타난다. 그러므로 낙화법에서 낙화봉지는 비로자나불의 광명을 드러내는 불구(佛具)와 같은 의미를 지닌다고 생각해도 좋다.

② 예비의식과 공양물의 의미

본 의식에 들어가기 전 단(壇)을 만드는 법이라고 할 수 있다. 진언·실담을 비롯하여 공양물인 숯·향·소금 등을 준비하여 가지(加持)한다. 반드시 가지를 통해서만 부처님께 올리는 공양물의 의미로 변화할 수 있고, 다라니 염송의 가피를 입을 수 있다.

③ 낙화봉지

낙화를 만들어 내는 기구인 숯을 담은 봉지이다. 낙화봉지는 불구(佛具)로 인식하는 것이 바람직하다. 봉지에 들어가는 숯·향·소금 등은 공양물이므로 질이 좋은 재료로 선택한다. 향은 가능한 수구즉득다라니의 소의경전에 의한 안식향으로 한다. 숯과 소금은 정제되고 일정한 크기의 고른 깨끗한 것을 사용한다. 악귀를 쫓는 소리가 잘 나도록 만들고, 좋은 불빛을 볼 수 있도록 정성을 다한다. 낙화봉지는 빛을 강하게 만들어 주도록 도와주는 천연 한지를 사용하고, 적당한 꼬임을 주어 타는 시간을 조절한다.

④ 수구즉득다라니의 구조

수구즉득다라니의 내용은 여신을 중심으로 수직적 수평적 구조를 가진 판테온(pantheon)의 구성이다. 우주 구조는 수직으로는 지하계부터 천계까지 수평으로는 사방을 아우르는 총체적인 세계관을 제시한다. 이 구조 속에는 불교적 세계관과 인도의 토착신앙이 융합된 형태를 보인다. 만다라가 관념적인 구조를 넘어, 적극적인 보호와 수호의 기능을 수행한다.

판테온은 연화부(連華部)를 상징하는 연꽃, 금강부(金剛部)를 상징하는 금강, 보부(寶部)를 상징하는 보주의 이미지가 결합된 상태로 나타난다. 중심 신격은 청정성(viśuddhe)과 분노(caṇḍi)의 양명성을 동시에 지니고 있으며, 빛(jvala)과 정화(śodhaya)의 상징이 반복적으로 강조된다. 이것은 깨달음의 광명과 업장의 정화라는 밀교적 수행의 핵심을 상징적으로 보여준다. 존격은 황갈색(piṅgali)을 기본 신체색으로 하며, 광명(prabhe)과 불꽃(jvālini) 같은 빛을 발산하는 특징을 지닌다. 깨달음의 광명을 상징하는 빛은 정화와 가피의 과정에서 사용하는 상징성이다.

수구즉득다라니를 구성하는 판테온은 그 체계가 실천적 성격을 가지고 있다. 수행자의 깨달음이라는 궁극적인 목표를 지향하면서도, 현실적인 고통과 장애로부터 보호하고, 악몽과 불길한 징조의 제거, 일상적인 서원의 성취라는 실용적인 목적도 동시에 추구한다.

⑤ 무능승(無能勝)과 대수구(大隨求)

무능승은 대수구대명왕의 다라니 앞에 붙여 쓰인다. 대수구다라니를 가리킨다. 무능승대명왕은 정복되지 않은 위대한 지혜의 왕(明王)

을 의미한다. 인도의 힌두교인 바이슈나바교에서 아빠라지따는 신도
들이 숭배하는 여신 두르가(Durgā)의 한 형태로 무적을 상징하는 여신
이다, 전쟁과 승리의 신격 전통을 계승한다. 이 신은 밀교의 발전과
함께 명왕으로 체계화되면서 호법신(護法神) 성격이 강화되었으며, 다
라니 신앙과 결합하게 된다. 고려시대에는 무능승도량(無能勝道場)을
여는 밀교가 행하여 졌으며, 조선시대까지 명왕신앙으로 계승되었다.

무능승대명왕은 분노존(忿怒尊)의 형상으로 청색 또는 흑색의 신체
를 가졌으며, 화염으로 이루어진 광배인 화염광배(火焰光背)가 있다.
아빠라지따(무능승)은 힌두교 신을 발로 밟고 서서 조복시키고 있는
모습을 취한다. 가네샤로 불리는 코끼리를 조복해서 이 신이 지닌 권
능을 빼앗고 훨씬 큰 능력을 지녔다는 것을 드러낸다. 의례에서 악귀
를 퇴치하고 장애를 제거하여 수호하는 역할을 하며, 여러 가지 재난
과 재앙을 방지한다.

대수구는 크게 보호한다는 뜻이다[大護]. 여신들의 수호적 성격을
계승한 힌두교적 배경에서 출현하였다. 밀교에서는 부호와 수호의 의
미를 담고 있는 다라니가 점차 명왕으로 발전하였으며, 오수호 여신
중에 하나로 체계화되었다. 이 명왕은 재난 방지, 질병 치료, 악귀 퇴
치, 장수를 증진하는 수호적 기능이 주된 특징이다.

⑥ 관화(觀火)

관화는 관등(觀燈)과 동일한 선상에 있는 용어이다. 고려시대 연등
회는 연등으로 시작하고 관화로 끝을 맺었다. 연등회의 시작은 태조의
진영을 배알하는 것이며, 배알이 끝나면 궁에 돌아와서 백성을 위한
관화(觀火)를 한다. 개경 봉은사에는 고려 태조의 진영이 봉안되어 있

었다. 고려의 왕은 봉은사에 나가 진영을 배알하고, 돌아오는 길에는 연등을 켜서 길을 밝혔다. 이것을 연등이라고 한다. 왕이 궁에 돌아오면 연등과 화산대(火山臺)를 설치하고, 백성을 위해서 화산희(火山戲)와 함께 여러 가지 놀이[백희(百戲)]로 즐기며 백성의 안녕을 빌었다. 이때 화산의 불빛을 보는 것을 관화라고 한다.

연등을 밝히며 화산대로 불을 밝힌다. 빛과 같이 왕실이 번영하여 오래도록 이어지고, 화산의 불빛이 타오르듯이 백성의 풍요로움을 기원하는 것이다. 이때 가장 화려한 것이 관화의 일종인 폭죽이었다. 연등회는 이와 같이 관등과 관화로 왕실과 백성이 하나가 되는 것을 의미하였다. 관화는 백성을 위한다는 뜻이 있어 희(戲)라는 놀이의 기능이 있었다.

이러한 놀이는 국가의 큰 행사에서 연회의 성격으로 행해졌다. 조선시대에 들어서도 마찬가지였다. 관화의 놀이인 폭죽에서 화약 재료를 얻기 어렵게 되자 숯만을 이용하게 된다. 한국불교는 관화와 숯의 불빛 그리고 수구즉득다라니를 하나로 결합하여 낙화법으로 만들어냈다. 관화의 의미를 온전히 보존하며 불빛을 수구즉득다라니의 불빛으로 살려낸 것이다. 동아시아불교에서 한국불교에서만 나타난 불교의례의 변용 양상이다. 관등나 관화는 모두 관상법을 통해서 다라니의 기능을 작동시킨다.

⑦ 관상(觀想)

낙화법에서 관상은 그냥 멍하니 불빛을 보는 것이 아니다. 상(想)이란 번뇌를 부수기 위해 분노존의 모습을 한 무능승주대명왕이 수구즉득다라니를 설하는 모습을 유가유식으로 마음에 그려내는 것이다. 그리고 설한 다라니의 비로자나불 광명으로 중생의 번뇌를 부수고 불과 중생이 하나가 되도록 해야 한다. 다라니를 염송하는 자나 불빛을 보는 자는 모두 불빛으로 서로서로 상입상즉(相卽相入) 또는 입아아입(入我我入)으로 하나가 되어야 한다. 이것이 염불이라는 관상을 통해서 이루어지는 낙화법의 염불관상수행법이다.

⑧ 염만(焰鬘)

염만은 머리와 몸에 불빛으로 둘러싸여 있는 모습이다. 이러한 모습을 한 왕을 명왕이라고 한다. 5대명왕 또는 8대명왕 중에 하나인 염만덕가명왕(閻曼德迦明王)을 가리키며 yamāntaka를 상징한다. 이 존격은 염마를 항복시키고 중생의 번뇌를 풀어 제거한다. 수구대명왕이나 염만득명왕은 비로자나불 또는 금강수보살의 변현이다. 염만은 비로자나불의 광명을 가리킨다.

⑨ 다라니 염송(念誦)의 공능

수구즉득다라니를 염송하면, 다라니에 등장하는 무능승(無能勝)과 대수구(大隨求) 명왕의 공능을 얻게 된다. 즉 밀교의궤를 통해서 명왕으로 체계화된 성격의 호법신 이 가지는 특징을 증득하게 된다. 염송과 관상을 통해서 명왕은 악귀를 퇴치하고 장애를 제거하여 수행자 자신을 수호할 수 있게 되며, 여러 가지 재난과 재앙을 방지한다. 재난방지는 물론 질병을 치료하고, 악귀를 퇴치하고, 장수를 증진하는 수호적 기능을 가지게 된다. 이때 명왕의 상징으로 변현하는 불빛은 관상의 대상이 된다.

2) 판본에 대하여

둘째, 영평사 소장본 『오대진언집』의 서지 특징은 다음과 같다.

영평사 소장본에 묵서로 쓰여있는 낙화법의 의궤로 인하여 세종특별자치시에서 불교 무형유산으로 인정할 수 있는 결정적인 근거가 되었다. 그래서 국내 유일의 무형유산인 낙화법은 '세종 불교 낙화법'으로 지정은 되었으나, 실제 묵서가 되어있는 『오대진언집』은 아직 보호받지 못하고 있다. 유무형의 문화유산 가치를 동시에 지닌 왕실계통의 유일본인 영평사 소장본 『오대진언집』이 조속한 시일 내에 보호받을 수 있는 조치가 있어야 하겠다.

① 『오대진언집』의 유형

조선시대에 간행된 『오대진언집』은 두 가지 유형으로 구분할 수 있다. 하나는 1484년 원통암본으로 한문과 실담으로 구성되어 있다. 다른 하나는 1485년 인수대비 발원 왕실본으로 한문·한글·실담으로 구성되어 있다. 1485년 인수대비 발원 왕실본과 그 계통의 판본들이 조선시대에 가장 유행하였으며, 모두 10여종의 판본이 간행된 것으로 조사되었다. 복각본들은 16세기(6종)와 17세기(3종)에 주로 간행되었으며, 1500년대에(3종) 집중된 현상을 보인다. 1484년 원통암본과 1485년 왕실본은 간행 시기가 차이가 없음에도 불구하고 판식의 특징, 수록된 다라니 내용의 구성 체계 등에서 많은 차이점을 보인다. 하지만 영험약초는 일부분은 공통점도 보이고 있다.

② 영평사 소장본 『오대진언집』은 유일한 왕실계통본

영평사 소장본 『오대진언집』은 1485년 왕실본 계통의 판본으로 행자수, 변란, 계선, 어미 등 원간본 판식의 특징을 충실히 따르고 있다. 간행기록이 없어 간행 시기와 장소를 알 수 없지만 수인도 판각의 정교함이 떨어지고 3엽화문어미가 혼입된 것 등으로 미루어 대략 17세기 정도에 판각되었을 것으로 추정된다. 종이의 질이나 인쇄상태를 고려했을 때는 인출은 이보다 후대에 이루어졌을 것으로 생각된다. 이 책이 영평사에 소장되게 된 경위는 현재 영평사 주지 환성스님이 1975년 부석사에서 수행할 때 만난 일명 평양노장 스님에게서 받은 것을 지금까지 영평사에 보관하고 있다. 또한 영평사 소장 『오대진언집』의 두 종류의 묵서에 의하면, 이 책은 원래 만기사 주지스님이 가지고 있던 것을 이후 임인년에 마곡사 매화당에 있던 도홍스님이 가지고 있었다. 임인년은 판본의 간행시기에 맞춰 생각해 본다면 1722년 이후로 추정된다.

③ 영평사 소장본 『오대진언집』의 묵서 낙화법

영평사 소장본 『오대진언집』에는 낙화법에 대한 묵서가 적혀있다. 내용은 낙화법에 사용된 재료와 의식의 절차에 관한 것으로, 이를 통해 낙화법이 사찰에서 구전으로 전해오는 방법이 아니라 소의경전을 갖춘 일종의 불교의식임을 알 수 있다. 낙화법에 대한 묵서가 『오대진언집』에 적혀있는 이유는 낙화법 의식절차에 사용된 다라니인 수구즉득다라니가 오대진언에 수록되어 있기 때문으로 생각된다. 다만, 현재까지 알려진 다른 『오대진언집』 판본들에는 낙화법에 대한 묵서는 없는 것으로 파악되었고 이에 따라 영평사 소장본 『오대진언집』은 낙화법에 대한 기록이 있는 유일한 자료로서 가치와 희소성이 있다.

3) 판테온에 대하여

셋째, 수구즉득다라니의 판테온 구성과 신들의 체계는 다음과 같다.

대수구다라니를 분석하여 파악한 판테온의 구조와 밀교의 신격 체계의 특성은 다음과 같다. 수구즉득다라니는 힌두교의 여신 전통과 불교의 수호신 체계가 독특하게 융합된 복합적인 판테온을 형성하고 있다.

① 힌두교 두루가와 샥띠 숭배 전통의 여신 신앙

대수구다라니의 주존인 무능승대명왕은 힌두교 바이슈나바교의 두르가 여신이 불교적으로 변용된 것으로, 호법신으로서의 성격이 강화되었다. 대수구명왕(마하쁘라띠사라) 역시 힌두교의 샥띠 숭배 전통에서 비롯된 수호와 보호의 여신이 밀교의 맥락에서 재해석된 것이다. 이들은 당대 불공(不空)의 번역을 통해 동아시아에 전래되어 한국의 고려시대 무능승도량으로 발전하였다.

② 여신의 판테온 구조는 수호신 및 지혜와 힘의 상징

대수구다라니의 판테온은 수직으로는 지하계에서 천상계까지, 수평으로는 사방을 아우르는 총체적 구조를 보여준다. 특히 여성 신격들을 중심으로 하는 독특한 체계를 형성하고 있는데, 이는 인도 종교의 여신 신앙이 불교적으로 수용되고 변용된 중요한 사례이다. 약시니, 락사시, 허공모, 천모중 등의 여성 신격들은 단순한 수호신을 넘어 깊은 지혜와 힘을 상징하는 존재로 자리 잡았다.

③ 다라니는 수행자의 보호와 성취 기능

다라니는 보호와 정화라는 두 가지 핵심 기능을 수행한다. 태아의 보호, 장애의 제거, 악귀의 퇴치 등 현실적 보호 기능과 함께, 업장의 정화, 청정성의 성취, 만다라 결계의 설정 등 수행론적 정화 기능을 포괄한다. 특히 여래의 관정, 보살의 관정, 천신의 관정이라는 삼중의 가피 구조를 통해 수행자의 정화와 성취를 돕는다.

④ 밀교수행의 총체적인 특징을 지닌 다라니

대수구다라니는 힌두교의 여신 전통과 불교의 수호신 체계를 창조적으로 융합하여, 여성 신격을 중심으로 한 포괄적인 만다라 체계를 확립했다. 이 체계는 궁극적 깨달음이라는 출세간(出世間)적 목표와 현실적 보호라는 세간(世間)적 필요를 조화롭게 통합함으로써, 밀교 수행의 총체적 특성을 보여준다. 이는 인도 밀교의 포용적이고 실천적인 성격을 잘 보여주는 동시에, 향후 동아시아 불교에서 여성 신격의 위상과 역할을 이해하는 데 중요한 시사점을 제공해 줄 것이다.

4) 한글표기에 대하여

넷째, 『오대진언집』 수구즉득다라니의 15세기의 소리를 현대어 한글표기로 하는 기준은 다음과 같다.

낙화법의 의궤가 지닌 전통성을 살리기 위해서는 가능하다면 15세기의 표기 느낌이 최대한 살아나도록 하면서도 현대화를 추구하였다. 로마자로 표기된 범어를 현대 국어 화자의 시각에서 현용 한글 자모와 어떻게 연결을 할 수 있을까를 고민하여 현대화 방안을 마련하는 것이 아닌, 한역한 것을 한글로 음역한『오대진언집』내의 수구즉득다라니의 한글 표기를 한글 표기의 역사적 변천 과정을 고려하여 방안을 모색하였다. 이와 같은 사실을 바탕으로 다음과 같은 11가지 방향을 수립하였다. 예외 사항과 설명은 본 논문을 참조해야 자세하게 알 수 있다.

그리고 이 현대화 결과물을 의미에 따라서 문단·문장을 나누고 단어를 바르게 염송할 수 있도록 수정하고 보완하여 정한 표준안은 부록에 실어 놓았다.(p.339: 부록편: Ⅶ. '세종 불교 낙화법' 표준안:『세종 불교 낙화법 염송의궤 절차』참조)

① /u/의 표기

수구즉득다라니에서는 범어의 /u/를 'ㅜ'로 적지 않고 'ㅗ'로 적은 것이 상당히 많이 보인다. 따라서 이 'ㅗ'는 'ㅜ'로 교정해야 할 필요성이 제기된다. 그렇지만『오대진언집』을 편찬할 때 국어에서는 /ㅗ/와 /ㅜ/는 구별이 되었는데도 굳이 /u/를 'ㅗ'로써 쓴 것은 수구즉득다라니의 염송의 전통과 관련한 이유가 있을 것이다. 따라서 'ㅗ'를 살려 두는 것이 이런 전통을 살리는 것이 된다.

② /ㅔ/의 표기

『오대진언』을 편찬할 때 국어의 /ㅔ/는 단순 모음이 아닌 /əy/였기에 /e/를 나타내고자 'ㅔ'를 써서 당시의 현실에 맞게 표시를 하였다. 그런데 18세기를 지나면서 국어에서 /e/에 대응하는 단순 모음 /ㅔ/[e]가 생겨났다. 따라서 'ㅖ'는 수구즉득다라니에서는 /yəy/=/e/를 겨냥한 것이지만 이것을 현대화 표기에 그대로 쓸 경우에는 /ye/가 되므로 수구즉득다라니에서 취해진 음역의 취지가 훼손된다. 그렇기에 'jayāvahe → 惹野(引)嚩系 → :샤:야:바:헤 → 자야바헤'와 같이 교정을 하여 'ㅔ'로 표시하는 것이 좋겠다.

어떤 예외성을 반영하기 위한 것일 수도 있으므로 이런 경우는 수구즉득다라니의 것을 바꾸지 않고 그대로 따랐다.

③ 'ㅐ'의 표기
'ㅐ'와 같이 15세기 국어에서는 하향 이중 모음 /ay/였으나 근대 국어 시기를 거치면서 18세기부터는 현대 국어와 마찬가지로 /æ/와 같이 단순 모음화가 된 것들의 경우 'ㅐ'로 표기할 경우에는 한글로 표기한 진언과 음상이 달라지게 된다. 그리고 'ㅏㅣ'로 바꾸어 표시하는 것이 진언 원음의 느낌을 드러내기에 적합하다. 따라서 '드라이로갸'와 같이 현대화를 하도록 하였다.

④ 유성 장애음의 표기
유성 장애음을 비음으로 적은 것은 원음이 지닌 [유성성]을 [비음성]을 지닌 성모(聲母)를 이용하여 분명히 표음하기 위한 한역의 결과를 「수구즉득다라니」를 음사하면서도 그대로 수용한 결과로 보인다. 따라서 이런 의도를 존중하여 교정하지 않기로 한다. 비음의 성질을 잃게 되는 것은 어쩔 수 없는 것이나 이미 15세기에도 비음의 성질을 잃는 것으로 이해되는 경우가 많았으므로 원자료의 성질을 훼손하는 현대화 방향으로는 생각되지 않는다.

⑤ 'ㄹ'의 표기

'ㄹ'은 /l/, /r/을 적는 데에 쓰이고 있는데 이 둘의 구별이 수구즉득다라니에서는 잘 이루어져 있지 않다. 국어에서 [l]과 [r]이 출현하는 것을 기초로 생각하여 보면 수구즉득다라니에서 이 둘의 구별을 엄격하게 하고 있지 않은 것임을 드러낸다. 이 둘을 애써 구별하여 표시할 필요는 없다. 수구즉득다라니에 표기된 것에 따라 적으면 되리라 판단한다.

⑥ 반모음 /y/의 표기

한자음이나 단일 형태소의 음으로는 존재하지 않지만 결합에 의해 형성된 것인 경우에 음절형이 국어에는 낯선 것이 된다고 하더라도 이것은 그대로 유지한다. 반모음 /y/가 들어가 /ㅑ/, /ㅛ/ 등이 만들어진 것은 그대로 유지되어야 마땅하다.

⑦ 한자의 음과 관련된 표기

진언을 적는 데에 이용된 한자의 음과 관련하여 한자음에서 음운 변화가 이루어진 경우에는 무시하여 반영하지 않는다. 구개음화는 국어 한자음의 변화에 따라서 교정을 하게 되면 범어와의 대응이 깨지게 되므로 적절하지 않다고 판단된다.

⑧ 소실문자 'ㅿ', 'ㅸ', 'ㆍ'의 표기

지금은 쓰이지 않는 소실된 문자 'ㅿ', 'ㅸ', 'ㆍ'는 현용 자모로 바꾸어 제시하도록 한다. 'ㅿ'은 /j/를 나타내는 데에 쓰인 것이므로 이에 가장 잘 어울리는 'ㅈ'으로 바꾸는 것이 적합해 보이고, 'ㅸ'은 /v/

를 나타나는 데에 쓰인 것이므로 이에 가장 잘 어울리는 'ㅂ'으로 바꾸는 것이 적합해 보이고, 'ㆍㆍ'는 자음군에서 삽입 모음으로써 쓰인 것이므로 현대 국어에서 이런 경우에 삽입 모음으로 쓰이는 'ㅡ'로 바꾸어 제시하는 것이 적합해 보인다.

⑨ 자음군의 표기

자음군을 적는 데에 쓰인 '녹·쌥·나', '디:쎠다', 'ㆍㆍ밋·노·나·막' 등의 표기 방식은 현대 국어에서는 통용되지 않는 것이기에 모두 'ㅡ'를 삽입하여 음절의 개수를 늘리는 형식으로 현대화한다.

⑩ 'ㅈ, ㅊ'의 아래 경구개음의 표기

'ㅈ, ㅊ' 등의 아래에 'ㅛ, ㅑ, ㅠ, ㅕ' 등이 올 경우에는 'ㅗ, ㅏ, ㅜ, ㅓ'로 표기한다. 이것은 경구개음 아래에서 /ㅗ, ㅏ, ㅜ, ㅓ/와 /ㅛ, ㅑ, ㅠ, ㅕ/의 구별이 실질성을 갖지 못하는 것에 따르는 것이다.

⑪ 성조의 방점 표기

성조를 표시한 방점은 현대화 표기에서는 모두 반영하지 않는다. 이것은 현대 국어 화자가 성조에 대한 인식이 없어서 성조 표시를 하는 것이 실질성이 없어서이다.

5) 영험약초에 대하여

다섯째, 수구즉득다라니와 영험약초의 관계는 다음과 같다.

『오대진언집』의 저경을 정확히 밝혀 먼저『오대진언집』이 밀교 의례를 위한 구성으로 보았다. 그래서 신밀(身密)·구밀(口密)·의밀(意密) 등 삼밀(三密)을 모두 갖춘 사십이수진언을 맨 앞에 배치하고, 나머지는 계청과 다라니가 짝을 이룬 신묘장구대다라니, 수구다라니, 대불정다라니, 불정존승다라니를 배치했음을 밝혔다. 각각의 저경은 『천수천안관세음보살광대원만무애대비심다라니경』, 『금강정유가천수천안관자재보살수행의궤경』, 『불설금강정유가최승비밀성불수구즉득신변가지성취다라니의궤』, 『대불정여래밀인수증요의제보살만행수능엄경』, 『불정존승다라니경』이며, 계청과 다라니가 짝을 이룬 5종 진언을 담은 의례집이다. '천수천안관자재보살근본다라니'라고만 표현하던 진언은 그 출전이 『금강정유가천수천안관자재보살수행의궤경』이며, 단을 설치하고 유목(乳木)을 던져 넣는 호마법(護摩法)에 이용되는 진언임을 확인하였다.

『오대진언집』의 '영험약초(靈驗略抄)'는 '경운(經云)'이라 하며 네 개의 경전을 언급하고, 네 종류의 설화들을 이야기하고 있다.

① 천수천안관세음보살 연기 설화
처음에 배치된 〈천수천안관세음보살 연기 설화〉는 일종의 불보살 연기설화 형식을 띠면서 대비신주를 지송한 덕분에 천수천안관세음보살이 되어 중생을 구제한다는 것을 서사의 핵심으로 삼은 설화이다.

② 수구즉득다라니의 2개 영험 설화
두 번째 수구즉득다라니의 영험 설화로 배치된 〈구박 바라문 영험 설화〉는 중죄자가 아비지옥에 떨어지더라도 수구즉득다라니 한 글자라도 해골에 닿으면 죄를 멸하고 극락왕생함을 서사의 핵심으로 삼으

면서, 수구즉득다라니의 영험성을 극대화하는 설화다. 그리고 수구즉득다라니의 또 다른 영험으로 제시된 〈죄수의 생명 구제 영험 설화〉는 출전이 되는 경전 속 8편 설화 가운데 선택된 설화이다. 『오대진언집』의 편찬자는 신성하고 고귀한 신분의 존재를 주인공으로 선택하지 않고 목숨이 경각에 달린 죄수를 선택하여 최악의 상황에서도 수구다라니만 지니면 고난에서 벗어날 수 있다는 메시지를 강하게 전달하려 했음을 확인할 수 있었다. 수구즉득다라니의 영험을 이야기하는 설화는 〈구박 바라문 영험 설화〉와 〈죄수의 생명 구제 영험 설화〉가 함께 제시되었다.

③ 대불정다라니의 영험 설화

세 번째로 배치된 〈대불정다라니 영험 설화〉는 세간과 출세간의 일체 존재가 대불정다라니의 진언을 외우거나 사경, 소지하면 재난에서 벗어나고, 성불할 수 있다는 내용을 핵심 서사로 삼고 있는데, 다라니 영험을 직접적으로 진술하고 있어 일반적 설화 형태에서 많이 벗어나 있다.

④ 불정존승다라니의 영험 설화

네 번째로 배치된 〈선주 천자 영험 설화〉는 삼십삼천 천상의 존재가 축생도, 지옥, 장애를 갖는 인간으로 살아야 함을 말하여 사후에 악도 윤회하는 고통에서 벗어나려면 불정존승다라니가 영험하다는 것을 서사의 핵심으로 삼고 있다.

⑤ '영험약초'의 설화 구성

설화들은 편찬자의 일정한 의도를 반영된 것으로 파악되었다. 보살, 승려, 사형수, 불보살과 중생 전체, 삼십삼천의 천자 등의 인물들이 불계(佛界), 출세간계, 지하계, 죄를 짓고 사형수가 등장하는 인간계, 제석이 다스리는 천계(天界) 등 불교에서 상상할 수 있는 공간을 일정하게 안배하고 있다. 기존의 설화를 어떻게 배치해야 불교 신앙인들의 신심을 불러일으킬 수 있는지 깊이 고려한 편집으로 보인다. 그리고 '영험약초'의 표현에서 기존 경전의 설화를 그대로 싣지 않고 전체적인 맥락을 고려하고, 인과성이나 논리성을 고려하여 압축하고 있음을 알 수 있다. 전체적으로 볼 때 '영험약초' 설화들은 독자의 '절실한 심정'에 호소하면서 밀교 진언의 영험성을 드러내고자 한 작품들이라 보는 것이 적절하다.

⑥ 수구즉득다라니의 활용 용례

한국불교에서 '영험약초' 수구다라니 영험을 다룬 2편의 설화 활용이다. 『오대진언집』에서 가장 많이 수용된 인물은 불공(不空)이며, 그 중에서도 수구다라니와 대불정다라니가 중요하다. 수구다라니와 짚신 한 켤레를 갖추어서 시신 근처에 두어야 한다고 한 『인연시왕경』의 기록 등은 수구다라니 신앙이 중국에서 한국으로 이어져 왔음을 확인시켜준다. 그리고 수구즉득다라니는 『삼국유사』의 보천 태자 설화와 의상의 『투사례』에도 나타나고 있고, 조선시대까지 합(盒)이나 탑 등에 넣어 시신과 함께 매장하는 풍습, 목판인쇄 형태로 유통되었던 역사를 확인할 수 있다.

4. 낙화법의 브랜드화

 낙화법이 지속 가능한 무형문화유산을 지향하도록 한 것이다. CI(Corporate Identity, 사찰의 정체성)와 BI(Brand Identity, 낙화법의 정체성)의 콘텐츠를 만들어 내기 위해 학술세미나를 진행하는 모든 과정에 동일한 이미지를 활용하였다. 이미지를 연상할 수 있도록 그림 제작을 의뢰한 작가와 함께 영평사를 답사하고, 낙화법이 전승되고 있는 사찰의 이미지를 작품으로 담아내도록 하였다. 이 작품을 활용하여 보도자료, 초대장, 포스터 등을 만들었다. 특히 작품을 제작한 고은 작가는 다양한 작품을 제작하여, 모든 이미지를 사용할 수 있도록 허가하여 제공하였다. 그리고 여러 작품 중에 1점은 낙화법 보존회에 보관할 수 있도록 제공하였다. 자료집과 학술세미나의 결과물로 제작되는 책의 표지에는 동일한 이미지를 사용하여 통일된 감성을 만들어 내려고 노력하였다.
 또 향후 낙화법 연구에 참조할 수 있도록, 학술세미나의 모든 과정을 기록으로 남겨서 책의 부록편에 정리하여 놓았다. 이 기록을 참조하여 향후 중복되는 연구가 없도록 하고, 정확한 학문 성과를 축척할 수 있는 데이터 베이스를 만들도록 하였다.

부 록 편

Ⅰ. 학술세미나 관련 회의록

1. 개요
   ○ 실무회의 2회, 발표자 간담회 2회, 답사 1회, 인터뷰 1회, 작품 수정 회의 1회

2. 실무회의 및 간담회 회의록

1) 1차 실무회의
   날짜: 2024년 7월 1일 오전 11시
   장소: 세종시 영평사
   참석자: 환성스님(낙화법 보존회 이사장), 원행스님(낙화법 보존회 회장), 태경스님
   내용: - 학술세미나 주제 범위 논의
         - 연등회 및 관화에 기원을 둔 각 지역의 낙화놀이와 변별력을 드러내어, 낙화법의 가치와 위상을 정립하기 위해 선행되어야 하는 주제로 한다는 방향 설정

2) 2차 실무회의

    날짜: 2024년 7월 13일 오전 11시

    장소: 세종시 영평사

    참석자: 환성스님(낙화법 보존회 이사장), 원행스님(낙화법 보존회 회장), 태경스님

    내용: - 낙화를 이미지화 할 수 있는 작품제작 확정

         - 5개 주요 주제 확정

           · 불교의례 낙화법 용어의 통일안 제시

           · 수구즉득다라니의 염송법과 염송하는 이유

           · 중세 한글 표기법 수구즉득다라니의 현대 표기법 제시

           · 연등회 및 관등회의 관화(觀火)와 수그즉득다라니의 영험담 연구

           · 낙화법이 기록된 오대진언집의 가치 연구

         - 발표자 확정

           · 태경스님, 정왕근, 강향숙, 오대혁, 이준환

3) 작품 제작을 위한 답사

    날짜: 2024년 8월 7일

    장소: 세종시 영평사

    참석자: 고은작가, 태경스님, 오대혁

          (p.341 부록: Ⅳ. 책표지 및 포스터 작품 개요 참조)

4) 1차 발표자 간담회

    날짜: 2024년 8월 29일

    장소: 인사동

    안건: 발표자 용어 통일을 위한 간담회

회의록:

안 건	발표자 용어 통일을 위한 간담회
일 시	2024년 8월 29일 목요일 오후 5시 인사동
참석자	태경스님, 이준환, 오대혁, 정왕근, 강향숙

회 의 내 용

1. 경과 보고
   (1) 자료발송: 불교의례 낙화법의 기원과 형성(경인문화사, 2021)
               연등문화의 역사(담앤북스, 2024)
               통일신라 수구다라니(국립경주박물관, 2023)
               낙화의식 절차(현재 독송용)
               불교의례 낙화법 학술세미나 계획서
   (2) 한국전통등연구원 백창호원장: 등 전시 협조요청 완료, 8월 4일
   (3) 고은작가: 책표지 제작 요청, 8월 7일 영평사 스케치 답사
               (태경/고은/오대혁)
   (4) 발표장소: 삼명선원 시설확인(빔프로젝트 설치확인, 등전시 가능 확인)
   (5) 사회자: 심주완(불교중앙박물관, 불상)
             김봉건(전 한국전통문화대학교 총장, 전 문화재연구소 소장, 불교건축)
   (6) 환영사: 혜공스님(현 조계종 문화부 부장)
             *예정(세미나 날짜 확정 후) - 주경스님(현 조계종 중앙종회 의장)
                                      최민호(세종특별시 시장)
                                      박영국((재)세종시문화관광재단 대표이사)

2. 원고료 및 교통비 지급예정
3. 2024년 12월 첫째주 학술세미나 개최 날짜 확정

회 의 결 과

〈확정계획 및 주제〉
1. 2024년 10월 중순: 표지 그림완성(고은 작가)

   10월 말 포스터 제작

11월 초 영평사(세종시 사암연합회 포함)배포

11월 초 교계신문 보도자료 및 sns 활동

2. 2024년 12월 첫째주 발표
3. 2024년 말까지 수정논문 완성
4. 2025년 부처님오신날-양력 4월 20일까지 출판 완성

발표논문으로 1책, 의례집(중요 개념어 포함)으로 1책

5) 환성스님 인터뷰

날짜: 2024년 9월 1일

장소: 세종시 영평사

참석자: 정왕근, 태경스님, 강향숙

인터뷰 내용:

대 상	영평사 환성스님 인터뷰
일 시	2024년 09월 21일 토요일 10시 30분 영평사
참석자	태경, 정왕근, 강향숙

인터뷰내용정리

〈인터뷰 주제〉
1. 오대진언집과 낙화법의 전승 과정
2. 오대진언집과 함께 숯으로, 낙화봉지 만드는 법
   -75년도 서산 부석사에 주지로 있을 때, 평양 노장으로부터 전해 받음
   -사월초파일이나 대보름날 함
   -낙화봉지 만드는 법
   　숯으로 가루를 곱게 갈아 준비한다.
   　종이(한지)를 준비하고, 그 위에 고운 쑥을 돌돌 말아서 놓는다.
   　줄로 묶어서 매단다.

- 인터뷰 전문:

영평사 환성스님 인터뷰
　2024.09.21.(토) 오전 11:43(10분 21초)
　인터뷰 대상 : 환성스님(영평사 주지)
　인터뷰 진행 : 정왕근, 태경스님, 강향숙

▶정왕근 00:16 : 스님 반갑습니다. 저는 서지학을 전공을 했습니다. 지금은 동대 법인에 근무를 하고 있지만 태경 스님께서 낙화법 관련해서 오대진언 묵서가 있는 오대진언 관련해서 글을 좀 부탁을 하셔서 같이 현장도 보고 또 스님도 뵙고 하려고 이렇게 찾아뵈었습니다. 스님 제가 공부를 하다 보니까 좀 궁금한 게 있어서요. 이 오대진언집이 이제 영평사로 이렇게 오게 된 경위라고 할까요? 내력이라고 할까 그게 좀 궁금했습니다. 그 부분을 좀 여쭙고 싶습니다.

▶환성스님 00:56 : 경위는 뭐 어디 있나. 제가 75년도에 서산 부석사 주지를 잠깐 했는데 그때 평양노장이라고 하는 월남 온 스님이. 평양노장이라 이름을 그렇게 불러. 본명도 안 부르고. 평양노장이라는

분을 잠깐 모시고 있었는데 그 스님께서 낙화법도 일러주시고 진언집을 나한테 줘 가지고. 저거를 한번 훗날 재현해 보라고. 지금 없어졌으니까 재현해 보라고 하시면서 그걸 주셔서 그래서 제가 소장하고 있었어요.

▶정왕근 01:48 : 그러면 노장 스님께서는 어떤 경위로 이 책을 가지고 계신지까지는 모르시나요?

▶환성스님 01:52 : 여쭤보지도 않았죠. 기술을 가지고 계셨으니까 아마 낙화법에 대해서 다. 그 법을 낙화법을 나한테 일러주실 정도니까 그쪽의 전문인이셨겠죠.

▶정왕근 02:19 : 책에 보니까 그 마곡사 매화당의 도홍 스님께서 원래 책주로 이 책을 가지고 계셨다라고 돼 있는데, 여기 사찰도 근처 사찰이라서 혹시 무슨 연관성이 있을까 싶었거든요.

▶환성스님 02:34 : 그건 스님께서 오셔서 월남해 가지고야 무슨 마곡사에 계셨을 수도 있죠.

▶정왕근 02:41 : 사실은 도홍 스님이라는 분이 언제 적에 사셨던 분인지를 알 수는 없더라고요. 제가 아무리 찾아봐도 잘 안 나오고 문헌도 잘 안 나오고 해서 알 수 없었는데, 어쨌든 책의 인쇄 상태나 이런 걸로 봐서는 한 1700년대쯤 인쇄를 했을 거라고 추정은 되고 있습니다. 그래서 아무래도 책 다음에 책주가 있을 테니까 그 이후에 사셨던 분으로 이제 추정은 되는데 하필 또 마곡사 근처라서 혹시 무슨 연관성이 있을까 해서 좀 궁금했었거든요.

▶환성스님 03:13 : 그냥 제가 이제 노스님들 좋아해서 이런 스님 저런 스님 모시다 보니까. 이제 그 스님께 내가 잘해줬는가 봐. 생각에. 본인 생각에 그러면서 향로도 하나 주시고

▶태경스님 03:36 : 향로도 가지고 계신가요?

▶환성스님 03:38 : 그냥 근데 그냥 평범한 향로예요. 말하자면 좀 놋쇠로 되있고.

▶정왕근 03:45 : 혹시 이 오대진언집 외에 다른 전적 같은 것도 받으신 게 있으십니까?

▶환성스님 : 없어

▶정왕근 : 그러면 딱 한 권 받으신 거고요. 혹시 그러면 이 영평사에는

이거 말고 다른 전적이 있나요? 성보문화재들 중에 이제 전적류가 아까 보니까 고봉선요가 하나 여기 책(영평사지) 사진이 보이더라고요.

▶환성스님 04:01 : 없어요. 우리 지방문화재 지정받은 고봉선요가 있죠.

▶정왕근 04:09 : 예. 그 외 다른 책 전적은 가지고 계시지 않으신 거고요.

▶환성스님 04:14 : 좀 오래된 것은 없어요. 목판이 몇 가지 있지만 오래된 건 아니고

▶정왕근 04:22 : 예 알겠습니다. 제가 궁금한 건 그 정도였거든요.

▶태경스님 04:26 : 또 한 가지 저기 혹시나 노장님이 이제 책 주시고 이거 설명해 주실 때 어떤 이야기를 설명해 주시는지 그게 저는 좀 궁금해요.

▶환성스님 04:38 : 노스님이 하실 때는 말하자면은 뭐야 액맥이 할 때도 쓴다고 그랬어. 이제 개인적 액맥이 할 때도 쓴다. (난) 해보지 않았어요.

▶강향숙 05:02 : 액막이가 소재죠, 소재.

▶환성스님 05:04 : 그리고 이제 뭐 보통 이제 정월달에 했다고 그러시고. 초파일은 당연히 하는 것이고.

▶태경스님 05:16 : 그리고 혹시나 지금 이제 언제 언제 한다고 말씀들었는데. 이걸 어떻게 만든다는 그런 말씀은 안 하셨지?

▶환성스님 05:24 : 만드는 거. 만드는 거 일러줬으니까 내가 만들었지.

▶태경스님 05:27 : 그러니까 그 얘기가 중요해요.

▶환성스님 05:28 : 아니 그 당시에는 종이 심지도 했지만. 쑥으로 심지를 하셨어. 쑥으로 쑥. 쑥을 이렇게 가늘게 곱게 빻은 쑥이 있어요. 저기 지금 약국에서 조금씩이라도 뜸뜨는 그런 그렇게 해가지고 얇게 가볍게 해가지고 심지를 넣었어요. 그것도 이제 쑥은 또 벽사 의미가 있어요.

▶태경스님 05:58 : 이런 게 중요해요. 한지는 어떻게 쓰고 뭐 이런 거는 말씀 안 하셨나요?

▶환성스님 06:04 : 가능하면 한지가 좋다고 그러셨고. 또 그 당시에 다른 종이가 별로 없었죠. 문종이 그런 거지.

▶태경스님 06:12 : 맞아요. 옛날 그 누런 종이 같이

- ▶환성스님 06:15 : 내가 할 때는 노스님이 볼 때는 한지 고운 게 아니고. 옛날 문종이 딱지가 있어요. 옛날에는 20년 30년에 우리 다 그런 거 그걸 문종이로 해서.
- ▶태경스님 06:28 : 만드는 과정은 그냥 그러니까 말아서 하라 그랬는지? 아니면 그 심지는 쑥으로 넣고 그 다음에 그걸 어떻게?
- ▶환성스님 06:38 : 아 아 지금 우리가 만든 식으로
- ▶태경스님 06:41 : 이렇게 비틀어 가지고
- ▶강향숙 06:43 : 똑같은 거예요. 그러면 예를 들면 요 모양이랑 20년대랑
- ▶태경스님 06:50 : 그걸 좀 자세하게 설명해 주셔야 돼요.
- ▶환성스님 06:53 : 그거야 자세한 걸 더 이상 자세할 것도 없어.
- ▶정왕근 06:56 : 옛날에 혹시 만드시는 방법을 촬영을 해 놓으신 건 있으신가요?
- ▶환성스님 06:59 : 촬영은..(안했어). 그 당시에는 이걸 문화적 그런 걸로 생각한 것이 아니고 그냥 불교 결심해서 하는 거로..(생각해서)
- ▶정왕근 07:13 : 그러니까 그때는 촬영을 안 하셨더라도 이제 최근에 계속 만들어오셨을 테니까요.
- ▶환성스님 07:18 : 지금 하는 거는 이제 다 촬영했죠.
- ▶정왕근 07:20 : 예예 그런 자료도 있으면. 어차피 만드는 방식은 20년 전이나 지금이나 같으실 것 같아서요.
- ▶환성스님 07:26 : 지금 질이 좀 더 좋아서 종이도.
- ▶정왕근 07:28 : 재료가 더 좋아져서

▶ 환성스님 07:31 : 그 당시에 또 숯도 저기 가서 빻은 게 아니고. 우리가 절구공이로 이렇게 해서 가는 채로 쳐 가지고 이렇게 했어요.

▶ 태경스님 07:41 : 사실 그게 더 중요한 건데. 그렇죠. 좀 이렇게 절구공이로 하고...

▶ 환성스님 07:48 : 그래 그게 이제 전통 방식이지. 그런데 그런 건 전통 고수할 건 없어.

▶ 태경스님 07:55 : 그렇긴 하지만 그래도. 그 형식은 좀 알아야 되니까

▶ 정왕근 07:58 : 숯이나 소금 이런 조합의 비율이나 이런

▶ 환성스님 08:02 : 그거는 이제 소금 비율은 없고 그냥 적당량 이렇게 넣어서 하면 또 탁탁 튀고 그러니까 소금도 벽사의 의미가 있고. 그거 넣을 때도 있고 안 넣을 때도 있고.

▶ 태경스님 08:17 : 그때 혹시 향 설명하시면서 뭐 다른 이야기는 없으셨어요? 그냥 향만 넣으면 된다 그렇게만 말씀하신 거예요? 저는 궁금한 게 이렇게 꼬잖아요. 그래도 이렇게 매달 때 고리를 만들잖아요. 근데 그때는 그 어떤 고리를 사용하는 거예요?

▶ 환성스님 08:38 : 고리를 안 했어. 그냥 묶어 맸죠. 그냥 그러면 묶어 그럼 나무에다도 그냥 올라가서 사다리 하면서 올라가서

▶ 태경스님 08:48 : 사실은 그런 게 기록에 남아야 돼요. 그래야지 그렇게 처음에는 그렇게 했는데 지금 조금 이렇게 좀 편의대로 한다. 이런 얘기가 좀 있어야 되니까.

▶ 환성스님 09:03 : 그냥 우리 그때 노스님이 나무 그때는 벚나무가 많은데 벚나무 가져다 매고. 그 저 추녀에 매달기도 한다고 하시고 그랬어요.

▶ 태경스님 09:22 : 스님께서요. 근데 예전에는 추녀에 더 잘 매단 것 같아요. 이거 나무는 요즘의 방식인 것 같고.

▶ 환성스님 09:34 : 그렇죠 이제. 그런데 그 절 환경 따라서 가까이 나무가 있으면 나무에다도 걸고.

▶ 태경스님 09:43 : 근데 이 사진을 보면 이렇게 길거리에 쭉 가도가 있으면 그 추녀에다 쭉 이렇게 매단 것 같더라고요.

▶ 환성스님 09:52 : 저건 내가 볼 때는 아시바이인 것 같더라고.

▶ 태경스님 09:54 : 요거요. 요 요거 이런 틀 같은

▶환성스님 09:57 : 지대 지지대 이런 거

▶정왕근 09:58 : 대나무로 이렇게 하나 쭉 올리고 여기에 또 걸쳐서 이렇게 새끼줄을 걸쳐서 이렇게

▶환성스님 10:03 : 아시바처럼. 지지대.

▶태경스님 10:06 : 옛날에 뭐 아시바나 제대로 있겠어요 그냥 나무 갖다 좀 길쭉한 거 묶어놓고 하고 그랬겠죠.

▶정왕근 : 잘 알겠습니다.(끝)

6) 고은작가 작품 수정 회의

    날짜: 2024년 10월 24일

    장소: 장충동 태극당

    참석자: 고은작가, 태경스님, 오대혁

    회의록:

안 건	고은 작가 표지 작업 수정
일 시	2024년 10월 04일 금요일 11시 30분 태극당
참석자	태경, 고은작가, 오대혁
수 정 내 용	

〈1차 시안의 4점을 보완과 수정〉
    -1점은 영평사 전달, 3점에 대하여 이미지 사용 동의함
      *후에 1점 추가됨

7) 2차 발표자 간담회

    날짜: 2024년 10월 12일

    장소: 인사동

    회의록:

안 건	포스터제작, 논문제목 확정 및 일정관리
일 시	2024년 10월 12일 토요일 11시 30분 인사동
참석자	태경, 강향숙, 오대혁, 이준환, 정왕근, 이지현

회 의 내 용

1. 포스터 제목정하기
   1안: 수구즉득다라니와 낙화
   2안: 불교의례 낙화법과 수구즉득다라니
2. 논문 제목
   제목 및 본문에서는 '수구즉득다라니'로 통일하여 사용
3. 학회 발표 일정 논의
   - 점심시간에 낙화 시연 및 전시 논의
   - 안내장 발송 및 원고 제출: 영평사
   - 논문 취합 후 1차 편집(이지현) / 2차 편집(충무로 무송기획)
4. 이전 내용 중 필요 논의
   - 영평사 인터뷰 중 심지 쑥/종이 확인 필요 → 둘 다 사용했던 것으로 확인
   - 고은작가님께 작품 수정 요청 드림

회 의 결 과

1. 포스터 제목: 수구즉득다라니와 낙화
2. 최종 논문 제목:
   1) 이선이(태경): 불교의례 낙화법 용어의 통일안 연구
   2) 정왕근: 오대진언 판본에 관한 연구-영평사 소장본을 중심으로
   3) 오대혁: 영험약초의 서사 재편 과정과 수구즉득다라니 신앙
   4) 이준환: 수구즉득다라니의 현대 표기법 연구
   5) 강향숙: 수구즉득다라니에 나타난 판테온과 상징성 연구
3. 향후 일정
   포스터 · 안내장: 2024년 10월 24일(태경, 무송기획)
   발표 원고 제출일: 2024년 11월 22일
   발표일: 2024년 12월 6일 10시 30분(발표시간: 30분)
   최종본 원고 제출일: 2024년 12월 25일

II. 보도자료

1. 보도자료 배포

   일시: 2024년 11월 4일

   지역: 서울 및 세종 지역

   대상: 불교계 신문사, 불교계 TV방송사, 불교계 관련 학회 등

2. 보도자료 내용

1) 포스터

2) 초대장

순서	시간	발표 일정표
개회식	10:30~11:00	사회 : 총괄
		• 개회사 세종시 불교 낙화법 보존회 회장 **원행**스님 • 환영사 세종시 불교 낙화법 보존회 이사장 **환성**스님 • 축 사 조계종 문화부 **해공**스님 　세종특별자치시 시장 **최민호** 　세종특별시 국회의원 **김종민** 　세종시 국회의원 **강준현** 　세종시의회 의장 **임채성** 　세종시 교육청 교육감 **최교진** 　세종시 불교신행단체연합회 회장 **오영철**
1부발표	11:00~11:50	사회 : **서정매** (서울불교대학원대학교)
	11:00~11:25	• 불교의례 낙화법 용어의 통일안 연구 　발표 : **이선이**(대정, 조계종 의제실무위원)
	11:25~11:50	• 『오대진언집』 판본에 관한 연구 　- 영평사 소장본을 중심으로 　발표 : **정왕근**(중앙대학교)
점심	11:50~13:00	점심 공양 / 연등·낙화 전시 설명
2부발표	13:00~14:30	사회 : **심주완**(조계종 불교중앙박물관)
	13:00~13:30	• 『영험약초』의 서사 재편 과정과 　수구즉득다라니 신앙 　발표 : **오대혁**(동국대학교)
	13:30~14:00	• 수구즉득다라니의 현대 표기법 연구 　발표 : **이준환**(전남대학교)
	14:00~14:30	• 수구즉득다라니에 나타난 　판태온(pantheon)과 신위(神位) 연구 　발표 : **강향숙**(동국대학교 불교문화연구원)
휴식	14:30~14:35	휴식 (자리 정리)
종합토론	14:35~16:00	좌장 : **김봉건** (전 한국전통문화대학교 총장)
		• 발표자 전원과 청중들의 　질의 응답으로 문제 풀기 　-진언/염불/영송 수행에 관련된 질문 　-관화/관불/관등/낙화법 수행에 관련된 질문

세종특별자치시 '불교 낙화법 보존회'는 2024년 2월 14일 무형유산으로 지정된 '세종 불교 낙화법'의 바른 이해를 위하여 작은 학술세미나를 개최하고자 합니다.

주제는 불교 낙화법을 널리 알리고, 세계화로 나아가는 지속 가능한 문화유산으로 정착시키기 위해서 가장 선결되어야 할 것들로 선정했습니다.

첫째는 불교 낙화법과 민가의 낙화놀이가 어떻게 서로 다른지를 보여 줍니다.

둘째는 무능승주대명왕이 설하는 수구즉득다라니의 판본을 통해서 역사성을 찾습니다.

셋째는 수구즉득다라니 신앙의 영험이 어떻게 펼쳐지는가를 보여줍니다.

넷째는 15세기의 한글 표기가 어떻게 현대화된 표기로 옮겨질 수 있는지 보여 줍니다.

다섯째는 수구즉득다라니 만다라와 그 속에 있는 신위(神位)의 역할을 설명합니다.

본 낙화법 보존회의 희망 사항이라면, 좀 더 나은 학술세미나를 위해서 현재 문화유산으로 지정되어 있는 여러 낙화놀이 관계자들의 많은 관심으로 참여하여 주시는 것입니다.

2024년 11월　일

세종시 불교 낙화법 보존회 이사장 환 성

3) 자료 내용

(1) 보도자료(원본)

PRESS RELEASE　보.도.자.료

세종특별자치시 불교 낙화법 보존회

세종특별자치시 무형유산 '세종 불교 낙화법' 2024년 1차 학술세미나

수구즉득다라니와 낙화
隨 求 即 得 陀 羅 尼　　落火

일시: 2024년 12월 6일(양) 금요일 오전 10:30
장소: 세종시 영평사 삼명선원/주최: 세종시 불교 낙화법 보존회

1. **세종시 불교 낙화법 보존회**는 세종특별자치시 무형유산 '세종 불교 낙화법'과 관련하여 2024년 1차 학술세미나를 개최한다고 밝혔다.

   '낙화(落火)'란 용어는 고려 연등회를 부르는 '관화(觀火)'란 뜻에 연원을 두고 있으며, 현재는 불교의례 낙화법과 지역마다 다양한 낙화놀이로 불린다.

2. 불교 낙화법 보존회의 목표는 낙화법을 지속 가능한 세계 무형유산으로 정착시키기 위해 다양한 노력을 기울이는 것이다. 불교의례 낙화법을 브랜드화 하기 위해 CI(Corporate Identity, 사찰의 정체성)와 BI (Brand Identity, 낙화법의 정체성)를 통합한 로고·색상·낙화 이미지 등의 내용으로 디자인하는 로드맵을 만들고자 한다. 그래서 다양한 주제로 학술세미나를 개최하여 한국불교 낙화법의 고유성을 확보하는 것이다.

3. 첫 번째, 불교의례 낙화법에서 가장 중요한 '낙화(落火)'로 이미지화 하고 브랜드화 하는 작업이다. 금년 사업의 일환으로 낙화법을 주제로 그림을 주문 제작하여, 그림과 그림의 색상으로 통일된 이미지의 포스터와 책자 표지를 제작하였다.(첨부 포스터 참조)

4. 두 번째, 낙화법의 모든 절차와 내용을 표준화 하여 불교의례로서 정체성을 확보하는 일이다. 낙화법의 의례는 한국불교에서 만 전승되고 있어, 한국불교의 고유성을 담보해야 하기 때문이다. 바로 이 점이 세계화를 위해 선결되어야 할 시작점이다.

5. 낙화법에서 염송(念誦)하는 수구즉득다라니는 신라의 지송(持誦)신앙, 고려의 도량(道場)개설, 조선의 낙화법으로 끊이지 않고 이어졌다. 불교수행 방법은 조금 변화가 있더라도, 그 중심에는 수구즉득다라니가 있다. 현재 수구즉득다라니는 15세기 정음(正音, 훈민정음)으로 쓰여 전승되고 있어 현대화 작업이 불가피하다. 불교의례 만을 위해 국내에서 처음 시도하는 체계적인 다라니 연구는 불교학·국어학·불교사·문화사 등 여러 학문에 큰 영향을 미칠 것이다. 현재 세계적인 흐름의 K-문화라는 트랜드에도 부합할 수 있을 것이다.(영평사 소장본 『오대진언집』)

6. 세 번째, 이번 학술세미나의 주제는 다음과 같다.
   - 불교 낙화법에 쓰이는 용어의 개념 정의
   - 무능승주대명왕이 설하는 수구즉득다라니 판본의 역사성을 밝힘
   - 수구즉득다라니 신앙의 영험이 한국에서 펼쳐지는 양상을 밝힘
   - 15세기의 한글 표기가 어떻게 현대화된 표기로 옮겨질 수 있는지 보임
   - 수구즉득다라니 만다라와 그 속에 있는 신위(神位)의 역할을 설명

불교 낙화법 보존회는 이번 학술세미나에서 시도하는 여러 형식이 불교 무형유산이 나아갈 방향을 제시하는 기회가 되기를 기대한다고 한다. 끝.

* 세종시 불교 낙화법 보존회/세종시 영평사(내) Tel: 044-857-1854

---

(2) 최초 보도자료

법보신문(기사입력: 2024.11.04. 18:20)
제목: '세종 불교 낙화법' 조명 첫 세미나 개최
내용:

세종시불교낙화법보존회 12월 6일 영평사
세계적 무형유산으로 정착시킬 방안 모색

세종특별자치시 무형유산으로 지정된 '세종 불교 낙화법'의 역사적, 현대적 가치를 조명하는 학술세미나가 열린다.

세종시불교낙화법보존회(이사장 환성 스님)는 '수구즉득다라니와 낙화'를 주제로 12월 6일 오전 10시 30분부터 세종 영평사 삼명선원에서 '제1차 학술세미나'를 개최한다.

세미나에서는 '불교 낙화법'이 어떻게 발전했는지 살피고, 이를 지속 가능한 세계적인 무형유산으로 정착시키려는 방안을 모색한다.

'불교의례 낙화법 용어의 통일안 연구'(태경 스님·조계종)를 시작으로 '오대진언집 판본에 관한 연구 - 영평사 소장본을 중심으로'(정왕근·중앙대), '영험약초(靈驗略抄)의 서사 재편 과정과 수구즉득다라니 신앙'(오대혁·동국대), '수구즉득다라니에 나타난 판테온(pantheon)과 신위(神位) 연구'(강향숙·동국대) 주제 발표와 김봉건 전 한국전통문화대 총장을 좌장으로 하는 종합 토론이 이어질 예정이다.

'불교 낙화법'은 고려 시대 연등회에서 비롯된 전통 의식이다. 관화(觀火), 관등(觀燈), 관화산희(觀火山戱), 연등(燃燈) 등에서 불빛, 즉 광명을 보는 의례에 연원을 둔다. 조선시대에 이르러 오대진언 중 하나인 수구즉득다라니와 숯의 빛을 결합한 의궤를 만들었는데, 이것이 '불교 낙화법'이다. 불교 낙화법은 지켜야 할 법식이 있고, 진언을 바르게 염송해야 한다는 점에서 민간에서 전해오는 세시풍습인 '낙화놀이'와 성격이 사뭇 다르다.

세종시불교낙화법보존회는 학술세미나를 통해 도출한 성과를 낙화법을 지속 가능한 세계적인 무형유산으로 정착시키는 동력으로 삼는다는 계획이다. 세미나 개최를 통해 한국불교에서만 전하는 불교 낙화법의 절차와 내용을 표준화해 불교의례로서 정체성을 확보하고, 한국불교의 고유성을 담보하겠다는 것이다. 또 CI(Corporate Identity)와 BI(Brand Identity)을 통합해 로고, 색상, 낙화 이미지 등을 디자인하는 통합 로드맵을 구축하고, 이를 통해 '낙화'를 브랜드화한다는 방침이다.

세종시불교낙화법보존회 회장 환성 스님은 "낙화법에서 염송(念誦)하는 수구즉득다라니는 신라의 지송(持誦) 신앙, 고려의 도량(道場) 개설, 조선의 낙화법으로 끊이지 않고 이어졌다"며, "이번 세미나에서 시도하는 체계적인 다라니 연구는 불교학, 국어학, 불교사, 문화사 등 여러 학문에 큰 영향을 미칠 것이며, 세계적인 흐름인 K-문화라는 트렌드에도 부합할 것"이라고 말했다.

문의. 044) 857-1854.

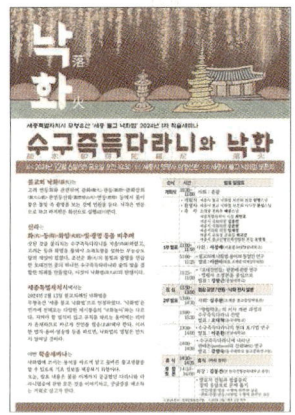

이창윤 전문위원 nolbune@beopbo.com
[1752호 / 2024년 11월 13일자 / 법보신문 '세상을 바꾸는 불교의 힘']

III. 학술세미나 기사 내용

1. 불교계 신문사

1) 불교신문(기사입력: 2024.12.07. 15:18)
   제목: 무형문화유산 '세종불교낙화법' 역사·현대적 가치 조명
   내용:

부록편 313

세종시 불교낙화법보존회는 12월6일 세종 영평사 삼명선원에서 '수구즉득다라니(隨求卽得陀羅尼)와 낙화(落火)'를 주제로 2024년 1차 학술세미나를 개최했다.

세종시 불교낙화법보존회 주최
'수구즉득다라니와 낙화' 주제
세종 영평사 삼명선원에서
제1차 학술세미나 성료

사찰에서 행해지던 전통불교의례로 세종특별자치시 무형유산으로 지정된 '세종 불교 낙화법'의 역사와 현대적 가치를 조명하고 발전 방안을 모색하는 자리가 마련돼 주목된다.

세종시 불교낙화법보존회(이사장 환성스님)는 12월6일 세종 영평사 삼명선원에서 '수구즉득다라니(隨求卽得陀羅尼)와 낙화(落火)'를 주제로 2024년 제1차 학술세미나를 개최했다.

세종 불교 낙화법은 사찰에서 낙화봉을 제작하고 의식에 맞춰 낙화를 태우며 재앙소멸과 복을 기원하던 불교 의례로, 축제 성격을 가지는 낙화놀이와는 구별된다. 조선시대 이전부터 사찰에서 행해졌으며 전국 여러 곳에서 낙화축제를 열고 있지만, 사찰에서 이뤄지는 낙화법은 세종 영평사에서 전해져 내려오는 것이 유일하다.

특히 구전으로만 전해져 내려오는 것이 아니라 영평사가 소장하고 있는 <오대진언집>에 낙화법에 대한 절차가 묵서로 기록된 것을 근거로 설행하고 있는 등 문화적 가치를 인정받아 올해 2월 세종시 무형문화유산으로 지정됐다.

불교낙화법보존회 이사장 환성스님(세종 영평사 주지)은 이날 환영사를 통해 "1975년 서산 부석사에서 수행할 때, 평양 노장 스님이 <오대진언>과 책 속에 쓰여있는 낙화법을 일러줘 알게 됐고 재현을 당부했다"면서 "무형문화유산 등재와 학술세미나는 노장 스님의 당부에 부응하는 일"이라고 밝혔다. 이어 "낙화법은 '세종시 불교낙화법보존회'를 중심으로 염송하는 의식이 유일한 만큼 학술세미나를 열어 수구즉득다라니가 지닌 위신력과 낙화법에 대한 학술적 고찰의 필요성을 절감해 각 분야 전공자들을 모시게 됐다"고 덧붙였다.

조계종 총무원 문화부장 혜공스님은 축사에서 "올해는 세종 불교 낙화법이 무형유산으로서 가치를 인정받아 제정된 기념비적인 첫해"라며 "영평사의 전통문화 전승을 위한 끊임없는 노력에 박수를 보내며 이번 세미나가 세종 불교 낙화법의 더 큰 도약과 진전을 위한 성찰의 기회가 되기를 바란다"고 기대했다.

오영철 낙화 전통문화축제 추진위원장도 축사에서 "이번 학술세미나를 통해 낙화법의 의미와 가치가 명확하게 밝혀지고, 이를 통해 낙화법이 더 많은 사람들에게 올바르게 알려지길 희망한다"고 밝혔다.

이와 더불어 학술세미나 1부 발표에서 조계종 의제실무위원 태경스님은 '불교의례 낙화법 용어의 통일안 연구'란 제목의 발제를 통해 "낙화법은 연등회 말미를 장식하는 화산희라는 놀이의 성격에 연원을 두고 있다"면서 "화산(火山)에서 화(火)의 광명을 만드는 재료는 숯으로 변했어도 본래 뜻은 수구즉득다라니를 염송하는 의궤는 낙화법으로 재탄생했으며, 이는 불교에서 수행을 뜻하는 관상의궤이므로 수행법으로 이해해야 한다"고 밝혔다.

정왕근 중앙대 박사는 '<오대진언집> 판본에 관한 연구'를 주제로 한 발제

조계종 의제실무위원 태경스님이 '불교의례 낙화법 용어의 통일안 연구'를 주제로 발제하고 있다.

조계종 총무원 문화부장 혜공스님이 축사를 하고 있다.

불교낙화법보존회 이사장 환성스님(세종 영평사 주지)이 환영사를 하고 있다.

정왕근 중앙대 박사가 '판본에 관한 연구'를 주제로 발제하고 있다.

에서 "영평사 <오대진언집>에는 낙화법에 대한 묵서가 적혀있다"면서 "내용은 낙화법에 사용된 재료와 의식의 절차에 관한 것으로, 이를 통해 낙화법이 사찰에서 구전으로 전해오는 방법이 아니라 소의경전을 갖춘 불교의식임을 알 수 있다"고 밝혔다.

이어 2부 발표에서 오대혁 동국대 박사는 '<영험약초>의 서사 재편 과정과 수구즉득다라니 신앙'란 제목의 발제를 통해 "<오대진언>은 한국밀교의 특성을 보여주는 흥미로운 진언집"이라며 "한국밀교의 전통을 바탕으로 중요 진언들과 영험설화들을 기준에 따라 재편한 까닭에 바탕을 이루는 밀교의 저경에 대한 연구가 일차적으로 수행돼야만 그 진가를 확인할 수 있다"고 밝혔다.

이준환 전남대 교수는 '수구즉득다라니의 현대 표기법 연구'를 주제로 한 발제에서 "수구즉득다라니는 숯이 내는 빛과 결합해 낙화법을 이루는 진언"이라며 "이는 낙화법을 이해하는데 중요한 구성요소가 되기에 이해의 필요성이 있으며, 한글로 음역된 수구즉득다라니의 표기를 현대화하는 것이 낙화법의 계승을 위해 이뤄져야 한다"고 제안했다.

강향숙 동국대 연구교수 '수구즉득다라니에 나타난 판테온과 신위 연구'를 주제로 한 발제에서 "만다라 구조와 기능은 종교적 상징, 수행체계를 넘어 포괄적인 세계관과 실천체계를 보여준다"면서 "특히 여성 신격을 중심으로 하면서 불교의 여래와 보살의 체계를 포함하는 통합적인 성격은 밀교가 지닌 포용적이고 종합적인 특성을 보여준다"고 밝혔다.

지역 세종: 허정철 기자, 이시영 충청지사장 hjc@ibulgyo.com
기사 출처: https://www.ibulgyo.com/news/articleView.html?idxno=421057

2) 특별기고문-불교신문(기사입력 2025.02.21. 05:53)
　　제목: 낙화(落火), 법과 놀이는 무엇이 다른가
　　기고: 태경스님 조계종 교수아사리
　　내용:
　　　　어둠 밝히는 불빛에 광명(光明) 만나고, 환희심 충만하다

불교낙화법보존회가 2024년 10월 세종 영평사에서 개최한 낙화축제에 불자는 물론 시민들도 대거 참여했다.(불교신문 자료사진)

한지에 숯 담아 '불' 밝혀
평양서는 낙화희로 불러
민가놀이 형식으로 발전

§ 불교 낙화법은 염불관상법

낙화(落火)란 한지로 만든 봉지에 숯을 넣어 높이 매달고, 불을 붙여 떨어지는 불빛을 보는 행(行)을 포함하는 말이다. 낙화법과 낙화놀이는 절차의 유무에 따라 다르다. 법은 불빛(광명)을 보는 절차에 수행의 뜻을 부여하고, 놀이는 떨어지는 불빛을 즐긴다.

낙화는 일제강점기까지도 지역에 따라 연등(燃燈), 관등(觀燈), 화산희(火山), 낙화/불꽃-놀이 등의 다양한 이름으로 불렸다. 1910~30년대 신문기사는 평양(平壤)에서 낙화, 낙화희(落花戲), 관화대회(觀火大會) 등이 성행하고 복원되는 사실을 알려준다. 연등은 등(燈) 만을 의미하지 않는다. 종이연에 소나무껍질에 인(燐) 등의 가루를 넣고 묶어서 공중에서 폭발시키는 것도 있다. 불꽃을 일으키기 위해 다양한 재료를 사용하고, 신분을 제한하지 않는 놀이이다.

민가에서 낙화는 놀이의 형식으로 진행되며, 앞에 진동, 무주, 진안, 임실,

함안, 순창 등의 지역명을 붙이기도 하고, 적벽, 선유, 이수정 등과 같이 장소의 특징을 붙여 놀이라고 부른다. 떨어지는 불빛을 강조한 줄불놀이도 있다.

반면에 세종 낙화법(落火法)은 불교의례의 절차가 있다. 영평사 소장본 〈오대진언〉(왕실본 계통)에 묵서(墨書)로 기록된 낙화법은 재료, 소하는 법으로 구성되어 있다. 재료는 탄, 소금, 향 등이며, 재료를 진언으로 염송(念誦)하고 가지(加持)한다. 소하는 법은 정구업진언, 오방진언, 계수연화태장교, 수구대명왕진언, 육자진언, 소재진언 등으로 구성되어 있다. 이 내용은 단(壇)을 세우고, 불보살을 청하여 다라니를 염송하며, 소하는 절차에 따라 호법, 수호, 장수의 기능을 성취하는 염불관상법이다. 이때 염불은 칭념염불이 아닌 관상염불인 셈이다.

낙화의 실물은 무라야마 지준(村山智順, 1891~1968)이 1925년 개성에서 사월초파일 거리 모습을 찍은 사진에서 확인할 수 있다. 장대에 줄을 치거나 또는 처마 밑에 줄을 매고 낙화봉지를 매달아 놓는다. 사진 속의 낙화와 묵서의 소하는 법을 종합하면, 낙화법의 절차를 알 수 있다. 재료를 잘 배합하고 낙화봉지를 만들고 진언을 염송한다. 낙화봉지를 처마 밑이나 장대의 줄에 매달아 공중에서 태운다. 이때 염송하며 관상(觀想)한다.

> 진언을 염송하면서 관상
> 다라니 신앙과 결합하여
> 새롭게 발전한 밀교의례

§ 수구즉득다라니의 성격과 기능

수구즉득다라니는 무능승대명왕(無能勝大明王)과 대수구보살(大隨求菩薩)을 중심으로 힌두교의 신격체계와 불교의 수호신체계가 융합하여 여성 신격(神格) 중심으로 만들어졌다. 무능승과 수구 신앙은 중국 역경승인 불공(不空,

705~774)의 영향으로 발전하였다. 신라로 밀교경전이 전래되고, 고려에서는 무능승도량이 설행되었으며, 조선에서는 명왕(明王)신앙으로 계승되며 실천적인 수행으로 발전한다.

무능승대명왕은 '정복되지 않는 위대한 지혜의 왕(明王)'이란 뜻이며, 무능승은 힌두교에서 숭배하는 여신 두루가(Durgā)의 한 형태로 무적을 상징하는 승리의 신격이다. 대수구는 위대한 수호자를 의미하며, 두르가, 타라 등 여신들의 보호와 수호적 성격을 갖는다. 이들 신(神)은 밀교 발전과 함께 명왕으로 체계화되고 호법신의 성격이 강화되면서, 다라니신앙과 결합한다. 보호와 수호의 다라니가 명왕으로 발전하며 여신으로 체계화된다.

이 신앙은 다라니독송, 만다라의례, 가지(加持) 의식을 수반하며, 힌두교 수호신의 여신 신앙이 불교에 수용된 예이다. 수구즉득다라니는 불교의 다라니신앙과 결합하여 새로운 여성 신격으로 발전한 밀교의례이다. 그래서 낙화법의 명왕은 의례를 통해서 재난방지, 질병치료, 악귀퇴치, 장수증진 등의 수호적 기능을 가지는 특징이 있다.

§ 낙화봉지와 낙화봉의 용어 문제

국어사전에서 법(法)은 '불교 그 자체의 성품을 간직하여 변하지 않고 궤범(軌範)이 되어서 사람이 사물에 대하여 일정한 이해를 낳게 하는 근거가 되는 것', 놀이는 '여러 사람이 모여서 즐겁게 노는 일. 또는 그런 활동'이라고 풀이한다. 낙화법은 불교의 궤범이며, 낙화놀이는 민속의 공동체 활동의 놀이인 것이다. 하지만 이 둘을 구별하지 못하는 것이 현실이다.

낙화의 법과 놀이는 모두 연등에서 시작하지만, 다른 뜻으로 해석해야 한다. 현재 특허청의 '발명의 명칭'에 의하면 낙화와 관련한 등록 특허는 총 5건(세종 2건, 함안, 무주, 마산)이다. 5종은 숯을 담은 봉지를 모두 '낙화봉'이라고 하며, 낙화에 사용하는 재료와 제조방법을 설명한다. '봉'은 둘레가 둥근 대를 가리킨다. 생김새로 비유한 것이어서 숯을 담는다는 의미는 없다. 낙화법에 쓰는 '봉지'는 작은 물건이나 가루 따위를 담아 분량을 세는 단위로 쓰일 때 사용한다. '봉'이란 말로는 낙화법의 관상수행이나 수구즉득다라니의 기능을 설명

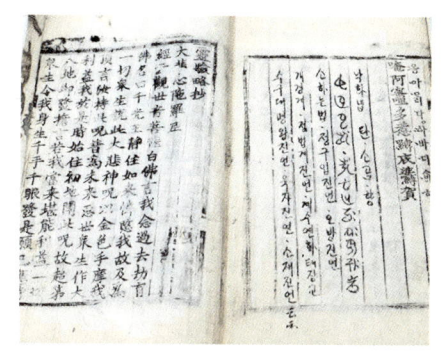

낙화법 의궤 절차가 묵서 되어있는 영평사 소장본.

하지 못한다. 이러한 오류는 국가유산청 국가유산별종목의 설명에도 그대로 반영되어 있다. 2024년 2월 무형유산으로 지정된 '세종 불교 낙화법'에도 낙화봉이란 용어가 보인다. 법과 놀이를 구별하여 봉지로 보완하는 수정이 필요하다고 생각된다.

민속 미술 등 관계 연구
불교이해하며 접근 필요
한국불교 고유성 인지도

§ 불교와 인접학의 학문 태도

한국의 불교는 신[山神]과 무(巫)의 화해와 갈등 속에서 이해되고 변용시키며 고유성을 완성하였다. 불교와 무속 사이에는 언제나 밀교(密敎)가 개입되어 있다. 밀교는 삼밀(三密)과 유가유식(瑜伽唯識)의 격식을 갖춘 의궤가 수반된다. 불행하게도 현재 한국에서 불교와 민속 연구에 한국밀교의 고유성을 반영하지 못하고 있다. 낙화법은 대표적인 밀교의궤인데 반하여 민속은 훨씬 자유스러운 구성을 한다.

낙화법은 민속과 별개인 범주에 속한다. 낙화놀이는 낙화법의 격식을 깨고 나타나는 문화 변동의 현상으로 파악할 수 있다. 조선사회의 계층문화가 불교를 접촉하며 변화한 것이다. 많은 민속 학자들은 불교사상이나 한국불교의 고유성을 염두에 두지 않는다. 또 중국이나 일본의 문헌으로 자의적인 해석을 시도한다. 한국불교의 고유성은 무형유산으로는 불복장의궤, 수륙재, 낙화법 등, 유형유산으로는 감로탱, 괘불, 〈조상경〉, 〈천수경〉 등에 잘 나타난다.

이제는 불교학에서도 어느 정도 분야별 사상연구의 성과가 축적되었다고 생각된다. 민속과 불교미술을 비롯한 불교 인접 학문에서 서로의 관계성을 연구할 때, 불교사상에 대한 개념을 이해하고 접근하는 것이 필요하다는 뜻이다. 특히 연구자가 본인의 학문 확장을 위해서라면, 한국불교의 고유성을 인지하는 태도가 무엇보다도 선행되어야 한다. 선행연구 결과를 비판하지 않고 답습하며, 관련 문헌 자료를 분석하지 못하고 근거가 부족한 주장으로 일관하는 학문 자세의 변화도 반드시 있어야 하겠다.

기사 출처: 불교신문 3859호/2025년2월25일자
https://www.ibulgyo.com/news/

3) 법보신문(기사입력 2024.12.11 22:00)
   제목: 세종 불교 낙화법, 소의경전 갖춘 의식이자 수행법이었다
   내용:

12월 6일, 세종 영평사 삼명선원서 학술세미나
단순 구전 아닌 '오대진언집' 기반한 밀교수행
용어·용례 통일안 및 다라니 현대 표기법 제시

사진=태경 스님

올해 2월 세종시 무형문화유산으로 지정된 '세종 불교 낙화법'이 불교의례이자 '오대진언집'에 기반한 수행법임이 구명됐다. 또 그간 민간에서 사용한 '낙화놀이' 용어가 불교수행 의미를 갖지 않기에 '낙화법'으로 표기할 것을 강조했다.

세종시 불교낙화법보존회(이사장 환성 스님)는 12월 6일 세종 영평사 삼명선원에서 '수구즉득다라니(隨求卽得陀羅尼)와 낙화(落火)'를 주제로 2024년 제1차 학술세미나를 개최했다. 이번 학술세미나에서 수구즉득다라니가 지니는 위신력과 낙화법에 대한 학술적 의미를 고찰하고자 마련됐다.

'세종 불교 낙화법'은 사찰에서 낙화봉지를 제작하고 의식에 맞춰 낙화를 태우며 재앙소멸과 복을 기원하던 불교 의례로 조선시대에 화약의 재료로 쓰이던 숯과 무능승도량의 수구즉득다라니가 결합하여 '낙화법'이 만들어졌다. 축제 성격을 가지는 낙화놀이와 구별되며 예비의식, 본의식, 소재(消災)의식, 축원, 회향 순으로 진행된다.

전국 여러 곳에서 낙화축제를 열고 있지만, 사찰에서 이뤄지는 낙화법은 세종 영평사에서 전승되는 것이 유일하다. 특히 영평사가 소장하고 있는 '오대진언집'에 낙화법에 대한 절차가 묵서로 기록된 것이 발견돼 낙화법이 불교의 례였다는 사실이 확인됐다. 이러한 가치를 인정받아 낙화법은 올해 2월 세종시 무형문화유산으로 지정됐다.

정왕근 중앙대 문헌정보학과 교수는 '오대진언집 판본에 관한 연구-영평사 소장본을 중심으로'를 통해 영평사 소장 '오대진언집'을 문헌정보학 관점에서 조사하고 낙화법이 소의경전을 갖춘 불교의식임을 구명했다. '오대진언집'은 '사십이수진언(四十二手眞言)' '신묘장구대다라니(神妙章句大陀羅尼)' '수구즉 득다라니(隨求則得陀羅尼)' '대불정다라니(大佛頂陀羅尼)' '불정존승다라니(佛 頂尊勝陀羅尼)' 등 5대 다라니를 한글로 음역하여 1485년에 간행한 의례서이 다. '영평사 소장 오대진언집'은 1485년 왕실본 계통의 판본으로 대략 17세기 에 간행됐을 것으로 추정된다.

정 교수는 "'수구즉득다라니'가 낙화법 의식절차에 염송된 까닭에 '영 평사 소장 오대진언집'에 수록된 것으 로 보인다"며 "낙화법이 사찰에서 구 전으로 전해오는 방법이 아니라 소의 경전을 갖춘 일종의 불교의식이었다" 고 구명했다.

조계종 의제실무위원인 태경 스 님은 '불교의례 낙화법 용어의 통일 안 연구'에서 지속가능한 문화유산으 로 정착하기 위해 용어·용례가 통일 되어야 함을 주장했다. 낙화법 의식

사진=태경 스님

은 수구즉득다라니를 염송하고 부처님과 동일한 불빛을 보며[觀火] 삼밀문(三密門)을 닦고 염불삼매를 증득해 정토에 태어나자는 의미를 갖는데, '낙화법'과 '낙화놀이'를 혼용하는 바람에 수행으로써 본래 의미가 퇴색한다고 지적했다.

태경 스님은 "수구즉득다라니를 염송하며 비로자나불의 광명인 숯불의 공명으로 부처와 중생인 내가 광명을 매개로 합일하는 것이 낙화법"이라며 '낙화놀이'를 '낙화법'으로, '낙화봉'을 '낙화봉지'로 용어를 정확히 사용해야 함을 강조했다.

이준환 전남대 교수는 '수구즉득다라니 한글 표기의 현대화 방안 연구'를 통해 낙화법 예식의 신비로움을 극대화하는 현대발음법을 제시했다. 이밖에도 오대혁 동국대 교수는 '오대진언 영험약초의 서사 재편 과정과 수구즉득다라니', 강향숙 동국대 연구교수 '수구즉득다라니에 나타난 판테온과 신위 연구'를 발표했다.

앞서 세종시 불교 낙화법 보존회 이사장 환성 스님은 환영사에서 "낙화법 무형문화유산 등재와 학술세미나는 낙화법 묵서를 건네주신 평양노장 스님의 당부에 부응하는 일"이라며 "수구즉득다라니가 지닌 위신력과 낙화법에 대한 학술적 고찰의 필요성을 절감해 각 분야 전공자를 모셨다"고 말했다.

지역 세종: 박건태 기자 sky@beopbo.com, 충청지사=강태희 지사장
기사 출처: https://www.beopbo.com/news/articleView.html?idxno=326351

4) 현대불교(기사입력 2024.12.12 14:35)
제목: 세종 불교 낙화법 조명하는 학술 세미나 열려
내용:

12월 6일 세종 영평사 삼명선원서
'수구즉득다라니와 낙화'를 주제로
무형문화유산 '불교 낙화법' 조명
"불교무형유산 나아갈 방향 제시해"

세종시 불교 낙화법 보존회 이사장 환성 스님은 12월 6일 세종 영평사 삼명선원에서 불교 낙화법을 재조명하고 현대화 방안을 위해 '수구즉득다라니와 낙화'에 관한 주제로 '세종 불교낙화법 1차 학술세미나'를 열었다.

'오대진언'에 기록된절차에 따라 설행되고 있는 낙화법 의식은 그 가치를 인정받아 올해 2월 13일 세종시 무형문화유산으로 지정됐다. 낙화법은 사찰에서 낙화봉을 제작하고 의례에 따라 태우며 재앙소멸과 복을 기원하던 불교 의식으로 일반적인 낙화의식과는 차이를 보이고 있다.

세종시 불교 낙화법 보존회는 이번 학술세미나를 통해 "낙화법에 쓰이는 용어와 '오대진언'이 어떤 가치를 지니고 있는지 알아낼 것"이라며 "'수구즉득다라니'의 영험설화도 진언과 함께 공부해 불교 무형유산이 나아갈 방향을 제시하는 기회가 되기를 기대한다"고 밝혔다.

이날 세미나에서는 세종

영평사 주지 환성 스님, 세종시 불교 낙화법 보존회 회장 원행 스님, 조계종 문화부장 혜공 스님, 최교진 세종시 교육감, 통도사 덕문 스님을 비롯해 세종시 사암연합회 회원 스님들과 오영철 세종시 불교신행단체연합회 회장 등 사부대중이 동참했다.

환성 스님은 환영사에서 "1975년 서산 부석사에서 수행할 때, 평양 노장스님이 '오대진언' 속의 낙화법을 알려주며 재현을 당부했다"면서 "학술세미나는 스님의 당부에 부응하는 일이다. 수구즉득다라니가 가지고 있는 위신력과 낙화법에 관한 학술적 고찰의 필요성을 절감하게 되어 각 분야의 전공자 선생님들을 모시게 됐다"고 설명했다.

조계종 문화부장 혜공 스님은 "이번 학술 세미나를 통해 세종 불교 낙화법의 가치는 더욱 깊어질 것"이라며 "이번 학술대회가 세종 불교 낙화법의 더 큰 도약과 진전을 위한 성찰의 기회가 되기를 바란다"고 축하했다.

1부 발표에서는 조계종 의제실무위원 태경 스님의 불교의례 낙화법 용어의 통일안 연구와 정왕근 중앙대 교수의 영평사 소장본을 중심으로 한 '<오대진언집> 판본에 관한 연구' 발표가 있었다.

이어진 2부 발표에서는 오대혁 교수의 '영험약초의 서사 재편 과정과 수구

즉득다라니 신앙', 이준환 전남대 교수의 '수구즉득다라니의 현대 표기법 연구', 동국대 강향숙교수의 '수구즉득다라니에 나타난 판테온과 신위 연구'로 진행됐다.

지역 세종: 유재상 충청지사장

기사 출처: https://www.hyunbulnews.com/news/articleView.html?idxno=416801

2. TV방송

1) BTN방송(기사입력: 2024.12.14 07:00)
제목: 세종 불교 낙화법 학술적 조명…세계 유산으로 가치 확산
내용:

　재앙을 소멸하고, 복을 기원하는 동시에 불교공동체 의식으로 지난 2월 세종특별자치시 무형유산으로 등재된 '세종 불교 낙화법', 세종 불교 낙화법의 전승과 보전은 물론 그 가치를 세계유산으로 확산하기 위해 학술적 고찰하는 첫 번째 자리가 마련됐습니다.

　박대규기자가 보도합니다.
　세종시 무형유산 '세종 불교 낙화법'을 학술적으로 고찰하는 자리가 세종 영평사 삼명선원에서 열렸습니다.
　지난 2월, 세종시 무형유산 지정 이후, 처음열린 학술 세미나는 '세종 불교 낙화법'의 전통성과 가치를 학문적으로 체계화 하는 첫 번째 자리로 의미가 특별했습니다.

　환성스님(세종시 불교 낙화법 보존회 이사장):
　(낙화법은 세종시 불교 낙화법 보존회를 중심으로 염송하는 의식이 유일하다고 합니다. 그래서 학술세미나를 열어서 수구즉득다라니가 지니고 있는 위신력과 낙화법에 대한 학술적 고찰의 필요성을 절감하게 됐습니다.)

조계종 문화부는 '세종 불교 낙화법'의 올바른 전승과 보존은 불교 공동체의 지엄한 의식이자 수행 법인 낙화법을 바르게 이해하고, 전승하는 발판이 될 것으로 기대했습니다.

혜공스님(조계종 문화부장):
(이번 학술세미나를 통해 심묘한 다라니의 영험과 이를 주제로 한 낙화법의 진정성을 다시 한 번 깨닫게 되기를 바랍니다.)

학술세미나는 조계종 의제실무위원 태경스님의 '불교의례 낙화법 용어의 통일안 연구' 발표를 시작으로, 중앙대학교 정왕근 박사의 '오대진언집 판본에 관한 연구', 동국대학교 불교문화연구원 강향숙 박사의 '수구즉득다라니에 나타난 판테온과 신위 연구' 등의 주제발표로 진행됐습니다.

태경스님(조계종 의제실무위원):
(관등은 연등회 시작할 때 쓰는 말이고 관화라는 말은 연등회가 끝날 때 쓰는 말입니다. 왜냐하면 화산을 했고, 놀기 때문에 아마도 낙화가 조금 더 규모가 커진다면 관화라는 개념으로 쓰여야 되지 않을까 하는 것이고요. 이걸 낙화법이라 할 수 있는 겁니다.)

정왕근(중앙대학교 박사):
(낙화법 묵서를 통해서 낙화법이 사찰에서 구전으로 전해오는 행사가 아니라,

문헌기록을 갖는다는 그런 의미를 가질 수 있습니다. 그런 부분들이 영평사 소장 오대진언집의 특징이자, 의미, 가치라고 보입니다.)

엄격한 절차에 따라 다라니를 염송하며 행하는 낙화법은 그 자체로 불교공동체를 유지해 가는 하나의 중요한 의식이자 수행 방식인 겁니다.

'세종 불교 낙화법'은 첫 학술세미나를 통해 학술적 가치를 정립하고 발전시켜나가며 시지정 유산을 넘어 국가 또 세계 무형문화유산으로 그 가치를 확산해 나갈 것으로 보입니다.
BTN뉴스 박대규입니다.

2) BBS방송(기사입력: 2024.12.07 10:45)
제목: 세종시 불교 낙화법 조명 첫 세미나… "전통불교의례 낙화법 브랜드화"

내용:
사찰에서 행해지던 전통 불교 의례로 세종특별자치시 무형유산으로 지정된 '세종 불교 낙화법'의 역사적 현대적 가치를 조명하고 계승 발전 방안을 모색하는 자리가 마련됐습니다.

세종시 불교 낙화법 보존회는 어제 오전 세종시 영평사 삼명선원에서 '세종 불교 낙화법' 2024년 1차 학술세미나를 열고 세종 불교 낙화법의 세계 무형유산 추진과 브랜드화 방안 등을 논의했습니다.

낙화법은 물 위에서 즐기는 불꽃 놀이에서 유래된 전통 불교의례로 조선시대 이전부터 사찰에서 행해졌고 전국 여러 곳에서 낙화 축제를 열고 있지만 사찰에서 이뤄지는 낙화법은 세종 영평사에서 전해져 내려오는 것이 유일합니다.

세미나는 낙화봉에 불을 붙일때 염송하는 '수구즉득다라니와 낙화'를 주제로 진행됐고 개회식에서는 보존회 회장 원행스님의 개회사, 이사장 환성스님의 환영사, 조계종 문화부장 혜공스님과 최교진 세종시 교육감, 오영철 불교신행단체연합회장의 축사가 이어졌습니다.

이번 세미나에서 참석자들은 세종 불교 낙화법의 가치와 특징을 체계적으로 정리해 제대로 알려나가고 세계 무형유산으로 정착시키기 위해 불교계를 중심으로 대응책을 강구해야한다는데 의견을 같이했습니다.

세종시 불교 낙화법 보존회 이사장 환성스님은 "낙화법은 보존회를 중심으로 염송 하는 의식이 유일하다"며 "학술 세미나를 열어 수구즉득다라니가 지니고 있는 위신력과 낙화법에 대한 학술적 고찰의 필요성을 절감해 각 분야 전공자를 모시게 됐다"고 밝혔습니다.

1부 학술세미나는 조계종 의제실무위원 태경스님의 '불교의례 낙화법 용어의 통일안 연구' 발표와 중앙대 정왕근의 영평사 소장본을 중심으로 '오대진언집 판본에 관한 연구' 발표가 이어졌습니다.

오후에는 동국대학교 오대혁의 '영험약초의 서사 재편 과정과 수구즉득다라니 신앙' 발표와 전남대 이준환의 '수구즉득다라니의 현대 표기법 연구', 동국대 불교문화연구원 강향숙 교수의 '수구즉득다라니에 나타난 판테온과 신위 연구' 발표 등으로 2부 학술세미나가 진행됐습니다.

주제 발표에 이어 김봉건 전 전통문화대학교 총장을 좌장으로 종합토론이 열려 발표자와 청중들의 질의응답이 펼쳐졌습니다.

세종시 불교 낙화법 보존회는 이번 학술세미나를 통해 "불교 낙화법 용어 개념 정의와 수구즉득다라니 판본의 역사성과 위신력에 대한 다양한 조명과 궁금증 해소를 통해 불교 무형유산이 나아갈 방향을 제시하는 기회가 되기를 기대한다"고 밝혔습니다.

기사 세종: 이경진 기자 joongam@hanmail.net
기사 출처: https://news.bbsi.co.kr/news/articleView.html?idxno=4010424

IV. 책표지 및 포스터 작품 개요

1. 작가 프로필

- 고은(高銀, Ko eun)작가
- 활동지역: 제주도
- 작품주제와 화풍
  제주의 추억과 정서를 담은 공감 소재
  섬 사람들과 자연, 집과 나무와 물, 바람과 햇빛, 생명을 이어주는 다양한 소리 등
  특히 슬레이트 지붕을 얹은 집과 나무 그리고 마당
  한국채색화의 기법을 바탕으로 단순하면서도 밝은 것을 좋아함

- 전시
　　2024(제15회): 소소한 일상이 주는 위안과 행복(서울: 제주갤러리-인사아트)
　　2023(제14회): 고은 한국화전(제주: 거인의 정원갤러리)
　　2005(제1회): '사색의 시간'전(서울: 가나아트스페이스)
　　* 다양한 단체전 및 아트페어 참가
　　* 공모당선 등

2. 작품 의뢰 개요

- 2024년 2월 14일 세종특별자치시에서 지정한 '세종 불교 낙화법'은 숯을 이용한 불교의례이다. 숯가루를 한지에 싸서 공중에 매달아 불을 붙이고, 떨어지는 불꽃을 바라보고 수행하는 의미가 있다. 이때 수구즉득다라니를 염송하며 관상을 수행법임을 설명하였다. 특히 사월초파일(부처님오신날) 연등과 함께 불빛의 광명을 보고 부처님의 법을 배우려고 노력한다는 뜻을 담아야 한다. 이러한 이미지를 연상할 수 있는 작품 구성을 담아내 주었으면 하는 의도를 설명하였다.

3. 제작 일정 및 납품

　　1차: 2024년 7월 18일
　　　　회의 내용: 제작논의
　　　　참가자: 고은작가, 태경스님, 오대혁선생님

　　2차: 2024년 8월 7일
　　　　답사: 세종시 영평사
　　　　참가자: 고은작가, 태경스님, 오대혁선생님

3차: 2024년 10월 4일
　　회의 내용: 작품 수정
　　참가자: 고은작가, 태경스님, 오대혁선생님
　　* 수시로 전화 통화로 작품 내용 상의

4차: 2024년 10월 15일
　　* 제작 완료(총 5점)

5차: 2024년 10월 20일
　　* 사진촬영 완료

○ 제작 납품
 - 총 5점 제작 작품 중 1점을 세종시 영평사에 납품 완료(2024년 11월 31일).
　나머지 4점에 대해서는 이미지를 활용할 수 있도록 허락을 득함.
 - 총 5점은 2024년 12월 6일 학술 세미나 당일 작은 전시회를 개최하여 전시함.
 - 총 5점 가운데 2점은 포스터 자료와 자료집 표지로 사용함.
 - 스케치 및 작품 이미지

그림 이미지 파일 및 스케치

학술세미나 자료집 표지

V. 한국전통등연구원

- 학술세미나를 위해서 남한과 북한 지역의 등제작을 비교할 수 있는 총 6장의 포맥스(액자)를 제작하였음. 남북한 등비교 2장, 등종류 4장.
- 전시를 위해 주마등, 수박등, 팔모등, 병등, 호랑이등, 북등. 란꽃등 총 7종을 대여하여 주었음.

남북(南北) 지역 차이에 의한 전통 등 비교(한국전통연구원)

VI. 세종 불교 낙화법 보존회

- 학술세미나 전시를 위해 약 30여 개의 낙화봉지를 제작하였음.

낙화봉지

점화된 낙화봉지

Ⅶ. 2025년 5월 5일(불기 2569년 을사해 음 4월 8일) '세종 불교 낙화법' 표준안

* 15세기 훈민정음 현대화 작업: 이준환
* 현대화 결과물·실담자·실담 로마나이즈 교차 검토: 이선이·강향숙
* 별책:『세종 불교 낙화법 염송의궤 절차』

별 책

2025년 5월 5일(불기 2569년 을사해 음 4월 8일) '세종 불교 낙화법' 표준안

세종 불교 낙화법 염송의궤 절차

('세종 불교 낙화법' 표준안)

2025년 5월 5일

15세기 훈민정음 표기의 현대화 작업 (이준환)

현대화 결과물·실담자·실담 로마나이즈 교차 검토 (이선이·강향숙)

세종시 불교 낙화법 보존회

(세종특별자치시 영평사 내)

『오대진언집』 수구즉득다라니 현대화 표기의 범례

- 낙화법의 의궤가 지닌 전통성을 살리기 위해서 가능한 15세기의 표기 느낌이 최대한 살아나도록 하면서 현대화를 추구하였다.

- 15세기 한글로 한문을 음역한 『오대진언집』 수구즉득다라니의 표기를 한글 표기의 역사적 변천 과정을 고려하여, 음운의 11가지 범례를 정하였다.
  ① /ɯ/의 표기
  ② /ㅔ/의 표기
  ③ 'ㅐ'의 표기
  ④ 유성 장애음의 표기
  ⑤ 'ㄹ'의 표기
  ⑥ 반모음 /y/의 표기
  ⑦ 한자의 음과 관련된 표기
  ⑧ 소실문자 'ㅿ', 'ㅸ', 'ㆍ'의 표기
  ⑨ 자음군의 표기
  ⑩ 'ㅈ, ㅊ'의 아래 경구개음의 표기
  ⑪ 성조의 방점 표기

- 실담 로마나이즈와 한글 번역을 참조하여 뜻을 기준으로 문단을 나누어 일련 번호를 부여하고, 문장을 나누고 관련 단어군을 하나로 모았다. 다라니가 지닌 뜻에 따라 숨을 쉴 수 있도록 하기 위함이다.
- 다라니의 내용과 소리의 음절은 소리 소리를 각각 분리하여 놓았다. 낙화법의 의궤를 생동감 있게 살리기 위함이다.

낙화법이란 무엇인가?

낙화법은 의궤에 따라 공양물을 공양하고, 다라니를 염송하며 관법(觀法)으로 수행하는 법이다. 숯의 불빛을 매개로 하는 낙화는 비로자나불을 상징하는 광명이며, 염만으로 묘사된다. 이 불빛은 명왕으로 변현한 상징으로 수구즉득다라니를 염송하거나 불빛을 보는 이들을 모두 빛으로 정화시키고 가피의 과정에서 깨달음의 공덕으로 나타난다. 그러므로 낙화법에서 낙화봉지는 비로자나불의 광명을 드러내는 불구(佛具)와 같은 의미를 지닌다고 생각해도 좋다.

수구즉득다라니 판테온의 구조는?

수구즉득다라니의 내용은 여신을 중심으로 수직적 수평적 구조를 가진 판테온(pantheon)의 구성이다. 우주 구조는 수직으로는 지하계부터 천계까지 수평으로는 사방을 아우르는 총체적인 세계관을 제시한다. 이 구조 속에는 불교적 세계관과 인도의 토착신앙이 융합된 형태를 보인다. 만다라가 관념적인 구조를 넘어, 적극적인 보호와 수호의 기능을 수행한다.

판테온은 연화부(蓮華部)를 상징하는 연꽃, 금강부(金剛部)를 상징하는 금강, 보부(寶部)를 상징하는 보주의 이미지가 결합된 상태로 나타난다. 중심 신격은 청정성(viśuddhe)과 분노(caṇḍi)의 양면성을 동시에 지니고 있으며, 빛(jvala)과 정화(śodhaya)의 상징이 반복적으로 강조된다. 이것은 깨달음의 광명과 업장의 정화라는 밀교적 수행의 핵심을 상징적으로 보여준다. 존격은 황갈색(piṅgali)을 기본 신체색으로 하며, 광명(prabhe)과 불꽃(jvālini) 같은 빛을 발산하는 특징을 지닌다. 깨달음의 광명을 상징하는 빛은 정화와 가피의 과정에서 사용하는 상징성이다.

수구즉득다라니를 구성하는 판테온은 그 체계가 실천적 성격을 가지고 있다. 수행자의 깨달음이라는 궁극적인 목표를 지향하면서도, 현실적인 고통과 장애로부터 보호하고, 악몽과 불길한 징조의 제거, 일상적인 서원의 성취라는 실용적인 목적도 동시에 추구한다.

낙화봉지의 뜻은?

낙화를 만들어 내는 기구인 숯을 담은 봉지이다. 낙화봉지는 불구(佛具)로 인식하는 것이 바람직하다. 봉지에 들어가는 숯·향·소금 등은 공양물이므로 질이 좋은 재료로 선택한다. 향은 가능한 수구즉득다라니의 소의경전에 의한 안식향으로 한다. 숯과 소금은 정제되고 일정한 크기의 고른 깨끗한 것을 사용한다. 악귀를 쫓는 소리가 잘 나도록 만들고, 좋은 불빛을 볼 수 있도록 정성을 다한다. 낙화봉지는 빛을 강하게 만들어 주도록 도와주는 천연 한지를 사용하고, 적당한 꼬임을 주어 타는 시간을 조절한다.

세종 불교 낙화법 염송의궤 절차

1. 본의식

정구업진언
01. 수리 수리 마하수리 수수리 사바하. (3번)

오방내외안위제신진언
02. 나무 사만다 못다남 옴 도로 도로 지미 사바하. (3번)

개경게
무상심심미묘법　　백천만겁난조우
아금견문득수지　　원해여래진실의

정법계진언
03. 옴 람. (3번)

불설 금강정유가 최승비밀성불
수구즉득 신변가지성취다라니 계청

계수연화태장교　　무변청정총지문
보변광명조시방　　염만응화삼천계

여의보인종심현　무능승주대명왕
상주여래삼매중　초증유가원각위

비로자나존연설　금강수봉묘명등
유전밀어여중생　실지조수성숙법

오탁우미심각오　서구무상대보리
일상찬념차미전　득증여래무루지

체상관심월륜제　응연부동관본존
소구원만칭기심　고호수구능자재

의교념만낙차변　능양숙요급재신
생생치차다라니　세세획거안락지

견세부조제왕횡　화분수익급재앙
불피군진손신형　도적상봉자안락

종범바라십악죄　오역근본급칠차
문송수구다라니　응시제악개소멸

다라니력공무량　고아발심상송시
원회승력시함령　동득무위초실지

2. 근본다라니

불설 일체여래보변광명
염만청정치성 사유여의보인심
무능승총지 대수구대명왕대다라니 왈

01. 몬다바스담 살바다타가다 삼만다 즈바라 마라 미슌데 스보리다 진다마니 모느라 흐리나야 아바라지다 다라니 마하브라디사라 마하미냐라자 마하다라니.

02. 나막 살바 다타가다남 나모.

03. 나막 살바 몯다 모디사드바 몯다 달마 상케뱍.

04. 옴 미보라갈베 미보라미마레 자야갈베 바즈라즈바라갈베 가디가하니 가가나미슈다니 살바바바미슈다니.

05. 옴 고나바디 가가리니 기리 기리 가마리 가마리 각하 각하 갈가리 갈가리 가가리 가가리 감바리 감바리.

06. 가디 가디 가마니 가레 고로 고로 고로니 자레 아자레 모자레 자예 미자예 살바바야비가데.

07. 갈바삼바라니 시리 시리 미리 미리 기리 기리 삼만다갈사니 살바

샤드로브라말타니 락사 락사 마마 살바사드바난자 미리 미리.

08. 미가다바라나 바야나샤니 소리 소리 지리 지리 감마레 비마레 자예 자야바헤 자야바디 바가바디 라드나마구타마라다리.

09. 마호 미미다 미지드라 베사로 바다리니 바가바디 마하미냐네미 락사 락사 마마 살바사드바난자 삼만다살바드라.

10. 살바바바미슈다니 호로 호로 낙사드라마라다리니 락사 락사 맘 마마 아나타샤 드라나 바라야나샤 바리모자야명 살바녹케뱌.

11. 잔니 잔니 잔니니 베가바디 살바도스다니바라니 샤드로박사브라말타니 미자야 바헤니 호로 호로 모로 모로 조로 조로 아욕바라니 소라바라말타니 살바네바다보지데 디리 디리 삼만다바로기데 브라베 브라베 소브라바미슌데 살바바바미슈다니.

12. 다라 다라 다라니 다라 다레 소모 소모 로 로 자레 자라야 노스담 보라야 명 아섬 스이바보다난아자야감마레 그시니 그시니 바라네바라능구세.

13. 옴 바느마미슌데 슈다야 슈다야 슌데 바라 바라 비리 비리 보로 보로 망가라미슌데 바미드라목케 칼기니 칼기니 카라 카라.

14. 즈바리다시레 삼만다브라사리다 바바시다슌데 즈바라 즈바라 살

바녜바가나 삼만다갈사니 사댜바데 다라 다라 다라야 맘.

15. 나가미로기데 라호 라호 호노 호노 그시니 그시니 살바그라하박사니 빙가리 빙가리 조모 조모 소모 소모 조미 자례 다라 다라 나가미로기니 다라야도 맘 바가바디 아스다마하바예쟉.

16. 살바느라 사가라바련담 바다라 가가나다람 살바드라삼마데나 니샤만데나 바즈라브라가라 바즈라바샤만다네나.

17. 바즈라즈바라미슏데 보리 보리 갈바바디 갈바미슈다니 국시 삼보라니.

18. 즈바라 즈바라 자라 자라 즈바리니.

19. 브라말사도 네바삼만데나 니뮤나게나 아므리다말사니 네바다 바다라니 아비션자도 명.

20. 소가다바라바자나 아므리다바라바보사이 락사 락사 마마 살바사드바난자 살바드라 살바나 살바바예박.

21. 살모바느라베쟉 살모바살예쟉 살바노스다바야비다샤 살바 가리가라하 미으라하 미바나녹스밥나 놀니미다 망가랴 바바미나샤니.

22. 살바 약사 락사사 나가 니바라니.

23. 사라니사레 마라 마라 마라바디 자야 자야 자야도 맘 살바드라 살바가람 신뎐도 명 예맘 마하미념.

24. 사다야 사다야 살바만나라사다니 카다야 살바미끄나.

25. 자야 자야 신데 신데 소신데 신댜 신댜 몯댜 몯댜 보라야 보라야 보라니 보라니 보라야 명 아셤.

26. 살바미냐디가다몰데 자유다리 자야바디 디스다 디스다 삼마야 마노바라야 다타가다흐리나야슌데 먀바로가야도 맘.

27. 아스다비마햐나로나바에 사라 사라 브라사라 브라사라 살바바라나 미슈다니.

28. 삼만다가라만나라미슌데 미가데 미가데 미가다마라미슈다니 그시니 그시니 살바바바미슌데 마라미가데.

29. 데자바디 바즈라바디 드라이로갸디스티데 스바하 살바다타가다 모다나비스익데 스바하 살바모디사드바비스익데 스바하 살바네 바다비스익데 스바하.

30. 살바다타가다흐리나야 디스티다흐리나에 스바하 살바다타가다

삼마야싣데 스바하.

31. 인느레 인느라바디 인느라먀바로기데 스바하 므라흐명 므라흐마 뉴시데 스바하 미스노 나막스그리데 스바하 마헤스이바라 만니 다보지다예 스바하.

32. 바즈라다라 바즈라바니 마라미랴디스티데 스바하.

33. 드리다라스드라야 스바하 미로다가야 스바하 미로박사야 스바하 벼이스이라마나야 스바하 자돌마하 라자 나막스그리다야 스바하.

34. 염마야 스바하 염마보지다 나막스그리다야 스바하 바로나야 스바하 마로다야 스바하 마하마로다야 스바하 아그나예 스바하 나가미로기다야 스바하.

35. 네바가네뺘 스바하 나가가네뺘 스바하 약사가네뺘 스바하 락사사가네뺘 스바하 간달바가네뺘 스바하 아소라가네뺘 스바하 가로나가네뺘 스바하 긴나라가네뺘 스바하 마호라가가네뺘 스바하.

36. 마노사이뺘 스바하 아마노사이뺘 스바하 살바그라헤뺘 스바하 살바보데뺘 스바하 브리데뺘 스바하 비샤제뺘 스바하 아바스마레뺘 스바하 구반네뺘 스바하.

37. 옴 도로 도로 스바하 옴 도로 도로 스바하 옴 모로 모로 스바하.

38. 하나 하나 살바샤드로남 스바하 낙하 낙하 살바노스다브라노스 다담 스바하 바자 바자 살바브라딜턱가 브라댜미드라남 예 마마 스바하 아혜데시나.

39. 데삼 살베삼 샤리람 즈바라야 노스다 짇다남 스바하 즈바리다야 스바하 브라즈바리다야 스바하 닙다즈바라야 스바하 삼만다즈 바라야 스바하 마니바느라야 스바하 볼나바느라야 스바하 마하 가라야 스바하 마드리가나야 스바하.

40. 약시니맘 스바하 락사시남 스바하 아가샤마드리남 스바하 삼모 느라바시니남 스바하 라드리자라남 스바하 니바사자라남 스바하 드리산댜자라남 스바하 베라자라남 스바하 아베라자라남 스바하 갈바하레뱍 스바하 갈바산다리니 스바하.

41. 호로 호로 스바하 옴 스바하 스박 스바하 복 스바하 보박 스바하 옴 볼 보박 스박 스바하.

42. 지티 지티 스바하 미티 미티 스바하 다라니 다라니 스바하 아그 니에 스바하 데주바보 스바하.

43. 지리 지리 스바하 시리 시리 스바하 몯댜 몯댜 스바하 싣댜 싣댜 스바하.

44. 만나다싣데 스바하 만나라만데 스바하 시마만다니 스바하.

45. 살바샤드로남 스바하 잠바 잠바 스바하 스담바야 스담바야 스바하 친나 친나 스바야 빈나 빈나 스바하 반자 반자 스바하 만다 만다 스바하 모하야 모하야 스바하.

46. 마니미슌데 스바하 소레 소레 소랴미슌데 미슈다니 스바하 잔느레 소잔느레 볼나 잔느레 스바하.

47. 그라혜뱌 스바하 낙사드레뱌 스바하 시베 스바하 션디 스바하 스박스댜야니 스바하.

48. 시밤가리 션디가리 보스티가리 마라말다니 스바하 스이리가리 스바하 스이리야말다니 스바하 스이리야즈바라니 스바하 나모 스바하 마로지 스바하 베가바디 스바하.

3. 소진언

일체여래심진언

01. 옴 살바다타가다남 몰디 브라바라미가다바야 샤마야스바명 바가바디 살바바베뱌 스바스딜 바바도 모니 모니 미모니 미모니 자레 자라니 바야미가데 바야하라니 모디 모디 모다야 모다야 몬디리 몬디리 살바다타가다 흐리나야조스드이 스바하. (7번)

일체여래십인진언

02. 옴 바즈라바디 바즈라브라디스티다 슌데 살바다타가다모느라 디
스다나디스티데 마하모느레 스바하. (7번)

일체여래관정진언

03. 옴 모니 모니 모니바레 아비션자도 맘 살바다타가다 살바미냐비
사이거이 마하바즈라가 바자모느라모느리드이 살바다타가다흐
리나야 디스티다바즈레 스바하. (7번)

일체여래관정인진언

04. 옴 아므리다바레 바라 바라 브라바리미슌데 훔 훔 바탁 바탁 스
바하. (7번)

일체여래결계진언

05. 옴 아므리다미로기니 갈바싱락사니 아갈사니 훔 훔 바탁 바탁 스
바하. (7번)

일체여래십중심진언

06. 옴 미마레 자야바레 아므리데 훔 훔 훔 훔 바탁 바탁 바탁 바탁
스바하. (7번)

일체여래수심진언

07. 옴 바라 바라 삼바라 삼바라 인느리야미슈다니 훔 훔 로 로 자레
스바하. (7번)

4. 소재의식

육자대명왕진언
01. 옴 마니 반메 훔. (3번)

불설소재길상다라니
02. 나모 사만다 몯다남 아브라디하다 샤사나남 다냐타 옴 카 카 카 헤 카헤 훔 훔 즈바라 즈바라 바라즈바라 바라즈바라 디스다 디스다 스디리 스디리 스바다 스바다 션디가 스리예 스바하. (3번)

5. 회향

보회향진언
03. 옴 스마라 스마라 미마나사라 마하자그라바 훔. (3번)

원이차공덕 보급어일체
아등여중생 개공성불도

6. 발원문

2025년 5월 5일 세종불교 낙화법 염송의궤 절차(불기 2569년 을사해 음 4월 8일)
'세종 불교 낙화법' 표준안
 (끝)

낙화법(落火法)과 수구즉득다라니(隨求卽得陀羅尼)

초판 1쇄 인쇄 | 2025년 04월 23일
초판 1쇄 발행 | 2025년 04월 30일

지은이 | 이선이·정왕근·강향숙·이준환·오대혁
발행인 | 한정희
발행처 | 경인문화사
주　소 | 경기도 파주시 회동길 445-1 경인빌딩
전　화 | 031)955-9300, 팩　스 | 031)955-9310
이메일 | kyunginp@kyunginp.co.kr
홈페이지 | https://www.kyunginp.co.kr
출판번호 | 제406-1973-000003호

ISBN 978-89-499-6855-1 93220
정가 28,000원

* 파본 및 훼손된 책은 교환해 드립니다.

낙화법(落火法)과 수구즉득다라니(隨求即得陀羅尼)

초판 1쇄 인쇄 ㅣ 2025년 04월 23일
초판 1쇄 발행 ㅣ 2025년 04월 30일

지은이 ㅣ 이선이·정왕근·강향숙·이준환·오대혁
발행인 ㅣ 한정희
발행처 ㅣ 경인문화사
주 소 ㅣ 경기도 파주시 회동길 445-1 경인빌딩
전 화 ㅣ 031)955-9300, 팩 스 ㅣ 031)955-9310
이메일 ㅣ kyunginp@kyunginp.co.kr
홈페이지 ㅣ https://www.kyunginp.co.kr
출판번호 ㅣ 제406-1973-000003호

ISBN 978-89-499-6855-1 93220
정가 28,000원

* 파본 및 훼손된 책은 교환해 드립니다.